金雀花王朝

1215

A YEAR IN THE LIFE OF PLANTAGENET ENGLAND

【英】丹·琼斯 著

欧阳瑾 邓雄 译

中国友谊出版公司

谨以此书，缅怀

H. E.

VII 引言

XXI 关于日期的说明

001 第一章 基督得胜
王冠、袍服与便鞋

031 第二章 圣堂之乱
吃喝玩乐

067 第三章 佩上十字架
智慧、健康与美貌

105 第四章 贵族与主子
司法、法律与不法之徒

137 第五章 伦敦
语言、传说与姓氏

165 第六章 兰尼美德
妻子、寡妇与孩童

199 第七章 英格兰被围
鸟、兽与血腥娱乐活动

227 第八章 世间无神

249 后记

263 附录一
1215 年《大宪章》原文

278 附录二
1217 年《森林宪章》原文

284 致谢

286 参考文献
主要文献 / 次要文献 / 参考论文

298 注释

“……求万物之本貌……”①

—— 腓特烈二世，霍亨斯陶芬王朝（1194—1250）

① 霍亨斯陶芬王朝的腓特烈二世（Frederick Ⅱ Hohenstaufen，1194—1250），神圣罗马帝国皇帝，亨利六世之子，其一生征伐无度却多才多艺。此处引文选自其所著的专著《论携鸟狩猎之艺术》（*De Arte Venandi cum Avibus*），原文为拉丁语（Que sunt, sicut sunt），意为“描述事物的本来面目”。——译者注

引言

Introduction

在其漫长的历史中，金雀花王朝治下的英国见证过一段段惊心动魄的岁月。其间，既有连年不断的战争，也有长年累月的革命；既有一场场民众起义，也遭遇过吞噬一切的瘟疫；既有过胜利的辉煌时代，也有过屈居人下的多年耻辱。但很少有哪个年份像1215年那样紧张刺激、意义深远，甚或没有哪一年能与之相比。那一年，英国既陷入了巨大的政治动荡，也出现了宪法方面的创举；那一年，既有叛乱、内战、攻城围堡，也有宗教纷争；那一年，在位的约翰王的名声受到了永远的玷污，差点儿导致他的王朝从英国的历史篇章中被全然抹掉；那一年，英国颁布了昙花一现的首份《大宪章》（*Magna Carta*）。想想中世纪那条漫漫长路上的一座座里程碑，我们就不难看出，1215年既与见证了诺曼人入侵的1066年一样重要，也与爆发了“博斯沃思之战”（Battle of Bosworth）、导致都铎王朝上台掌权的1485年一样重要。

承认这一点，对有些人而言是相当不快的。威廉·马绍尔（William Marshal）是金雀花王朝统治时期最伟大的骑士，可为此人立传的作者却在那部洋洋洒洒、长达1.9万字的诗歌体作品中，畏畏缩缩地回避了1215年发生的事件。这位传记作家还写道：“有诸多之事，言之无益。”[1]

实际上，此人无法完全做到这一点。作者为传主谦恭自持的愿望，往往抵不过炫耀自己对重大事件了如指掌的迫切。这种情况，在威廉·马绍尔的传记中经常可以看到。所以，在写下对 1215 年“言之无益”那一句话之后，这位传记作家马上又简洁明了地对当时的政治纷争进行了总结：此种政治纷争逐渐白热化，最终结果就是《大宪章》出台，爆发了一场大规模的内战和一场全面的外敌入侵：

言之足矣者
乃男爵群谒于王
欲王予之以权利。
王拒之，
在场者皆曰
倘权利未得，彼等定当
弃王而去，不再侍奉；
王亦无力
取信于诸爵，
彼等臣属
再无君臣之义
当以诸道击之。[2]

这的确是 1215 年形势的核心，起码是当时高层政治形势的核心。英国金雀花王朝的第三任国王约翰王与其手下贵族之间的关系，已经出现了严重的裂痕，这条裂痕，已将整个国家拦腰斩断。1215 年 6 月，在距温莎不远的兰尼美德，约翰王手下大批贵族与教士［包括令人敬佩、博学多才的坎特伯雷大主教斯蒂芬·兰顿（Stephen Langton）］联手，要求英国国王书面确认（并以盖上国玺为证）一系列权利和王室义务。他们觉得，长久以来，约翰王及其之前的两代王都忽视了这些义务，滥用了这些权利。世人认为，这些权利和义务的剔除，一

Filia que remanet imperiale tenet
Henricus Rex filius conquestoris genuit
qui periit in mari
qui periit in mari
Regis Henrici

方面是首次载入《宪法》，另一方面则是向半虚构出来的“古老”律典的回归。此种“古老”的律典，曾经统治过一个更美好、更古老的英国；在历史记忆中，这个时期应在最后一任撒克逊国王“忏悔者爱德华”（Edward the Confessor）与约翰王的诺曼人曾祖父亨利一世（Henry Ⅰ）统治后期之间。上述权利和义务，涉及宗教、税收、司法、兵役、封建租役、度量衡、贸易权利及城市行政等诸多问题。部分情况下，它们也会涉及重大的原则。众所周知，当时约翰王被迫做出承诺，称“凡自由民，非经其同等地位者之依法裁判或经国法审判，不得被逮捕、监禁、没收财产、剥夺法律保护权、流放或受他法之害，吾等不得加罪或遣人加罪于彼”，并且“吾等不得向任何人出售、拒绝或否认其应享之权利与司法公正”。此外，1215 年君臣争执的焦点，实际上是贵族们提出了一系列紧密相连、具有专业性的封建要求，而关注这些要求（且符合其利益）的，主要是当时英国一小撮最富有、最有权势的人。这些要求只适用于“自由民”，但这种所谓的“自由民”，却顶多占有当时英国成年人口的 20%。

■ 王座上的英国国王亨利一世，选自兰托夫特的彼得（Peter of Langtoft，约 1307—1327）所撰《英格兰编年史》（*Chronicle of England*）中的一幅插图。图中的亨利王，正在为其儿子兼继承人艾德林的威廉（William the Aetheling）之死而哀悼，后者是在“白船”号沉船事件[①]中罹难的。
（图片来源：布里奇曼图像）

我们一直都认为，1215 年之所以重要，全因那一年批准颁布了《大宪章》，并且在个人自由、君主立宪政体和约束政府权力等原则上出现了所谓的“创举”。这是一种严重的错误。

① “白船”号（White Ship）事件，1120 年英吉利海峡发生的一桩沉船事件。1119 年诺曼王朝的亨利一世在欧洲大陆上的“布雷米勒之战”（Battle of Brémule）中击败了法国国王路易六世。之后，他便安排嫡子、王位继承人兼诺曼底公爵艾德林的威廉（Aetheling 在古撒克逊语中指“王族”）率一批王公大臣，搭乘“白船”号回国，但此船在英吉利海峡中沉没，据说只有一人幸存。亨利一世驾崩后，其侄子斯蒂芬窃取了王位；不过，亨利一世嫡女玛蒂尔达的儿子最终继承了英国王位，史称亨利二世，并开创了赫赫有名的金雀花王朝。——译者注

实际上，《大宪章》中最关键的一条规定经常为人们所忽视，可它对当年《大宪章》出台导致的一系列事件、对当时每一个英国人的生活至关重要。该条款提出了一种简单巧妙却又具有致命缺陷的方法，以强迫国王信守自己做出的承诺。假如约翰王违反了《大宪章》中规定的条款，手下的贵族就会宣布他们不再向国王效忠，从而让维系13世纪整个社会结构的核心关系失效。用马绍尔的传记作者的话来说，贵族们“当以诸道击之”。简单地说，他们将发动一场战争。这种严重的威胁，在《大宪章》本身的措辞中就反映出来了：约翰王在宪章中承认，假如他没能恪守自己做出的承诺，手下贵族就可以“向吾等施以约束与压力……如夺取吾等之城堡、土地与财产……唯吾等与朕之王后及子女之人身不得侵犯”。[3]

后来的情况正是如此。倘若从当年6月和贵族在兰尼美德获得大胜的辉煌时刻开始去回顾1215年，我们就看得出，那一年将开始呈现一种完全不同的面貌。的确，约翰王手下的男爵们强迫国王批准颁布了一份关于权利和特权的宪章；而他们这样做的结果，是有效地确保了双方之间必有一场殊死搏斗。盖上了国玺的火漆才干，国王就开始想法摆脱宪章条款的束缚了。1215年，《大宪章》的法律有效期只维持了两个多月，随后教皇就宣称这份宪章“可耻而有失体面……既不合法，也不公正”，称凡是遵守这份宪章的人，都会“招来全能之上帝（Almighty God）及圣彼得、圣保罗两位使徒（St Peter and St Paul His apostles）的

■ 约翰王（左下），选自马修·帕里斯①《英格兰史》（*Historia Anglorum*）一书所作的插画。在这幅描绘王室成员的插画中，还有约翰王的父亲亨利二世（Henry Ⅱ）、哥哥理查（Richard）和儿子亨利三世（Henry Ⅲ）。尽管约翰王的暴君恶名被后人夸大了，但当时的人确实多半都对他深恶痛绝。
（图片来源：大英图书馆版权所有／布里奇曼图像）

① 马修·帕里斯（Matthew Paris，约1200—1259），英国中世纪的一位修道士兼历史学家、地理学家。——译者注

ecce 7 officinarũ edificator. 7 amic' specialr 7 bñfactor ecce
sci albi munifice. regnauit ann. xxxiiii. 7 dim. Huius filius e. ug.

Achon 7 ioppen potent' subegit. Eccam de sco thoma mire ibide construx.
Rediens i alemannia capt' e. Pro e redepcone calices anglie dabantur.

Tande spiclo ba
liste apd chaluz
pcussus x. annis ec
dum regnauerat
interptus: apud
fonte ebraudi
sepult' quiescit.

Iste Johannes fundauit abbatiam cist' ordinis
q bellus locus appellatur. Cuius quoq; tempe pas
sa est anglia ruinam magnã 7 detincta multa
in guerra. interdco 7 tributo. In amissione trans
ulta armarum. Iste q; p eccas regib; dapsil' ex
stitit.

Iste henricus. iii. multa tempe regnans in pace anglia gu
uit. Eccam sci petri Westmon magnifice restauravit.
amator sci Edwardi specialis. feretrum ex auro purissimo
gemmis preciosissimis gloriose fecit fabricari. pallis et cet
ipsam eccam venustavit precipue. alias eccas mlta conten
tulit

雷霆之怒”。这是一种委婉之语，实际上就是说这种人会在地狱之火中永受焚烧之苦。[4]在随后爆发的全面内战中，城镇和城堡被围，人们受到屠戮，王室财物在沃什湾①附近的沼泽地里丢失，王室名誉因而扫地，法国国王的继承人也受邀前往英格兰，意欲取代约翰王。待到约翰王因罹患痢疾而于1216年10月18日至19日的晚上驾崩，内战继而结束之后，几乎没人会认为，前一年颁布的宪章只是一次勇敢却有缺陷的尝试，它曾想要约束一位国王，却在出人意料的极端情况下功亏一篑。

当然，自1215年6月15日约翰王在那处名叫兰尼美德的草地上②批准了《大宪章》以来的800年里，它或许已经变成了西方自由主义传统中最具标志性的一份文献。[5]正因为如此（无论正确与否），从某种意义上来说，1215年已经变成了人们为摆脱暴政、争取自由而进行斗争的历史“元年”。现存于大英图书馆、林肯大教堂和索尔兹伯里大教堂的几份《大宪章》副本，也受到了通常只有古老的宗教经文才会受到的尊崇。在澳大利亚堪培拉的议会大厦里，无比自豪地陈列着一份1297年版的《大宪章》③。游客们在参观位于华盛顿特区的美国国家档案馆时会发现，过了安保区之后，他们第一眼看到的就是《大宪章》，这是另一份1297年版的《大宪章》，是2007年以2000多万美元的价格拍卖购得的。它陈列于昏黄的灯光之下，被人们视为美国自由历史上一个切实而具有隐喻意义的起点。这份档案的说明文字中，引用了美国第32任总统、伟大

① 沃什湾（the Wash），英格兰东北部濒临北海的海湾，位于林肯郡与诺福克郡之间，亦译作“瓦士湾”。——译者注

② 原文为拉丁语 in prato quod vocatur Ronimed。——译者注

③ 1215年首次批准颁布之后，《大宪章》还被重新确认和颁布了多次，其中包括1216年、1217年、1225年、1237年、1253年、1265年、1276年、1297年和1300年。13世纪由官方或非官方刊行的《大宪章》副本，有100多份存于当世［其中，有些是与《森林宪章》（*Charter of the Forest*）一起刊行的］，而如今各地研究人员在疏理当地档案时，也仍然时有发现。——译者注

的富兰克林·D. 罗斯福（Franklin D. Roosevelt）的一句话："向往民主之心，并非人类历史上近期才有之现象……《大宪章》中早已写就。"但此种民主，可能是1215年制定《大宪章》的人心中最不想要的东西，这一点却罕有人提及。实际上，如今流行的观点认为，1215年产生了《大宪章》，而《大宪章》也代表了1215年。

这种观点，恕我不能苟同。我已经撰述过一部专门论述《大宪章》的小书，研究它在金雀花王朝早期历史中的长久渊源，并对其中的条款进行了分析。本书虽是与之同时开始撰写的，论述目的却大相径庭，旨在研究其他一些方面。不过，本书的核心仍然是阐述约翰王及其手下一帮男爵之间的挑战与纷争；后者曾经以"上帝与神圣教会之师"（The Army of God and the Holy Church）的名义，对抗过约翰王一段时间。从此意义来看，本书带有一丝政治史和立宪史的色彩，故是我之前论述金雀花王朝的作品，即《金雀花王朝》（*The Plantagenets*）与《空王冠》（*The Hollow Crown*）两书的姊妹篇。但本书探究的内容，却不止于此。

1215年是变革风起云涌、社会动荡不安的一年，其规模甚至比当年6月那一桩桩事件导致的变革与动荡更大；而我希望探究的问题，也远远超出了少数伟人之间相互攻讦带来的暴风骤雨。在法国，金雀花诸王与对手卡佩王朝（Capetian）诸王之间为争夺统治地位而进行的漫长斗争，最终具有决定性地变得对后者有利，而英国人民也终于接受了失去诺曼底[①]带来的种种后果。这一事件的意义，与1066年的"诺曼征服"（Norman Conquest）一样重大。与此同时，好战的教皇英诺森

① 诺曼底（Normandy），法国以今诺曼底为中心的一个地区，历史上是一个公国，曾为金雀花王朝所统治。为了与如今的诺曼底（城市）区分开来，故多译成"诺曼底"。——译者注

■ 索尔兹伯里大教堂里的唱诗班席与中殿，其中存有《大宪章》四部原始副本中的一部。
[图片来源：知识共享许可协议 3.0/ 大卫·伊里夫拍摄（CC BYSA 3.0/Photo by David Iliff）]

三世（Pope Innocent Ⅲ）让宗教战争变得真正具有了强大的力量。若想要探究这个时期英国的政治和社会，我们就必须考察一下基督教历史上这个异常强势之时代的宗教生活。关于这一点，我们同样不应忽视一个事实：英诺森三世的“第四次拉特兰会议”（Fourth Lateran Council），也是1215年在罗马召开的。“第四次拉特兰会议”给千百万民众的生活带来了巨变，颁布了一系列的新谕旨，涵盖了从忏悔圣礼到表明犹太人和穆斯林身份的着装、教区教堂的清扫次数等各个方面。在1215年，许多受过教育的人都会认为，这次会议比兰尼美德举行的那场地方性集会重要得多。因此，“第四次拉特兰会议”也须在本书中占有一席之地。

尽管如此，要想撰写一部作品，并恰如其分地描述金雀花王朝治下的这一年——它在英国历史上具有里程碑式的意义，上述各个方面只能让我们实现一部分目标。在本书中，我试图从最全面的意义上描述1215年的情况，以便创造性地将叙事历史与人们常常所谓的“社会”历史融合起来，后者虽称“社会”历史，但更准确地说，它其实是民众的历史，涵盖了民众的思想、世界和生活。因此，除了描述这一年的高层政治，我还逐渐构建了一幅图景，呈现了1215年在社会各阶层心目中的真实面貌，其中包括国王和贵族、骑士与商贾、牧师与农民。围绕这一年的“高层”叙事，是1215年民众的衣食住行、工作、言语、思想、抗争、宗教信仰和贸易，以及他们的称谓、穿的是什么、如何生活与如何死去等方面的简单情况。对1215年的这种记述，除了反映国王、教皇与贵族的事迹，同样涉及了一些往往为历史所忽视的人。为此，我还在本书各章中点缀了一些短文，说明了生活当中个别令我特别感兴趣的方面。因此，本书旨在提供一段既属“由下而上”也属“自上而下”的历史；它既是一部主题鲜明而又含有枝节小事的作品，也是一段具有前进动力的史话。最后，我希望读者能够认识到1215年改变了世界，它具有重要的意义，也能感受到这一年对大多数民众意味着什么：这一年，不过是中世纪英国民众生活中的又一年罢了。

我还应指出，这是一部旨在以同样的方式为读者提供知识和娱乐消遣的历史作品。我希望，本书在这两个方面都能获得成功。

丹·琼斯

2015年夏于伦敦巴特西区（Battersea）

关于日期

A note on dates

如今，西方人都是从每年的元旦开始纪年的。但在13世纪初，世界上有多种纪年体系。用“公元”（anno domini）来记录历史年份的方法，是从基督降生那一年开始逐年增加的，在以前和如今没什么区别；这种方法，自8世纪初比德[①]所在的时代以来，一直沿用至今。但是，一年具体开始的日子，却视情况而定。世俗政府和教会的一年，始于“天使报喜节”[Feast of the Annunciation，亦称“圣母节”(Lady Day)]，即3月25日。然而，许多文献（其中也包括王室的档案）都曾使用君主的年号来标注日期；所谓的君主年号，则从在位君主加冕登基的那一天算起。

约翰王是1199年5月27日加冕登基的。可惜的是，当天正好也是“耶稣升天节”（Ascension Day）；在教会日历上，那是一个日期不固定的节日。因此，约翰王在位期间，每年的时间长短不一。1214年的“耶稣升天节”是5月8日，标志着约翰王在位的第16个年头开始了，故这一年被记录为“约翰十六年”。1215年的“耶稣升天节”却是5月27日，因此，那天就是“约翰十七年”的第一天。

这一切，会让我们相当困惑。在本书中，我是以1215年始于1月1日，并据此来描述当年的情况的。

① 比德（Bede，约673—735），英国历史学家、修士兼神学家，据说以基督降生之年为基准，将历史纪年分为“公元前”（B.C.，即“基督诞生之前”）和“公元”（A.D.，即“我主纪年”）的方法，就是此人创造出来的。著有《英吉利教会史》《修道院长列传》等作品，被后人称为“英吉利学问之父”。1899年，此人被教皇利奥十三世尊为圣徒。——译者注

第一章

基督得胜[1]

/ 王冠、袍服与便鞋

① 原文为拉丁语：Christus vincit。

1214 年的圣诞节，英格兰国王约翰在其私人礼拜堂里，欣赏了牧师们唱诵的《基督得胜》曲。他付了一大笔钱给那些牧师，请他们诵唱了此曲。下个月国王结账的时候，领唱这首单旋律圣歌的两位教士，即圣东日的罗伯特（Robert of Saintonge）和圣殿骑士詹姆斯（James the Templar），将因这次唱诵而获得 25 先令[①] 的报酬，相当于一个星期的薪水。[6] 不过，此曲值得花这笔钱。那是一首多声部圣歌，拉丁歌词交错萦绕在一起，由两位技艺娴熟的独唱者与集体合唱的教堂会众交替吟诵，然后汇集起来，形成一首回环往复的胜利颂歌："基督得胜！基督为王！基督王权永无疆！"[②]

但是，这首特殊圣歌的主题，并非仅仅在于庆祝圣诞节。由此产生的联想，更加切合约翰王此时的内心所想，因为若是在一位国王面前诵唱，《基督得胜》（此曲与世人所称的"王权颂"[③] 同类）就不啻为一首颂扬无上尊贵与显赫王权的赞美诗了。自查理曼（Charlemagne）时代以来，欧洲各国的王室加冕典礼上都会诵唱这首歌。查理曼大帝可能是整个中世纪最伟大的一位君主，在公元 800 年的圣诞节被时任教皇加冕为神

① 先令（shilling），英国旧时的辅币单位，1 先令合 12 便士，20 先令合 1 英镑，后于 1971 年废止。——译者注

② 原文为拉丁语：Christus vincit！ Christus regnat！ Christus imperat！——译者注

③ 原文为拉丁语：laudes regiae。——译者注

圣罗马帝国皇帝（Holy Roman Emperor）①。这种做法是随着诺曼人的入侵传到英格兰的，所以约翰王已经在1199年5月登基为英格兰国王的加冕典礼上，以及次年10月他的妻子伊莎贝拉王后（Queen Isabella）加冕时聆听过《基督得胜》曲。在约翰王的整个统治期里，他一直都花钱请人在圣诞节和复活节（Easter）上诵唱这首圣歌。如今，他又一次聆听着僧侣歌手们引吭高歌，祷求众多男女圣徒的祝福：从圣彼得（St Peter）和圣母马利亚（Virgin Mary），到圣托马斯·贝克特②和圣埃塞德丽达（St Etheldreda），不一而足。圣埃塞德丽达是7世纪东安格利亚的一位修女，她成功地逃脱了一位好色国王的奸污，用自己的手杖种出了一棵白蜡树。那些训练有素的男歌手齐声合唱，祈祷他们的国王治下四海升平、永享盛世。他们呼唤着虔诚和欢乐。他们祈祷基督赐和平于王国。"献给救世与胜利之上帝所加冕的英格兰国王。"他们唱道。[7]对于约翰王而言，这是再合适不过的圣诞愿望了，因为他的人生和统治都毫无和平可言。

此时，约翰王正在伍斯特过圣诞节。[8]这座建有城墙的城市位于英格兰西部边境，自"诺曼征服"时代以来就一直是历任国王最喜欢的驻跸之地。对于此城，约翰王并不陌生。与南面的格洛斯特、西面的赫里福德一样，伍斯特也是一座边境之城；它坐落于英格兰与威尔士之间的沃土之上，其间的广袤乡村郁郁葱葱、绿意盎然，有从坎布里亚山脉奔流而下的瓦伊河与塞汶河浇灌着。这里是文明世界的最西端，因为过了边境地区，就到处都有威尔士人了。这是一个古怪、野蛮和喜欢

① 《基督得胜》这首歌曲如今依然广受欢迎：比如，2005年教皇本笃十六世（Pope Benedict XVI）的就职弥撒上就诵唱了此曲。——译者注

② 托马斯·贝克特（Thomas Becket，1118—1170），亨利二世的大法官兼上院议长（Lord Chancellor），并被亨利二世任命为坎特伯雷大主教（此职本应由罗马教廷任命）。但他经常与亨利二世对着干，后被亨利二世手下的骑士刺死。1173年，贝克特被教皇封为殉教圣徒。——译者注

争吵的民族，时而慷慨、有音乐天赋，时而大胆野蛮；言谈风趣机智，骑马出征、遇敌作战时却凶狠异常；男人都是光着脚打仗，胡子留得长长的，脸上还涂着鲜艳的彩绘。[9]与之为邻的英格兰人既敬重威尔士人，同时也很害怕威尔士人。约翰王的父亲亨利二世于1154年至1189年在位，既与威尔士人打过多场仗，也与威尔士人并肩打过多场仗；他曾声称，威尔士人“极其勇猛与桀骜，哪怕手无寸铁，也会毫不犹豫地与全副武装的敌人作战”。[10]曾到威尔士的人则称，那是一个充斥着怪胎和怪物的地方，比如致命的牡鹿、半猿半犬的怪兽，还有能够捕捉猎物的猪。[11]自约翰王的高曾祖父“征服者威廉”（William the Conqueror）时代开始，人们就加强了伍斯特的防御，以对付这些怪异的古不列颠人；在金雀花王朝统治了英格兰两代人的时间之后，这里仍然是一座皇家要塞。

除了是安全的避难所，伍斯特之所以会吸引王室来此地庆祝圣诞节，还有一个重要的原因，就是那座城镇很大，足以举办种种盛会。城中城堡里的房屋在官方文件中统称为“王宫”，可以满足一小队由厨子、仆役、文书、抄写员及工匠组成的人马之所需；这些人，就是王室随从人员的核心。附近那所小修道院里的修士，完全可以为最尊贵的客人提供奢华的住所，其中包括国王、随驾的贵族以及皇室家族的骑士。修士们还可以负责主办一场适合皇室成员出席的派对，只是这项任务完成起来并不轻松：不管是哪一天，国王身边都会围着几十甚至数百位随从食客，更别说是节日了。按照习俗与荣誉所需，国王必须慷慨招待这帮人。应该说，时年47岁的约翰王并没有被手下的臣民公认为一个有荣誉感和慷慨大度的人。（实际上，许多人还认为他是一个贪婪的

■ 1262年以后英国人所作《地图诗篇》（*Map Psalter*）中描绘的世界，其中绘有一位全能的基督，俯察着整个世界。耶路撒冷位于世界的中心，不列颠群岛则位于左下角。
（图片来源：大英图书馆版权所有 / 布里奇曼图像）

■ 伍斯特大教堂的中殿，该教堂建于 1170 年至 1374 年。1214 年的圣诞节，约翰王就是在伍斯特大教堂里度过的；他还在遗嘱中表明自己想要葬在此处，葬在圣伍尔夫斯坦和圣奥斯瓦尔德两座圣殿之间。他的那份遗嘱，如今保存在伍斯特大教堂的档案馆里。
（图片来源：知识共享许可协议 3.0/ 大卫·伊里夫拍摄）

Johannes igitur fr̄ regis Ricardi iam defunc-
ti comes moretonii, in partibz transmari-
nis existens pacem suam in anglia nūcia-
uit. Ducatum normannie suscepit & ho

恶棍，而他的名字也成了背信弃义的同义词。）然而，即便是约翰王，也理应在圣诞节努力表现一番才行。

这个时代的圣诞盛会，需要经过精心策划。它是隆冬时节的大节，通常要庆祝整整12天，从12月25日的“基督降生节”（Nativity）一直持续到次年1月6日的“主显节”（Epiphany）。其间的1月1日，则是传统上喧嚣热闹的“割礼节”（Circumcision）。据12世纪的诗人兼神学家沙蒂隆的沃尔特（Walter of Châtillon）写的一首赞美诗，它既是一个“为了提升娱乐性”而组织的“混乱”节日，同时也是一个应当“舍弃恶习”（amputetur vitium）的节日，因为“这就是基督遵循犹太人的习俗割掉包皮、接受割礼的奥秘所在”。[12]不管怎样，圣诞节既费钱又明显地放纵无度，起码有国王参加的时候如此。宫廷的日常开支有可能大幅增长，达到平时的七八倍。1206年12月，约翰王一直驻跸于英格兰南部沿海附近的温彻斯特。那年的圣诞节，御膳房就运送了1500只鸡、5000枚鸡蛋、20头牛、100头猪和100只羊。[13] 1213年，他又在温莎度过了一个场面更加盛大的圣诞节；当时，宫廷消耗了400个猪头、令人瞠目的1.6万只母鸡、1万条腌鳗鱼和1.5万条鲱鱼。[14]中世纪晚期的食谱中，记载着许多传统的圣诞菜肴，比如用葡萄酒与姜汁腌过的烤鹿肉，佐以一种含有面包屑和动物脂肪的浓稠辣酱上桌，以及用六七种不同禽肉作馅的大馅饼。[15] 1214年的圣诞节也是如此，前来欢庆的人都期待着敞开肚皮，吃好喝足。早在7个星期之前，国王就已命令约克郡的手下进入皮克灵的皇家森林，开始抓猪宰杀了。他们计划宰杀100头，猪肉用盐腌起来，猪头则泡在葡萄酒或者啤酒里贮存着。[16]与此同时，约翰王的长期谋士、行政官兼赌博伙伴休·德·内维尔

■ 在1199年的加冕典礼上，人们齐声热烈诵唱圣歌《基督得胜》，为约翰王登基欢呼。此图选自马修·帕里斯一部编年史（1250—1252）中的一幅细密画（miniature）。（图片来源：布里奇曼图像）

（Hugh de Neville），已经将 50 只山羊和 40 头猪从迪恩森林里的圣布里耶维斯皇家狩猎场运到了伍斯特。他们还从马尔伯勒城堡刚刚翻修一新的厨房临时调来了 20 只银碗。[17] 除此之外，约翰王还下令从王国其他地区送来各种供应物资，包括从法国南部王室领地进口的大量葡萄酒，它们都用大酒桶储存在英格兰各地城堡的地窖里，然后根据王室的行程，用马车运送。[18] 对于像多塞特郡的科夫堡这样经常有王室光顾的大型皇家城堡，一次运送的葡萄酒会多达 30 桶，即一次会运送数千升。

对于伍斯特的百姓来说，王室家族的到来既是好事，也是坏事。亲自迎驾、接待国王，对不同阶层的人来说可能都是一种负担。修道院的副院长有可能不得不腾出自己的住所，献给国王；朝廷里随驾而来的大量仆从，会让城中的街道上堆满比平时更多的粪便、禽畜骨头和腐烂的垃圾；粪便横流、垃圾遍

■ 一名仆人正在添加柴火，烤肉扦子上烤着 3 头猪；选自《鲁特瑞尔诗篇》（*Luttrell Psalter*，约 1325—1335）中的一幅彩绘插图。
（图片来源：大英图书馆版权所有 / 布里奇曼图像）

地，正是中世纪任何一座繁忙熙攘的城镇中人们生活的一大特色。[19]诚然，当地的商贾会欣然接受王室驾临带来的赚钱机会，国王有时也会回赐该市各个阶层一些东西。比如说，1204年伍斯特发生了一场严重的火灾之后，约翰王曾下令，用石头而不再用木材重建城门。[20]然而，1214年国王来到伍斯特之后，市民们最有可能忆起的，却是约翰王刚刚向他们征收了数项苛捐杂税，而其他一些随意征收的税种，就是所谓的“领地税”，在过去的10年间也已上涨了500%。

尽管如此，参加这场圣诞盛会的客人若是第一次漫步于伍斯特城堡的走廊上，站在窗帘背后朝窗外望去，就会意识到这是一个弥漫着皇家威望和历史气息的地方。附近那座大教堂属于修道院的一部分，此时正在进行为时漫长的重建，因为诺曼人最初建造的教堂在1113年盛夏一场席卷整个伍斯特的大火灾中被烧毁了。在过去的100年间，有4场严重的火灾曾将该市化为灰烬，而1113年那场火灾就是其中的第一场。此时，大教堂正在再次矗立起来，尽管外部还未完工，里面却有两位德高望重之圣徒的坟墓。这里是约克郡大主教圣奥斯瓦尔德（St Oswald）的埋骨之地。公元992年，他在替伍斯特的穷人濯足时溘然长逝。紧挨着圣奥斯瓦尔德墓的，就是圣伍尔夫斯坦（St Wulfstan）遗骸的埋葬之处。此人是为数不多的、生于英格兰的主教之一，他在“诺曼征服”中幸免于难，其后终其一生都在资助教堂修建和出版书籍。崇拜伍尔夫斯坦的教派，位列13世纪初最受民众欢迎的教派之一。此人在1203年被追封为圣徒，而赫赫有名的编年史家马姆斯伯里的威廉（William of Malmesbury），则将一部用盎格鲁－撒克逊语撰写的《圣伍尔夫斯坦传》翻译成了拉丁文。这部传记中记载了伍尔夫斯坦的许多奇迹和伟大事迹。其中包括：他曾给一个叫赛吉德

（Segild）的女人写了一封信，治好了她的关节炎；他诅咒过一棵核桃树，因为赌徒和无所事事者都喜欢聚集于这棵树的树荫下，后来这棵树果真枯萎、死掉了；他还向布里斯托尔的奴隶贩子布道，直到说服后者放弃了这门残忍无情的生意。[21]

最后就是，伍斯特在约翰王的家族历史上有着特殊的地位。1159 年的“复活节”，约翰王的父母即亨利二世与阿基坦的埃莉诺曾在巡游王国的过程中临幸伍斯特，并在那座大教堂里向会众展示了王冠佩戴的仪式。[22] 尽管此事发生在约翰王出生的数年之前，但他肯定会对伍斯特和圣伍尔夫斯坦怀有特殊的崇敬之意，并且至死不渝。

■ 卢瓦尔河畔希农要塞附近的圣拉德贡德教堂里一幅 13 世纪壁画中的局部。人们一度认为画中描绘的是阿基坦的埃莉诺（Eleanor of Aquitaine，回首张望者），她是约翰王的母亲，一心支持约翰王且权势熏天；另一人为昂古莱姆的伊莎贝拉（Isabella of Angoulême），她是约翰王的第二任妻子，年纪尚轻。
［图片来源：德阿戈斯蒂尼图片库（De Agostini Picture Library）/ 布里奇曼图像］

约翰王出生所在和统治的英格兰，是个统一却又复杂的王国。它在不列颠群岛中占的国土面积最广，北部与苏格兰人的王国接壤，西部则与威尔士诸亲王的领地毗邻，整个边境地区延绵起伏。英国人也与爱尔兰人渊源颇深，他们声称对爱尔兰人拥有统治权，并且或多或少地成功实现了这一点。他们甚至与英吉利海峡对岸的联系更加紧密，因为英国历代国王都掌控着法兰西的大片领土，这种情况至少持续到了约翰王在位初期。除此之外，金雀花王族与统治着卡斯提尔、西西里、神圣罗马帝国及耶路撒冷王国的诸王室之间，也有血缘关系。

英格兰气候温和、湿润，土地肥沃，人民勤劳；西北部是荒原和山脉，从中部到南部沿海则绵亘着大片的肥沃低地，是一个地形地势变化多样的国度。据《英国土地志》①统计，1086年英格兰的人口总数为268863人，只不过，这次统计时忽视的人口，却比统计出来的人口数量更多。到约翰王在位时期，英国的人口至少已有200万，甚至有可能高达400万了。[23]其中的大多数人口都生活在散布各地、只有数百居民的小村庄里，靠耕作土地和饲养牲畜勉强糊口。②人口最稠密的郡县都位于英格兰的东部，如肯特郡和埃塞克斯郡、东安格利亚，以及北部面积广袤、统称为约克郡的各县；西南部也有一个人口稠密的郡县区，包括格洛斯特郡、威尔特郡、萨默塞特郡和德

① 《英国土地志》（*Domesday Book*），1086年英王威廉一世（即“征服者威廉”）颁布的一部土地调查清册，实际上是对当时英格兰的土地、人口和财产所做的一份调查报告。亦直译为《末日审判书》或《末日裁判书》。——译者注

② 据估计，在13世纪的英格兰，一个普通人平均每顿摄入的热量为1500卡路里至1650卡路里，其中90%以上的热量来自作物［参见S. 布劳德伯利（S. Broadberry）、B. M. S. 坎贝尔（B. M. S. Campbell）和B. 范·鲁文（B. van Leeuwen），《英国中世纪的人口：时间序列与断面证据之融合》（*English Medieval Population: Reconciling Time Series and Cross Sectional Evidence*）］。如今，这种营养摄入量只适合推荐给想要快速减肥的人。——译者注

文郡。当时的英格兰还有许多蓬勃发展起来的城镇。伦敦是其中最大的城市，是一个发展迅猛的经济和行政中心。12 世纪的诗人若当·范托斯梅（Jordan Fantosme）曾称，这里可谓“举世无双”[24]。那时的二线城市，包括诺威奇、布里斯托尔、温彻斯特、林肯、卡莱尔和约克，其中每一座城市里，都有数千居民。

当时，大多数英国人及其家族生活的乡村都被划分成群，成了所谓的“采邑”。采邑由领主统治，每位领主通常会同时拥有数处采邑。被归为农奴一类的村民，都属于“非自由民”，他们每周都得给领主劳作数天，以此换取他们在领主的一片土地上生活的权利。“自由民”则是通过劳作来获得薪资，并用现金支付租金，最重要的是，他们还可以到皇家法庭去解决法律纠纷；“非自由民”却被剥夺了此种权利，只能在所属领主的私人法庭上进行申诉和接受审判。全国各地在持有土地的模式和比例方面存在显著的差异，而东部地区普遍要比西部地区“更加自由”。

统治着这些普通百姓的，是一个富裕、有权有势和受过教育的阶层，其中的成员分为两类。一类是神职人员。英国教会富甲天下，不但在英格兰和威尔士的 17 个主教区拥有大量土地，而且建有无数座修道院，其中生活着信奉众多教派的修道士。英格兰的修道院院长、主教和大主教通常都是贵族，甚至是王室成员，政治上都很活跃，也是国王的重要谋士。实际上，在统治英格兰的大部分时间里，约翰王一直都跟教皇进行着激烈的斗争，争夺历任英国主教的任命权。可严格说来，这原本就是属于罗马教廷的特权。

■ 13 世纪法国的手稿《健康全书》（*Li Livres dou Santé*）中的一幅首字母插图，其中三人代表中世纪的三级式社会等级：牧师、骑士和工匠。
（图片来源：大英图书馆版权所有 / 布里奇曼图像）

接下来，就是大的世俗领主

了。当时的数百万人口中，约有 1 万名小领主，他们可能拥有一两处采邑，会积极参与地方政治，或许还在郡县中担任公职。小领主之上，则是数量约为 1000 人的骑士。这种职务虽说还意味着他们必须从军和进行训练，但由于一个人要维持自己的骑士地位，就必须拥有大量的土地，故骑士一职也具有政治作用。这两类人之上，就是英国的精英阶层即贵族了，当时有 100 人左右。这些贵族拥有大量的财富，手握军权，声望显赫，大都是随着“诺曼征服”或者自那时起就来到了英格兰的家族（其中也包括王室家族）的后裔。这些精英贵族拥有“伯爵”的头衔，统治着大片大片的乡村，拥有由几十处采邑组成的领地，其政治利益有可能延绵数百英里[①]，并且与国王有直接的私人交情。在统治英格兰的过程中，国王应当与这些精英贵族结交、协作并共商国是，这是当时一种非正式的惯例。有可能与无能或不公正地统治王国的昏君爆发冲突的，也正是这些精英贵族。在统治英格兰的最后两年里，约翰王一直都与手下的贵族冲突不断，斗争激烈。

约翰王本是家中的幼子；他的家族声名显赫，如今被称为“金雀花王族”（the Plantagenets）。他的父亲亨利二世是在一场灾难性的内战过后，于 1154 年登上王位的。那场内战，如今被称为“无政府内乱”（the Anarchy），其间王权衰落到了一个前所未有的低点。亨利二世在位 35 年，一直都在努力恢复王

① 英里（mile），英制距离单位，1 英里约合 1.609 千米。——译者注

■ 一部法律专著中的一幅细密画，描绘了亨利二世向托马斯·贝克特提出抗议时的情形。亨利二世以英国王权为中心，建立了金雀花王朝，还制定了高效的行政制度。但他与后来的约翰王一样，同英国教会产生了冲突。

（图片来源：大英图书馆版权所有 / 布里奇曼图像）

权。他以当时普遍深入的“普通法”①为基础，开创了强大、稳固的中央集权制行政体系。亨利二世还制定了新的法律程序，对胆敢公然对抗他的贵族采取了毫不妥协的行动。故到亨利二世退位、其业已成年的次子“狮心王”理查一世（Richard Ⅰ，“the Lionheart”）继位之后，英国便获得了严厉而有效的治理，王权之强盛，也达到了前所未有的高度。

待王兄理查一世在法国利穆赞（Limousin）沙吕－沙布罗尔（Châlus-Chabrol）的一场城堡围攻战中受伤、驾崩之后，约翰王便继承了王位。当时，理查一世被弩箭射穿了肩膀，因受伤部位无法动手术，出现了坏疽，他在饱受痛苦之后去世。不过，理查一世所受的折磨或许并不像射中他的人那样痛苦；此人名叫伯特伦姆·德·古尔敦（Bertram de Gurdun），后来成了俘虏并被活活地剥了皮[25]。由于“狮心王”理查并无子嗣，故当时有两个可行的继位人选：一个是约翰，另一个就是布列塔尼的亚瑟（Arthur of Brittany），后者是约翰那位过世长兄杰弗里（Geoffrey）的儿子，当时才 12 岁。虽说约翰最终胜出、继承了王位，但就算是木已成舟，也仍然有人抱怨说，让他当国王并不是广受欢迎的选择。

1199 年约翰王继位时，英格兰的国土面积极其广袤。他的父王亨利二世在位期间，英国王室通过征服、继承和联姻，以强硬手段统治着欧洲大陆上的一系列领地，这些领地占现代法国陆地面积的 1/3 左右，还包括了法国的几乎整个西部沿海。②正式的王室文件中，约翰王的完整头衔是：“英格兰国王、诺

① 普通法（Common Law），英美法系的渊源之一，是一系列根据传统习俗与以往判例来对案件进行审理、判决的法律之总称，与“衡平法”（Equity Law）相对。亦译“惯例法”“习惯法”等。——译者注

② 亨利二世不但继承了王位，还从母亲手中继承了诺曼底公爵领地，从父亲那里继承了安茹、曼恩和都兰。1152 年，他迎娶了阿基坦女公爵埃莉诺，又让他获得了法国南部的广袤领地。征战则让他有效地统治着布列塔尼。——译者注

■ 加亚尔堡围攻战（1203—1204），选自《法兰西大编年史》（*Grandes Chroniques de France*，1375—1379）。被围 6 个月后，这座城堡最终陷落，导致金雀花王朝失去了诺曼底，并落入了法国国王腓力二世（Philip Ⅱ）——奥古斯都（Augustus）之手。
（图片来源：布里奇曼图像）

曼底公爵、阿基坦公爵、安茹伯爵兼爱尔兰勋爵”。老实说，任何人要想将这些领地牢牢掌控到一起，都并非一件易事，尤其是因为法兰西诸王，包括当时在位的国王腓力二世奥古斯都，都很不愿意看到国内有一个单一的领主，更遑论有一个统治着原本属于“他们的”那么多的领土、互为对手的国王了。“狮心王”理查是用尽了自己令人畏惧的军事才能，极力降伏敌人，才设法将这个面积广袤、不可思议地拼凑而成的帝国团结在一起的。

然而登基之后，约翰王却开始以令人费解的速度，迅速丢失他通过继承得来的领地。从继位到1203年和1204年之交的冬天，短短数年间，约翰王就被赶出了安茹、曼恩、都兰以及阿基坦的大部分地区（只有波尔多周围一个叫作加斯科尼的小地方除外）；最严重的是，他还失去了诺曼底。他早已有了残暴心狠、喜怒无常的恶名，人们还普遍怀疑，他没有哥哥那样英勇作战的胆量，故起初那几年里原本为数不多的持不同政见者，很快就变成了一支洪流般的叛逃大军，纷纷背弃约翰王，转而宣誓效忠腓力·奥古斯都。中世纪君主的不同荣誉与命运，都由直白的绰号来体现，约翰王在失去诺曼底那个时候获得的绰号，则是相当不留情面的。编年史家坎特伯雷的杰维斯（Gervase of Canterbury）曾经记载说，几乎刚加冕登基，这位新任国王就被人们称为“软剑约翰”了。[26]

这个帝国遭受的损失（尤其是失去诺曼底），给约翰王带来了许多棘手的问题。第一，他造成了一场政治决裂。这场决裂对英国贵族的影响，比1066年“诺曼征服”以来的任何事件都要强烈。这种局面，着实令人尴尬。事实上，这种情况还出现得极其突然。1204年之前，英国许多的贵族家族在英吉利海峡两侧都据有领地。在诺曼底被法国占领之后，许多家族拥有的领地便被一分为二了。两国贵族拥有的全部土地，都是建立在封建土地保有制的基础之上：土地保有者须向国王这位终极领主效忠，即向国王宣誓个人之忠心，并承诺提供军事支持。同时向两位不同的国王效忠，对于当时的贵族而言几乎不可能做到，尤其是不可能同时向约翰与腓力这种经常交战的国王效忠。于是，到了1204年，英格兰许多贵族便因约翰王的军事失利而遭受了惨重的损失。

■ 约翰王觐见法兰西国王腓力二世时的场景，选自《法兰西与圣但尼编年史》（*Chroniques de France ou de St Denis*）。此书中含有大量插图，创作于1330年至1350年。约翰曾效忠于腓力二世，把这当成他阴谋从理查王手里夺取金雀花王朝领地计划的一部分。
（图片来源：大英图书馆版权所有／布里奇曼图像）

EN celle annee le iour de
uant la premiere kl'. de iui
gnet vint en france li rois
Jehans dengleterre. Li rois
phelippes le recut moult liement et a
moult grant honor: et le mena a saint
Denys en france. Li couuens de laiens
le recut moult honorablement a proces
sion solemnel: et lassistrent moult glo

第二，约翰王决意要将诺曼底夺回来。这成了一种使命，既是他人生中十年光阴的特点，也决定了他在位期间的全部政治意图。这一使命决定了他制定的财政政策：约翰王利用自己能够找到的每一笔王室财源，为他在英吉利海峡对岸发动一系列入侵所需的军队提供资金。这一政策，影响了他与教会之间的关系：约翰王几乎是欣然接受了一项为期五年的“禁行圣事令”（Interdict），即教皇暂停在英格兰王国内提供所有宗教服务的谕令，那样一来，他就可以从英格兰的教士身上勒索到大笔钱财了。但失去诺曼底最重要的后果，或许还在于它影响到了约翰王与英格兰贵族的私人关系。多年以来，贵族们都习惯了国君不朝的现象，而历任国王在钱财方面的需索，也因君臣之间远隔重洋有所缓和。可在约翰王治下，英格兰却开始体会到了不一样的滋味：这位国王或多或少无时不在，对钱财的需索史无前例地贪得无厌，并且一意要利用自己的无穷精力和计谋，不遗余力地从处在社会结构顶层的人身上榨取钱财。约翰王全家人的性格有个共同点，那就是冷酷无情和野心勃勃。这一点家喻户晓，以至于成了一个经久不散的笑话。约翰王的哥哥理查曾经吹嘘说，他的家族是魔鬼后裔，将来会复归于魔鬼。他们的父亲亨利二世曾命人绘制了一幅巨型壁画，把自己绘成被四只小鹰撕成了碎片的老鹰，每只小鹰则代表了他一个软弱的儿子，这幅壁画就挂在温彻斯特的城堡里。壁画中，最小的那只幼鹰（代表着约翰王）骑在父亲的脖子上，伺机将父亲的眼睛啄出来。亨利二世看人识性的眼光毒辣，尽管他极其喜爱约翰，却也正确地推断出，这个小儿子是他所有儿子当中最奸诈的。待年轻的约翰长大继位、成了国王之后，他手下的贵族就有充分的理由来赞同这一观点了。

第三，在约翰王手下的一帮重臣看来，丧失家族遗产，还使得这位国王必须为他在维系金雀花王朝完整的过程中所犯的一切罪过负责。这一点，与其他因素一样，成了一场政治危机的原因。那场危机已经酝酿了数月之久，在1214年的圣诞节似乎就要爆发了。结果，尽管约翰王在伍斯特举行了圣诞朝会，尽管他花了大把钱财精心安排宴席和欣赏最喜欢的圣诞颂乐，事实上他既不愿流连于这些庆祝活动，也无意在这座城市里多待片刻。饱食几天的酒渍猪头，完全足以分散他的注意力，足以让他忘掉当务之急是挽救业已支离破碎的遗产中所剩无几的领地。1214年的"圣诞十二日"（Twelve Days of Christmas），他将在奔波中度过。12月26日的"圣斯蒂芬节"（St Stephen）宴会刚一结束，约翰王就命人将所有的财物打包，装上皇家车队的马车，动身朝着伦敦而去。[27]

王冠、袍服与便鞋

1890年春，人们在坎特伯雷大教堂里，打开了约翰王治下第一任坎特伯雷大主教休伯特·沃尔特（Hubert Walter）的灵柩。休伯特的遗体是在1205年7月14日下葬的，而在此后的数个世纪，他一直宁静安详地长眠于三一礼拜堂那座巨大的长方形坟墓里的冰冷石头之下，无人打扰。他辞世之时身上穿的衣服，显得仿佛那是他生命中最重要的日子一样，这一切足以表明他是一个地位高贵、显赫辉煌的人。

人们从休伯特墓中发现的珍宝，如今都保存在坎特伯雷大教堂的档案馆里，它们可以让我们直观地感受到，颁布《大宪章》那个时代英国最有权势者的着装。休伯特身为"英国教会"的主教长，能获得丰富多彩、精美奢华的衣物、宝石及精工细作的袍服，他显然也充分地利用了这一点。他的主教法冠用金色丝绸制作而成，至今依然闪闪发亮，令人难忘。他的脚上穿着一双半高统靴（一种装饰性的布靴），上面绣着日月星辰，挂着流苏，长度刚好到他的双膝以下。墓中还有一双看上去柔软舒适、举行宗教仪式时穿的便鞋，上面镶着宝石，脚踝之下还绣有猛龙和狮鹫。这位大主教所披圣带的大块残片，与其法冠上的金色丝绸很相称，只不过圣带上面绣的是醒目的几何图案，色彩一度也应该亮丽鲜艳。

休伯特·沃尔特法衣上复杂精致的刺绣，是说明英国的刺绣品即所谓“英国绣品”（opus anglicanum）的一个典型范例。（在 13 世纪，英国将逐渐享有盛名，并被誉为具有最佳法衣和世俗衣物装饰工艺的国度，休伯特辞世后的那些年里，这种美誉刚刚开始远扬。）法衣上的丝绸，很可能是从西班牙或者中东地区进口来的。其中的部分丝绸，甚至有可能是休伯特亲自带回来的，因为他曾经陪同“狮心王”理查去过“圣地”[①]，肯定有机会向那个地区的布料商贾买东西。当然，众所周知的是，其他一些有着类似地位的人士也曾从耶路撒冷周边地区购买并带回大量的精美布料：比如，威廉·马绍尔下葬时穿的衣服，用的布料就是他在 12 世纪 90 年代进行的第三次十字军“东征”（Third Crusade）期间购买的，这些布料安全保存了 20 多年后才被制成衣服。不难想象，休伯特也会如此。不管怎样，我们都知道，休伯特墓中发现的衣物质地充分反映了那个时代高调华丽的服饰风尚。墓中的法衣，并不算此人生前最好的衣物，在遗嘱中，休伯特还给坎特伯雷大教堂的教士们留下了一套更加精美绝伦的宗教服装。照例，这些东西后来都被约

① 圣地（Holy Land），指中东地区的耶路撒冷。——译者注

翰王据为己有；1206 年彼得·德罗什（Peter des Roches）就任温彻斯特主教的时候，约翰王便决定将那套袍服赐给这位忠实的仆人兼亲信。

■ 坎特伯雷大教堂的休伯特·沃尔特大主教墓中发现的金色法冠，表明 13 世纪的“英国教会”拥有惊人的显赫地位。
（图片来源：经坎特伯雷大教堂档案馆兼图书馆许可拍摄）

从休伯特·沃尔特穿的寿衣当中，我们得出的一般印象是：在 1215 年的英格兰，人们（或者至少是英国那些最富裕和最有权势的人）极其在意自己的穿着，随时准备在衣物上花费大笔钱财，以确保他们的地位身份得到相应的体现。尽管一直到 14 世纪，禁奢法令才根据社会地位对服饰做出了明确的规定，但此时人们对服饰标准的要求已然十分挑剔，只需根据身上穿的服装，就能立即识别出一个人的身份。

因此，当时的国王、教皇、男爵、骑士和主教们穿的服装，全都惊人地华丽，令人眼花缭乱，它们都用昂贵的布料、进口的皮毛和丝绸制成，上面饰有宝石，还用金线绣着精美复杂的图案。马修·帕里斯（Matthew Paris）曾为约翰王绘制过一幅著名的水墨肖像画，相当完美地表现了这一点：画中的约翰王正襟危坐，全身上下是好几码长的布料，它们蓬松地悬垂着，五颜六色，用一根细细的腰带束于腰间，上面点缀着耀眼的红日与呈三角形排列的小圆点（或许是珠宝吧）。当然，约翰王头上还戴着一顶金色的王冠。人们通常认为，皇家服饰是在中世纪末期、在爱德华三世（Edward Ⅲ）以及后来的爱德华四世（Edward Ⅳ）崇尚骑士精神和宏伟气势的宫廷里，才真正开始变得华丽起来。可实际上，到1215年的时候，国王们的高端时尚意识就已经十分前卫了，连那些与王室为伍的人也是如此。我们在约翰王治下的英国政府1215年之后的档案记录中可以看到很多例子，它们说明国王经常将宫廷里的皮草或大量彩色布匹赏赐给忠心耿耿的臣仆，以犒赏后者。从国王同父异母的兄弟，到王后手下的浣衣妇，个个都曾获得过这种赏赐。在王权面前，每个人都理当尽心竭力。

然而，服饰并非只是一个涉及个人的虚荣或者轻浮的宫廷文化的问题，它也是一个政治问题。在1215年之前的那一代，约翰王的母亲即阿基坦的埃莉诺，就因为在1173年至1174年的“大叛乱”（Great Rebellion）期间女扮男装以躲避丈夫手下的军队，而受到了一些人的嘲讽。“由于女扮男装，所以她被逮捕起来并受到严格看管”，编年史家坎特伯雷的杰维斯曾如此写道，他还接着说，埃莉诺“出身高贵，但性情轻浮”。或许，杰维斯在这段话中是用埃莉诺女扮男装一事，隐喻她扮演了一位男性政治人物的角色。不过，无论杰维斯的话是实打实说还是含有寓意，这个故事都说明了一个问题：女人不该穿男人的服装。这一点，在《旧约》中其实做出了毫不含糊的表述。《申命记》中规定：“妇女不可穿戴男子所穿戴的，男子也不可穿妇女的衣服，因为这样行都是耶和华你神所憎恶的。”[①]

① 此处译文选自通用的《和合本圣经》。——译者注

[应该注意的是，约翰王本人却不怎么喜欢遵守这一规定，不喜欢奉守《圣经》中的其他诸多禁忌。在位期间，他曾多次穿着祖母玛蒂尔达（Matilda）皇后的加冕礼服，出现在公开场合。]

那么，1215 年的普通服装又是什么样子的呢？世俗男女穿的基本衣物，包括长袜、长袖衬衫、一件长及膝盖或者膝盖以下的束腰外衣或长袍。寒冬腊月里，他们还会在肩头裹上一件斗篷保暖。女性身上的衣服都会束腰，裙裾则从腰部向外散开，时髦女性所穿衣服的袖子，还会长长地垂到腕部以下。人们会穿一双薄薄的皮鞋护脚，钱包则挂在腰带上，因为当时的衣服都没有口袋。

裙裾、衣袖和斗篷都超长的这种时尚，让我们看到了富人通过毫无必要和惹眼显著的消费来炫耀其财富的古老欲望。然而，斗转星移，时尚也会改变，下身衣物的适中长度，也多变不定。有些人将约翰王的父亲亨利二世称为“短斗篷王亨利”（Henry Curtmantle），因为此人很喜欢穿裁剪得比传统斗篷更为整齐的斗篷。约翰王的曾叔祖父叫“短袜公爵罗贝尔”（Robert Curthose），他曾是 1087 年至 1106 年的诺曼底公爵，也是因为喜欢风儿拂过腿上的感觉才获得了这个绰号。

至于下层民众以及（从理论上来说）等级较低的神职人员，他们穿的服装必定更加简单、用料更加粗糙，样式也会比较固定。农家女子的裙子要短于上流贵妇穿的裙子，这是根据服装的成本与劳作时的实用性考虑的。显然，农民不太可能买得起最新的刺绣面料或者外国缎服，就算是买得起，这种衣物对一个需要耕田、照管菜地或者放羊的人来说，也没有什么用处。所以，农民穿的服装也是地位象征，在某种意义上表明了他们的政治资本与影响力，也就是说，农民通常都没有任何政治资本与影响力。

不过，对社会上的某些人而言，摒弃铺张浪费、精美华丽和昂贵衣物的做法本身就可以是一种宣示其身份地位、政治权力或宗教信仰的标志。在赞赏和颂扬休伯特·沃尔特这种人华服加身、物质显赫的同一个教会里，同时也有一些人毅然持有反潮流的保守思想，推崇贫穷、朴素和节欲。这种情况，在修道院以及像圣殿骑士团（Templar）、医院骑士团（Hospitaller）之类的神圣骑士团里表现得最为明显；这些骑士都曾发誓捍卫"圣地"，而在这样做的过程中，他们必须摒弃世俗生活的万千浮华。

到了1215年，这种思想在几个方面被编纂成了法典。例如，在圣殿骑士团和第四次拉特兰会议做出的规定中，都对一些神职人员过于铺张炫耀和沉溺于俗丽服饰的做法提出了强烈的反对意见。圣殿骑士团规定，会中兄弟只能穿白色、黑色或者棕色的衣服，且衣物上"不得饰有华丽之物，不得有狂傲炫耀之嫌"。他们禁止穿毛皮衣物，服装的裁剪不是为了让他们显得优雅或者炫耀，而是"为让人人皆可轻松穿衣、宽衣与穿靴、解靴"。任何一位圣殿骑士若是乱发牢骚，很快就会受到教训，因为按照规定，"倘有兄弟出于狂傲或自大之情，心怀本人理当身着更好更美之华服的愿望，当以最劣等之衣物予之"。这个骑士团的规定还在别处指出，穿尖头或带有花边的鞋子是令人憎恶的做法，违反了"上帝之亲诺"，因为"上帝曾曰……'生当如吾'"。

显然，这种不加掩饰的虔诚，在维护上述规定的教派之外也受到了人们的推崇。1215年底，教皇英诺森三世的第四次拉特兰会议制定的教规，就力图将神职人员应当崇尚简朴的教义传播给范围更广泛的教会会众。教规第16条规定，教士应当:

■“赛恩法衣”（Syon Cope）的局部。这是牧师做弥撒时穿的一种丝绸刺绣法袍，上面绘有一位天使。法衣是英国绣品的典范，是中世纪英国利用银线与金线手工制作而成的一种豪华绣品。
［图片来源：知识共享许可协议 3.0/ 埃尔德吉斯（Ealdgyth）拍摄］

着封闭之外衣，且不得过长或过短而引人注意；不得多着红绿衣物、长袖、绣鞋或脚尖弯曲之鞋，不得使用镀金或有其他不必要装饰之马勒、马鞍、胸饰及马刺。牧师及位低者行礼拜之时，不得着有袖斗篷……其他场合亦当如此……彼等不得佩有带扣，或以金银装饰之腰带；非地位合宜者，亦不得佩戴戒指。

教皇甚至事无巨细地关注到了神职人员的发型。剃发仪式（即把头顶的毛发剪短），是表明神职人员身份的一种重要的外在标志，这种仪式的重要性，也在第四次拉特兰会议制定的教规中得到了明确的表述。当然，出了教会，就是另外一回事了。在那个时代，无论男女都留长发：男性头发及肩，女性的头发则会垂至后背。她们若是已婚，头发就会编成辫子；若是未婚，头发则会松散地披着。胡须是成熟男性阳刚之气的标志，事实上还是一部（幽默的）专著即《胡子辩证》（*Apologia de barbis*）的主题，此书是西多会[①]的修道院院长贝拉沃克斯的博洽（Burchard of Bellevaux）所撰，他在书中较为详尽地阐述了胡须的长度、清洁状况和性质，以及胡须中蕴含的道德与神秘意义。[28]然而，绝大多数牧师都会把胡子刮得干干净净。

与第四次拉特兰会议制定的教规相比，《大宪章》在衣着、服装或外表等方面几乎没有什么重要的内容可言。也幸好如此，因为像约翰王这样高贵显赫的君主，是不会喜欢别人对他的衣着加以苛责的。然而，《大宪章》里也间接涉及了服装，因为其中提到了三种类型的布料，即染色布、土布和“锁子甲布”（haberget）。最后一种布料所指不明，但据历史学家和考古学家最合理的推测，它应该是一种织布工艺略像锁子甲[②]或者链甲衣的布料。

① 西多会（Cistercian），天主教的隐修会之一，亦译“西妥教团”。——译者注

② 锁子甲（hauberk），中古时代武士所穿的盔甲或胸甲，一般用小铁片缝制而成，大多无袖，亦称“链甲衣”。——译者注

第二章
圣堂之乱

/ 吃喝玩乐

约翰王离开边境地区的时候，走的是王国内的一条大道。那条大路穿过满眼翠绿、起伏和缓的泰晤士河河谷，将王国的都城兼最大城市伦敦与边陲重镇格洛斯特连接起来了。中世纪的英格兰还有一些重要道路，它们从伦敦通往东南部的多佛和科尔切斯特，以及北部的约克和切斯特。在有些地方，它们沿着古罗马时期的一些主要道路延伸，比如福斯路、沃特林大道和厄尔曼恩大道[①]。它们都是在基督降生之后的400年间、古罗马人占领英格兰的时候掘筑并用石头铺就的。只不过，中世纪的道路通常都是一代代人用脚步踩踏出来、未经设计的宽阔小径。

其中一些最重要的大道，早在撒克逊时代就已筑成，目的是将港口、定居点及宗教和贸易场所连接起来。此后，商贾和赶牲口的人、士兵和信使、朝圣者和送葬队伍又在山山水水中，慢慢地踩踏出了一条条较小的道路。[29]然而，不管走的是何种道路，用12世纪的朝臣兼作家沃尔特·曼普[②]的话来说，看到金雀花王朝的一位国王率整个宫廷沿此路而行，“携大车驮马、驮鞍行篓、鹰隼猎犬，更有熙攘之男女”，浩浩荡荡，

① 这几条大道，都是英格兰在古罗马时期修筑的军用道路，两侧一般还掘有水沟。——译者注

② 沃尔特·曼普（Walter Map，约1140—1208），中世纪英国的一位牧师兼作家，曾在亨利二世手下当过执事并深得后者宠爱，故经常跟着亨利二世巡游英格兰。此人所撰的作品当中，只有《朝臣琐事论》（*On the Trivialities of Courtiers*）一书存世。——译者注

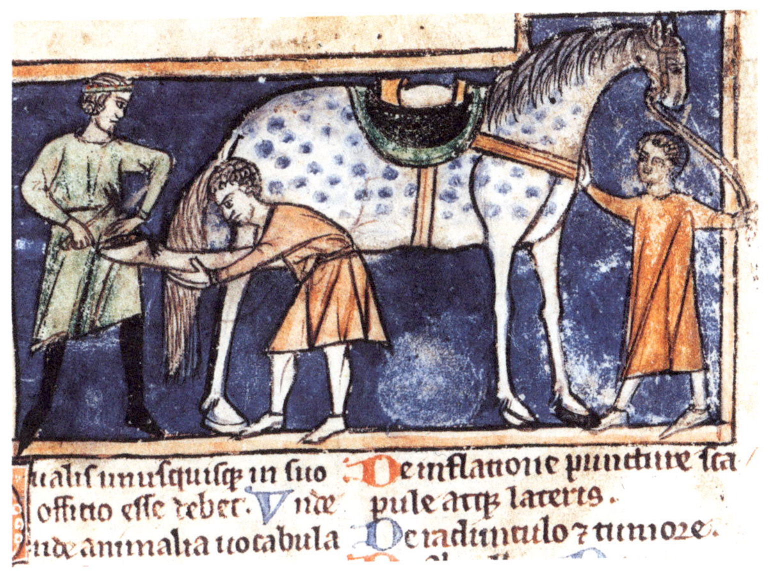

■ 当时的马匹极其珍贵，必须精心照料，包括经常更换马掌。选自当时的一幅彩绘插画。（图片来源：艺术档案馆 / 牛津大学博德利图书馆）

完全就是一幅令人叹为观止的景象。[30]

约翰王本身就是一个令人瞩目的人。他的个子略低于中等身材，身高大约为 5 英尺 6.5 英寸①。此时的他已经步入中年，头发开始花白，但牙齿仍然很好。[31] 他身披以白鼬皮②作衬、价格昂贵的斗篷，并且酷爱珠宝首饰。1202 年他曾丢失过一条项链，后被一个叫作贝沙尔的人碰巧找到，约翰王对此人的赏赐，竟然是让后者每年都获得 20 先令的收入。[32] 他以性情喜怒无常著称，高兴的时候慷慨大方，只是手下很难料到他会赏赐些什么。人们经常看到他与宠臣一起窃窃而笑，这些宠臣与他都有一种以他人的不幸为乐的幽默感。一旦激怒了他，约翰

① 约合 1.69 米。——译者注
② 白鼬皮是一种没有斑点的纯白毛皮，用冬季白鼬或者貂身上的白色外皮制成。——译者注

王就会勃然大怒，这可是金雀花家族的典型特征。编年史家德维斯的理查德（Richard of Devizes）曾经描绘过约翰王发怒时的情景："皱眉而怒，双目冒火，原本红润的脸庞于盛怒之下变得阴沉无比。"（这位编年史家在说到约翰王的哥哥理查一世时，也说过"此人暴怒时，曾吓得其密友瑟瑟发抖"。）[33] 约翰王最喜欢的骂人话，也与他的家人毫无二致。亨利二世喜欢大叫"该死！"，理查一世喜欢叫骂"去死吧！"。[34] 有位作家则

■ 约翰王在皇家森林里狩猎的情景。这是他在 14 世纪经过了理想化的形象，体现了一位金雀花国王的辉煌显赫。
（图片来源：大英图书馆版权所有 / 布里奇曼图像）

听到约翰王骂过“死去吧！”①。[35]

约翰王有一幅最为著名的画像，其中描绘了他狩猎时的情景。画中的约翰王衣着光鲜，身穿一件红色的束腰外衣，还披着一件亮蓝色的斗篷。当他跨上一匹配有黄金马镫与马嚼的巨大白马往前疾驰时，斗篷迎风鼓起，翻滚如波浪。[36]这幅水彩画是在约翰王去世多年之后创作的，创作者肯定是把他的形象理想化了。要知道，画中的约翰王在追猎一头雄鹿时，竟然还戴着王冠。不过，它仍然暗示出了这位君主携其随从出猎时令人敬畏的壮观景象。当然，约翰王手下仆从的服装也很亮丽，并且经常更换，他的灵缇猎犬喂养员身穿蓝色衣裳，信使则是着绿衣。就连地位最卑微的仆人的外表，约翰王也十分关注。王后手下那些浣衣妇身穿兔皮衣裳，这都是由皇家财政署②出钱购买的。[37]

除了随国王御驾出行的大量人员和猎犬，王室行李车队中装载的物品还包括武器、钱财、珠宝、珍贵杯盘、食物、酒水、帐篷，甚至还有一座能够迅速搭起和装有圣徒遗物的小礼拜堂。[38]这些东西，全都是由健壮的驮马拉着往来，其中有些马匹拖的是包袱行李，有些马匹拖的是盖有兽皮的大车，这种大车会让马匹的拉拽能力倍增。[39]当时还有一项相对较晚的发明，那就是用铁皮给马车的车轮镶边，使它们更加耐用，隆冬时节也能在英国那些车辙纵横的道路上颠簸着前行。[40]这种发明，使得约翰王能够不停地从一个地方巡游到另一个地方。平均起来，不论寒暑，国王每个月都会率领整个宫廷在英格兰的道路上来回 13 次。他在任何一个地方驻跸的时间，都只有寥

① 原文中的三句话分别是：“God’s eys！”“God’s legs！”“By the Lord’s feet！”说明约翰王的家人都喜欢用上帝的身体部位（眼睛、腿和脚）来咒骂。由于汉语中并无相应之语，故此处从意译。——译者注

② 财政署（Exchequer），即负责为王室征取税收的政府机构。——译者注

寥数天。尽管他的主要事务都是在英格兰中部一个以多佛、约克、伍斯特和埃克塞特四地为角，大致呈菱形的地区里解决的，但约翰王也去过王国中一些数百年间都没有国王巡察过的偏远地区。比如说，1201 年他巡幸过偏远的西北小镇卡莱尔，他是自 1062 年威廉·鲁弗斯（William Rufus）以来第一位巡幸此地的国王。这种不肯安居一地的性格，或许是从他的父王亨利二世那里遗传而来。沃尔特·曼普在写到亨利二世的时候曾称："他总是在巡游各地，有如信使般远近奔波，对所到之地毫无怜恤之意。"这位编年史家还清楚地记得，有一次，他看到亨利二世骑着马走在手下一队骑士和执事的前头，正在全神贯注地与一位宠信的谋士交谈着。突然，一位修道士在他们前面的路上绊了一跤，身上的衣服掀了起来，露出了光溜溜的屁股。亨利二世和那位谋士使劲忍住，才没有笑出声来。[41] 同样的描述，也完全可以用到约翰王身上，只不过，二者之间有一种细微却又重要的差异：看到那位修道士绊倒之后，约翰王会无视王室礼仪，放声大笑起来。

约翰王在圣诞节那天过后突然离开伍斯特，南下来到了图克斯伯里。他在那里拥有一座行宫，这座府邸原本属于他的第一任妻子即格洛斯特的伊莎贝尔（Isabel of Gloucester）。随后，王室一行转而向西，前往格洛斯特郡的贵廷殿[42]。两段行程中，每一段的距离都为 15 英里左右；对于赶着 10 到 20 辆大车和马车的宫廷一行来说，这就意味着他们很可能要走上一整天。

约翰王在巡游时，总是有大量的事务需要处理。他的圣旨都写在小片羊皮纸上发送出去，中书省的文书则会把圣旨的内容抄写到长长的牛皮纸（用经过拉伸、漂白和处理的小牛皮制成）上以供查阅，然后缝合起来形成卷轴，以便储存和运输。其中保存至今的，都属于密函卷轴和公函卷轴：密函卷轴属于

■ 传奇作品《菲茨瓦林的富尔克》（*Fouke le Fitzwarin*）的第一页。这是一部 13 世纪晚期的作品，讲述了富尔克这位边境领主兼亡命之徒的生平，以及他在约翰王治下努力收复什罗普郡的家族采邑的故事。（图片来源：大英图书馆版权所有 / 布里奇曼图像）

国王下达的秘密旨意，经过密封之后发出；公函卷轴则是公开发送。约翰王是一位目光敏锐又能力非凡的行政管理者，能够迅速地亲自处理各种各样的行政事务，效率惊人。这些事务，从决断王室所获财产的处置办法，给商贾、士兵和使节颁发安全通行证，到把一些小东西和牲畜赏赐给王室宠信的人，不一而足。比如到了图克斯伯里之后，约翰王便在12月28日下达旨令，允许当地的边境领主、一度被剥夺法律保护权的富尔克·菲茨瓦林（Fulk Fitzwarin）到莱斯特郡的皇家森林里去猎取5只野鹿。① 他还向一些人发送了一连串的圣旨，其中包括伦敦市长、王室财政署里的贵族，以及埃塞克斯、格洛斯特、贝德福德和约克诸郡的郡长，吩咐了支付账单、调派仆从、将挪威国王送给他的两只“优种鹰隼”当成礼物转送他人等事务。[43] 宫廷里的抄写吏拼命工作，抄写出大批名字与旨令，然后发送到王国内最偏远的地方。约翰王手下的官僚机器全速运转、手忙脚乱的情景，一定会让人惊叹不已。

1月7日，约翰王抵达了伦敦，并且像往常巡幸都城时一样，住进了“新堂”（New Temple），它是伦敦“圣殿骑士团”的总部。这个十字军骑士团极其富有，于1119年左右成立于耶路撒冷，其势力和利益横跨整个欧洲，直到“圣地”。在这座独特而现代的教会圣堂里，有用卡昂②之石砌成的圆形中殿，

① 人们常常认为，英国那位带有神秘色彩的亡命之徒罗宾汉（Robin Hood）在约翰王治下活动频繁，但这种看法是错误的。事实上，已知最早的关于罗宾汉的民谣，直到约翰王的皇孙爱德华一世（Edward Ⅰ）统治时期才出现。然而，富尔克·菲茨瓦林三世（Fulk Ⅲ Fitzwarin）却是13世纪初一个不折不扣的不法之徒，是一个真正被褫夺了财产的贵族，只不过他是什罗普郡人，而非来自约克郡或者中部地区。被剥夺了合法继承权之后，他便在1200年与约翰王产生了纠纷。富尔克和许多亲属发动了叛乱，故在近3年的时间里他都是一个逃犯，直到1203年才重新获得王室的青睐。此人的故事，在《菲茨瓦林的富尔克》一诗中被传奇化了。此诗很可能作于13世纪下半叶，其中掺杂着一些凭空想象出来的情节，比如年轻时的约翰王曾与富尔克在下棋时闹翻了。关于富尔克的传说，可以参阅T. 奥尔格伦（T. Ohlgren）编著的《中世纪的亡命之徒：现代英语中的10个传说》[*Medieval Outlaws: Ten Tales in Modern English*，斯特劳德（Stroud），1998]一书中的现代译本。——译者注

② 卡昂（Caen），法国城市，今为卡尔瓦多斯省的省会。亦译“康城”等。——译者注

有波贝克[①]的大理石柱子，以及优雅的哥特式拱门。它坐落在一组面积宏大的沿河建筑群的中心，驻跸于此的约翰王显然非常惬意。他的圣殿骑士朋友们在其中来去，比如将来会成为骑士团“宗师”[②]的艾伦·马特尔（Alan Martel），他们身穿饰有鲜红十字架的白袍。据说，这个标志象征着他们为捍卫一个基督教圣地而流血牺牲的意愿。他们每晚只睡四个钟头，每天参加的弥撒多达七场，每周还要斋戒三次。圣殿骑士都发过誓，要保持纯洁朴实，要戒嗔戒骂，要拒绝收礼且决不耽于奢华。他们的誓言中，还明确包括了摒弃华丽的马缰和饰有花边的鞋子，因为这个骑士团最初的教规认定，这些东西都是“属于异教徒的可憎之物”[44]。当时的人都在抱怨说，在积聚财富的数十年里，这个骑士团的勤勉劲头早已松懈了。尽管如此，圣殿骑士的职责集中在宗教仪式和艰苦的军事训练上，却仍然是一个不争的基本事实。虽说由这些人陪着不会热闹非凡，但他们确实算是高效的侍卫。

对于国君而言，“新堂”也是一个方便的驻跸之所，因为它位于伦敦“舰队街”上古罗马时期建的厚实城墙之外，这条街道将伦敦西侧的路德盖特与位于泰晤士河上游、距这里约1英里远的行政村威斯敏斯特连接了起来。“新堂”是一套相当舒适的住所。圣殿骑士们居住和工作的大厅、厨房和回廊四周，是一座果园和数个花园，整座建筑群还紧挨着水上交通繁忙的泰晤士河。一道用土石筑成的墙壁，环绕着“新堂”的主要区域，“舰队街”另一侧则是圣殿骑士们的比武场，叫作“健身场”[45]。约翰王既喜欢“新堂”，也对圣殿骑士们青眼有加，

---

① 波贝克（Purbeck），英国多塞特郡的一个半岛，曾以出产优质大理石闻名。——译者注

② 宗师（Master），即“圣殿骑士团”首领，亦称总团长（Grand Master）或大团长。它是经由选举产生的终身职位，直接对教皇负责，不受国王和各地主教控制。——译者注

因为后者借钱给他，为王室提供半正式的银行服务。当时，圣殿骑士团为欧洲各国的君主都提供这种服务。反过来，这些骑士僧侣也极度尊重这位国王。1215 年 1 月驻跸于“新堂”期间，约翰王曾把拉德内奇一处年收益为 10 英镑的土地赏赐给团中骑士。拉德内奇是一处采邑，位于白金汉郡南部低矮的奇尔特恩丘陵地区边缘。他还以个人名义，将王室从北安普敦富甲一方的犹太投资家林肯的亚伦（Aaron of Lincoln）那里没收的所有房屋和宫殿当作礼物，送给了英国圣殿骑士团总团长艾美里克兄弟（Brother Aymeric）。约翰王驾崩数年之后，圣殿骑士团则会为他在圣殿教堂里留出牧师，专门在他的灵魂历经炼狱之苦时为他诵唱弥撒曲。[46]

然而，在 1 月 7 日至 15 日将朝廷设于“新堂”期间，约翰王却几乎没有时间去欣赏周围的美景及陪同的骑士们富有的苦修生活。他必须处理好自己与手下一帮贵族之间的棘手问题。十几位主教以及人数相仿、级别最高的男爵都已进城，到“新堂”来觐见约翰王。[47] 有些人对约翰王持友好态度，或者保持中立，其中包括坎特伯雷大主教斯蒂芬·兰顿（Stephen Langton），以及彭布罗克伯爵威廉·马绍尔这位保皇派；不过，此时的伦敦城里还有人数远多于此的贵族，约翰完全有理由怀疑他们是否真的忠心。这些贵族也是在英格兰的大道上长途跋涉中度过了圣诞节，从王国各地来到伦敦的，其中来自北方的人尤多。他们是前来参加一场事先已经安排好、定于 1 月 8 日星期四开始的会议。而且，他们全都带了武器前来。

国王召集全国贵族举行这次会议，是为了解决一些问题；自前一年秋天约翰王颜面尽失地从法国的领地回国以来，这些问题一直都悬而未决。其中利害攸关的问题很多，且各不相同，从纯属约翰王本身的问题，到一些业已争论了 50 多年的焦点问题，不一而足。然而，让这些问题全都凑到一起的，却是前一年夏天即1214年7月27日那个星期天，在佛兰德斯[①]的布汶村附近一处田野上发生的灾难性事件。正是在那里，两军之间的一场战斗，将约翰王在外交政策上的所有目标与抱负全都化为了烟尘。

在那个炎热的周日下午，两支庞大的军队在布汶相遇了，阵前旌旗猎猎，迎风飘扬。可战场上最令人瞩目的两个人，却是约翰王的外甥、神圣罗马帝国的皇帝萨克森的奥托（Otto of Saxony）[②]，以及法兰西国王腓力·奥古斯都。有位名叫布列塔尼的威廉（William the Breton）的编年史家当时在场，他如此描绘奥托的军旗："大纛安在战车上推行，长长的旗杆上盘绕着一条巨龙，龙尾龙翅为大风所鼓动，巨龙露出森森獠牙，张着血盆大口。巨龙上方，盘旋着一只长有金色翅膀的朱庇特之鸟[③]，整辆战车之表面覆有黄金，灿烂华美，竟与金乌争辉，四射之光芒乃至明亮于骄阳"。腓力的旗帜则简单一些，那是一面红色王旗，是法兰西的圣旗，"乃一呈亮红色之朴素绸布旗"，而"须擎于所有战斗之中，高举于他旗之前"[48]。可这个战场之上，却没有看到约翰王那面带有金雀花王室之猎豹标志的旗

① 佛兰德斯（Flanders），西欧的一个历史地名，泛指位于西欧低地西南部、北海沿岸的古尼德兰南部地区，包括今比利时的东弗兰德省和西弗兰德省，法国的加来海峡省和诺尔省，荷兰的泽兰省。如今它仅指一个文化概念上的区域，主要指比利时王国的北部地区，人口主要是弗兰芒人，说荷兰语（又称弗兰芒语，Flemish）。——译者注

② 萨克森的奥托，即奥托四世，他是萨克森公爵"狮子亨利"之子，母亲是英王亨利二世的女儿玛蒂尔达，故是英王约翰一世的外甥。他曾陆续被封为约克伯爵、普瓦图伯爵、阿奎丹公爵，后被选为神圣罗马帝国皇帝。——译者注

③ 朱庇特之鸟（Jupiter's bird），即老鹰。古罗马神话中，公牛与鹰是众神之王朱庇特的标志。——译者注

帜——据徽章盾名，金雀花王旗的标志或称正向步态之狮[①]。这是因为，约翰王根本就没有参加“布汶之战”。1214年的7月27日，他在400英里以外的拉罗谢尔[②]附近等候着，没有注意到战斗业已在北方打响，尽管事实上，奥托手下军队的大部分开支都是由他支付的。

就表面来看，导致“布汶之战”爆发的战略是非常明确的。约翰王已经支付了一大笔钱财，把那些与腓力·奥古斯都为敌的人结成了同盟，其中包括奥托、佛兰德斯伯爵和布洛涅伯爵。他用了数年的时间，才逐渐组成了这个同盟，到1214年，他已做好了进击法兰西的准备，最终目标则是尽可能地收复他在1204年丧失的领地。1214年夏季，约翰王计划兵分两路，一路由他自己率领，在普瓦图登陆，然后集结南方的盟军，穿过法国向北突袭；与此同时，其余盟军则由他同父异母的弟弟威廉·朗格斯佩（William Longuespée）率领，自北向南出击，将腓力夹在中间，并在理想情况下包围巴黎。可惜的是，约翰王安排的这一切，从初期就开始瓦解了。虽说他设法在普瓦图登了陆，一开始也取得了一些胜利，可腓力却不肯与他正面交锋。相反，这位法兰西国王挥师北上，留下他的儿子路易亲王（Prince Louis）来对付约翰王。这一点，就足以让约翰王那些来自普瓦图的盟军勇气尽失了。他们纷纷临阵脱逃，弃约翰王而去。到了7月初，面对路易亲王的军队时，约翰王不得不尴尬地撤退。刚一面临这种最轻微的压力，约翰王那个有如

■ 1214年7月27日的“布汶之战”，选自《法兰西大编年史》（*Great Chronicles of France*）中的一幅插图。战争是罕见和不可预测的事件。在接下来的一年里，约翰王的帝国军队和佛兰德斯盟军遭受的耻辱，将痛苦地在整个英格兰回荡。（图片来源：布里奇曼图像）

① 正向步态之狮（lions passant gardant），金雀花王室的家族徽章。自“狮心王”理查去世之后，英国开始用三狮图案作为皇家徽章。这种徽章一般是红底，从上到下排列着三只金色的狮子，都呈正向（左向）步态。——译者注

② 拉罗谢尔（La Rochelle），法国西部的一座海港。——译者注

钳子的南北夹击计划就折损了一半。于是，约翰王只得在拉罗谢尔安下营寨，谋划下一步行动。

与此同时，腓力与奥托在北方所率的两军相互尾随了一段时间，直到交战无法避免才罢手。战斗打响的那一天，就是7月27日，正值礼拜天。那是一周中最神圣的日子，当时的人都认为，在礼拜天打仗是一件极不明智的事情，可奥托及其盟军似乎并未在意这一点。由于长期与教皇英诺森三世不和，奥托早已被逐出了教会。尽管手下也有一些士兵的盔甲上饰有用布条做成的小十字架，可至少在一位编年史家看来，它们是一帮不义之师极具讽刺意味的徽章，因为这些人佩戴十字架的目的“与其说是弘扬基督十字架之光荣与道义，不如说是为了增加其邪恶之势”[49]。

至于腓力这一方，当手下的信使前来报告，称敌人准备让基督徒血洒战场，玷污这个安息日时，时年49岁的腓力正坐在一棵白蜡树下，于仲夏的骄阳之下享受片刻的休息。这种情况，让腓力陷入了两难之境：他究竟是该背弃神圣的战争传统呢，还是撤退避让，任人玷污自己的名誉，被人看成胆小之辈？不久之后，他就做出了决定。尽管100多年以来，没有哪位法兰西国王亲自参加过难解难分的鏖战，腓力还是披上盔甲，先匆匆跑到一座教堂里去做祷告，再准备战斗。

双方选定的战场位于布汶城外，紧挨着一片从马克河河畔延伸而来的沼泽地，战场面积广袤，足以让两军排成长列，相向而立。两军的战马身上都裹着沉重的盔甲，马上的骑兵同样个个防护严密，“每位骑士全身各部位皆覆有数层铁甲，胸前则护有胸甲、皮革或其余种类之盔甲”，布列塔尼的威廉曾如此写道。各支骑兵和步兵，都由皇帝、国王、公爵、伯爵和男爵们指挥。他们准备在开阔的战场上开战，这一点是极不寻常的，因为当时首选的战争模式是围城战。虽说速度较为缓慢，围城战却是一种结果容易预料得多的作战手段。尽管如此，当时也是竞技的黄金时代，故两军中最优秀的战士都会在“混斗”中体会短兵相接的肉搏战。“混斗”是全副武装的骑士之间一种正式的对打形式，其间会模仿真正格斗时的大多数方面。起码从理论上来说，这种混斗练习的目的，就在于让他们有朝一日能够在像布汶这样的战场上一显身手。虽然战斗自带出其不意的属性，不同于混斗练习，但双方将士都做好了准备，并且愿意放手一搏。号角吹响，战斗开始了。

骄阳似火，炙烤着这个纯粹的杀戮之地。尽管人们认为骑士和将领大有价值，不能杀掉，因为俘获贵族之后可以获得的赎金实在惊人，但双方仍会使用大量凶残、致命的武器。布列塔尼的威廉曾如此写道：“长矛直捣、刀剑互击，士兵互以双刃利斧劈开对方的脑袋，而猛地下落之利剑，则会刺入战马之腹。”许多主教竟然也骑马加入了战斗。根据教会关于神的仆人不应杀人的严格规定，教士不能使用带刃的武器，可一位主教仍然能够用一件钝器砸碎一个人的脑袋，教士们也都挥舞着狼牙棒和棍棒而非刀剑。“布汶之战”最恶劣的暴行当中，有些是针对战马的，因为攻击一个人的坐骑，肯定会让此人摔倒在地、不堪一击。（有一次，腓力·奥古斯都本人也被撞下坐骑，可他随即站起身来，继续战斗。）布列塔尼的威廉目睹了那天的惨况：

> 眼见草地之上，战马四下散卧，奄奄一息；余者腹部有伤，脏肠横流；余者重伤而卧，蹄腿已断；更有余者四下逡巡，其主无踪，凡需骑行者，皆可用之。放眼所见，处处皆有尸骸，处处皆有垂死之马。

这种惨状之中，还有一些人呆立着，被战争的残酷和混乱惊得不知所措。“骑兵、步兵之主动投降者不绝，彼等皆惧被杀，而甘愿战败得生。”

混战了数小时之后，两军原本秩序井然的阵线开始四分五裂了。约翰王那位同父异母的弟弟威廉·朗格斯佩及佛兰德斯、布洛涅两位伯爵都成了俘虏，奥托皇帝则逃离了战场。在盟军骑兵的最后一击中，骑士们在一圈长矛兵的簇拥之下向法军发动了进攻，最终却因兵力不足而被击溃了。于是，当天就以腓力·奥古斯都大获全胜而告终。据威廉·马绍尔的传记作者所载，这是“一场大规模的溃败”[50]。数天之后，兵败的消息才传到南方的普瓦图。得报之后，约翰王便意识到，游戏结束了。他不得不做出安排，支付了大笔赎金，才让同父异母的弟弟获释，并且同意与腓力·奥古斯都休战18个月，返回国内去面对严峻的现实。“其后战争即始；王爵反目，实为不义之争”，马绍尔的传记作者又带着鄙夷之情，如此写道[51]。

对任何一位君主而言，在一场规模大如“布汶之战”的战斗中落败，都是一种耻辱，因为上帝的审判，往往就隐含在一场彻底的军事失败当中。可对约翰王来说，战败却带来了一个更加严重的问题。尽管他并未亲临战场，但在将近10年的时间里，他却像是打赌一般，把王室具有争议性和日益分裂性的政策押在这场战役的结果之上。可最终他却打输了。回国之后，在伦敦一系列会议上面对手下的贵族时，他便承受着异常巨大的压力，必须保证此后的局面会有所不同。

至少早在“布汶之战”的两年前，由于普遍对金雀花家族

■ 法兰西卡佩王朝显赫一时的国王腓力·奥古斯都的御玺。在位的40多年里（1180—1223），腓力让法国变成了西欧最强大的王国，还在这一过程中夺取了金雀花王朝在法兰西帝国境内的众多领地。
（图片来源：Photo © Photo Josse/ 布里奇曼图像）

的王权，尤其是对约翰王的王权素有各种积怨，英国的一群贵族就产生了一种共同的愠怒之情，其中部分人希望改良，部分却是存心要反叛。约翰王的种种短期失败以及让一些长期问题变得更加严重，二者就成了《大宪章》内容的核心。

无疑，手下的贵族心存怨意，约翰王在很大程度上是自作自受。他对待许多贵族的做法，可以说极其恶劣。表面上，约翰王树立了君主之威，可这种威严，却因他有跟手下大贵族和教士大吵大闹的习惯而受到了损害。约翰王在世之时，人们就说他心胸狭隘、没有风度，这些特点与国君的身份极不相称。约翰王生性多疑、偏执，城府深得出奇：他会制定复杂的代码和密码，来区分自己的真正旨意与用于掩盖其真实意图而发出的假诏，可随后又会忘掉密码。[52] 他对待囚犯的手段残酷异常，臭名昭著：凡是触怒了龙颜的人，都有可能被他锁上镣铐关进地牢，丢在里面活活饿死，或者遭遇更惨的结局。据说约翰王最恶名远扬的一桩恶行，就是1203年在鲁昂城堡里杀害了他的侄子，即布列塔尼的亚瑟（Arthur of Brittany）。这些方面结合起来，就在他的许多杰出大臣心中留下了持久却并不令人愉快的印象。[53]

然而，个人性格上的这些怪僻，并没有让约翰王显著地有别于他的先辈诸王。君主原本就不应当宅心仁厚。[那些过于圣洁的君主，比如法国的“虔敬者”路易七世（Louis Ⅶ“the Pious”），都在背后遭到了人们的嘲笑。] 据说，约翰王的曾祖父亨利一世就曾亲手把自己兄弟的一位仆役从鲁昂城堡的塔楼顶上推下去摔死了。约翰王的父亲亨利二世也曾命人在牛津郡逮捕了一群流浪的“纯洁派”异教徒，将他们鞭笞一顿之后又打上烙印，然后丢到外面，任由他们在寒冬里冻死。后来，亨利二世还因下令在坎特伯雷大教堂杀害了托马斯·贝克特大主教而在整个欧洲变得声名狼藉。只不过，他当时是并不知情，才下了此令。约翰王的哥哥“狮心王”理查在第三次十字军“东征”（Third Crusade）期间，曾经命人杀害了成百上千位战俘，同时因为在整个欧洲的贵族当中树敌太多，在从欧洲返回英国的途中，他还被人关了18个月，支付了15万马克①赎金之后才得以脱身②。之前的英国诸王，擅长的并非仅仅是暴力。人们认为约翰王还是一个好色之徒，喜欢霸占朝臣的妻女，可这种情况，其实也并非不同寻常。所有典型的君主，往往都喜欢玩弄宫廷中的女性，其中的许多女子，也会被迫嫁给别的男人。③

所以，约翰王及其手下诸爵之间的积怨，并非仅仅是私人

① 马克（mark），中世纪英格兰的一种货币计算单位（并非当时的实有货币），据传是10世纪由丹麦人引进的。据19世纪的资料考证，起初1马克相当于100便士，但1066年“诺曼征服”之后，1马克则合160便士。——译者注

② 理查王所付的赎金的价值，相当于当时王室岁入的4倍。这笔赎金的价值相当于如今的250亿英镑（合400亿美元）。这一点，就说明了赎金的经济力量。——译者注

③ 亨利一世在其长达35年的统治期内，竟然有20多个私生子。亨利二世最有名的情妇是罗莎蒙德·克利福德（Rosamund Clifford）；1174年将妻子埃莉诺王后监禁起来之后，亨利二世就公开与这位情妇住到了一起。——译者注

■ 1191 年 7 月，从萨拉丁手中夺取阿克雷之后，法兰西的腓力·奥古斯都与英格兰的理查一世共同盟誓的场景。选自博韦的樊尚（Vincent of Beauvais，约 1190—1264）所撰的《历史之镜》（*The Mirror of History*）中的一幅细密画。但英、法两国这种友好和气的局面，并不会持续下去。

［图片来源：路易斯里恰里尼摄影机构（Luisa Ricciarini）/ 布里奇曼图像］

恩怨的问题。1215 年 1 月，英格兰的贵族聚集于“新堂”并大声疾呼、要求改革时，他们更加关注的，其实是约翰王及其先王在两代人的时间里一直在系统地滥用王权的问题。他们必须利用一切可能的手段，遏制这种滥用王权的趋势。

自亨利二世统治时期以来，英国的行政制度经历了两种平行的发展。王权比以往任何时候都更加深入地渗透到了英格兰各地，皇家官吏和朝廷的权力也相对日增，超过了诸爵对其手下领地所行使的权力。亨利二世制定了无数种“敕令”，确立了种种新的法律程序，规定当事人可以到王室法庭讼争土地纠纷。像“已故先人占有”（mort d'ancestor）和“新近侵占”（novel disseisin）之类名目的令状，可以用相对不高的价格从皇家大法官那里获得。皇家法官们开始在英国各地举行巡回审判，即所谓的“大巡回审判”。他们根据国王具有最高司法权这一点，审理和判决所有的违法犯罪行为。[①] 这种意义上的皇家司法制度，既变得更加程序化和官僚化，也更加便利和有效。

然而，行政管理在变得更加专业化的同时，也更加有利可图了。政府部门不仅对寻求王室法律帮助的人收取行政管理费用，还会对败诉者、对那些触犯了刑法或者森林法的人征收罚金。国王经常拍卖政府官署来牟利，理查一世尤其如此。1189 年加冕登基之后，为了给他最终带往东方并参加了第三次十字军“东征”的军队筹措资金，理查一世曾大肆卖官鬻爵。从诺森布里亚[②] 到耶路撒冷，金雀花王朝的领土与军事利益遍布各

① “已故先人占有”是一种旨在确认继承权的法律诉讼程序，“新近侵占”则是一种确认土地被侵占并且归还给原所有人的法律诉讼程序。二者及其他数项法律诉讼程序都由亨利二世制定，是《克拉伦登敕令》（*Assize of Clarendon*，1166 年）和《北安普敦敕令》（*Assizes of Northampton*，1176 年）中的一部分。——译者注

② 诺森布里亚（Northumbria），中世纪英国北部的一个小王国。——译者注

地，长期需要资金才能维持。一种可以由官僚来管理却为国王带来了可观利润的法律和行政体系，显然对维护这些领土和利益大有好处。

假如说有哪个群体一向为金雀花王朝施政时所倚重，那就是贵族阶层，也就是所谓的“直属封臣”（tenants-in-chief）了：这个阶层的主要法律事务并不由中层官僚来裁决，而是直接由国王本人来处理。因为，正像英国许多行政部门的日常运作当时正在变得日益僵化一样，王室对社会顶层的统治似乎也变得比以往更为专制了。在亨利二世及其儿子们治下，他们毫无例外地都曾努力从封建收入来源中榨取尽可能多的利益，榨取国王身份赋予的特权带来的利益。长子获封骑士或者女儿出嫁的时候，国王都可以向手下那些最重要的臣子征税；当这些重臣想要继承遗产或者结婚成家的时候，他们又须为自己获得了继承或结婚的特权而向国王交纳一笔款项。他们需要付出代价，才能获得显赫的头衔和领地。这些重臣还负有奉旨提供骑士以充王师的义务。不过，若是缴纳一种兵役免除税或者“盾牌税”，他们就可以免除这种义务，故兵役免除税也成了战争期间王室收入的一种可靠来源。

世人通常认为，封建贡赋是由习俗决定的。从理论上来说，这些贡赋都是古老而传统的贡物，不会随着岁月流逝而改变太多。可在金雀花王朝统治初期（尤其是在约翰王治下），封建贡赋却提升到了高得离谱的程度。约翰王时期的典簿记录中，充斥着他向王国偏远地区的皇室代表下达的圣旨，命令他们向贵族施压，让后者缴纳大笔钱财，并且圣旨中几乎总是含有“务得此金，倘有可能，务取更多”的指令。[54]这样做，在一定程度上满足了约翰王为在法国作战而筹集资金的需求。更令人反感的是，约翰王还会利用财政手段，去欺凌、威胁那些不幸得罪他的贵族；有些情况下，他甚至会让那些贵族破产遭殃。在约翰王治下，财政署不再只是负责会计事务，还变成一个负责骚扰与勒索的官署了。地位使然，英国的许多贵族必然会发现，他们日益在国王那里欠下了大笔大笔的债务。从传统来看，他们要么会部分偿还这种债务，要么会完全不去偿还，因为债务免除可以作为国王身边那些近臣的一种政治恩庇工具。然而，到了约翰王治下，强制还债却变成了一种主要的政治恐吓手段。

当时，许多人都被约翰王这种财政恶行的獠牙生生吞没了。其中之一，就是威廉·德·布里乌兹（William de Briouze）。此人曾是约翰王的臣仆兼密友，但他在 1208 年与约翰王闹翻了，据说是因为威廉的妻子曾谴责约翰王，称国王在

■ 中世纪英国财政署用的计账筹子。每根筹子都被一劈两半，分由财政署与对方所持，且双方所执筹子上的刻痕应当匹配，表明借贷与偿付的状况。国王的财政署可以通过收回贵族对王室所欠的债务，迅速让贵族破产。约翰王滥用这种权力的做法，令许多臣民都对他心怀怨恨。［图片来源：科学与社会图片库（Science & Society Picture Library）/ 盖蒂图片社］

5 年之前杀害了他的侄子布列塔尼的亚瑟。由于获赐了封地和头衔，故威廉已经在国王那里欠下了巨额的债务。1208 年，约翰王便决定收回那些债务，来打击威廉。他以欠债不还为由，派人没收威廉的地产，并且要逮捕威廉。威廉逃往爱尔兰，在一些怀有同情之心的熟人那里躲了一段时间。约翰王竟然派了一支军队去追捕他。威廉逃脱之后，辗转去了法国，可他的妻儿却被关进地牢，活活饿死了。就国王的身份而言，这显然是卑鄙无耻的报复行为。可最能让旁人看清本质的是，约翰王还散发过一封替自己的做法进行辩护的公开信。信中用严格的、合乎法律条文的"财政用语"，称布里乌兹及其妻子逃避债务、错过最后期限和做假账，这才是他迫使那个家族毁灭的原因。如今看来，这封公开信中充斥着不带任何感情的威胁口吻，有如一名执行吏所发的通知，让我们看到了约翰王那种无情的官僚式效率，令人不寒而栗。[55]

1211 年，布里乌兹在流亡法国期间去世了。可就算到了 1215 年，也仍有其他许多人对约翰王的暴虐手段深怀怨意。其中的一位，就是杰弗里·德·曼德维尔（Geoffrey de Mandeville）。此人在 1214 年时受人怂恿，娶了约翰王的第一任妻子，即格洛斯特的伊莎贝尔。1199 年约翰王登基，不久之后就跟伊莎贝尔离了婚。由于获得了迎娶一位 40 岁出头的女性这一特权，曼德维尔缴纳了 2 万马克的高额罚金。可此时的伊莎贝尔已过生育年龄，其土地继承权也受到了严格的限制，目的就是将其中最有利可图的领地留给约翰王。国王命令曼德维尔分 4 期缴纳这笔罚金，每次须缴 5000 马克①。因此，在 1214 年秋季至 1215 年 1 月的伦敦会议期间，此人一直冲在那帮联

① 1214 年花 2 万马克来结一次婚，相当于如今约 5 亿英镑。——译者注

合起来反对国王的贵族前头，也就并非巧合了。

所以，1215年1月全副武装地来到了“新堂”的贵族全都清楚，至少3年以来，人们一直都在反抗这位国王。1214年入侵法国失利之前，约翰王也曾体会过手下贵族带来的致命危险。而在有些情况下，当他要求诸爵履行封臣义务，派兵扩充王师，或者缴纳根据每位贵族必须招募的骑士数量估算出来的免除兵役税时，诸爵甚至断然拒绝。但在1215年初，这种反抗就开始表现得比以往任何时候都更加具有组织性了。

据编年史家文多弗的罗哲尔（Roger of Wendover）所载，差不多就在约翰王从“布汶之战”中败退归国之时，贵族们曾在圣埃德蒙兹伯里开过一场会议。文多弗写道，心怀不满的贵族们前去开会时，打着到纪念9世纪圣洁的撒克逊国王埃德蒙（Edmund）那座镀金神殿去朝圣的幌子。他们的做法可能具有双重的暗示意味，因为事实上他们的集会之所是纪念一位赫赫有名的、完美的国王的神殿，但在一场箭雨中被暗杀之后，那位国王的统治就宣告结束了。① 据文多弗记载，与会贵族们在圣埃德蒙兹伯里“秘密商谈……了一段时间”[56]。同一篇史料中接着声称，当时坎特伯雷大主教斯蒂芬·兰顿曾向与会者提出建议，说约束国王的最佳办法就是要求约翰王确认亨利一世

① 圣埃德蒙曾在公元855年至869年统治过东安格利亚，后来被一帮维京人（Vikings）组成的所谓的“异教大军”（Great Heathen Army）所杀。此人的殉难传说中宣称，他是被箭矢射中而亡，然后又被砍下了头颅；后来，直到一头会说话的狼将虔诚的基督徒召唤到弃颅所在的林中之地，他的头颅才被找到。供奉此人的神殿是英格兰最大的一座，其中有宝石和金属装饰，宏伟壮丽。约翰王本人曾向殿中僧侣承诺，他驾崩之后会把一颗嵌于黄金中的巨大红宝石捐赠给这座神殿。［参见R. 耶茨（R. Yates），《圣埃德蒙兹伯里修道院的历史与文物》（*History and Antiquities of the Abbey of St Edmund's Bury*），伦敦，1843，第二编，第40页。］这座神殿后来毁于宗教改革运动（Reformation）。——译者注

的那份加冕宪章。于是，“诸爵皆于大祭坛上盟誓：若国王拒绝授予上述宪章中之自由与律法，彼等当不再效忠，且当宣战于王，至国王以加盖其御玺之宪章确保彼等之要求，方可罢手；后诸爵一致同意，彼等当于圣诞之后聚而往之，欲王确认彼等拥有前述之自由”。1100年，亨利一世加冕时颁布的那份宪章已经提出，要废除“一直不公正地压迫英格兰王国的诸多恶俗”。其中包括国王许下的誓言，说他不会再要求贵族交纳不合理的封建贡赋并以此来不公正地打击贵族，会保证孀寡的财产权利，会免除贵族所欠的王室旧债，会避免征取一系列新制却不受民众欢迎的税收，以及维持王国之和平。[57]

这次贵族会议的情况是否与上文所述完全一样，我们不得而知。但显而易见的是，1214年的圣诞节之前，诸爵之间肯定进行过紧张激烈的政治论争，王国上下肯定弥漫着反抗的气氛，民众肯定要求颁布一份类似于亨利一世在加冕登基时所颁的宪章，而约翰王若是拒绝改革者的要求，就有可能面临严重的甚至带有暴力性的后果。[58]不过，若说世间有哪位国王在陷入困境之时仍会蠢蠢欲动，那就非约翰王莫属了。那个星期驻跸于“新堂”的大部分时间里，约翰王听到了臣民们愤怒的抱怨，以及恳请他再次确认亨利一世所颁宪章的呼声。他很狡猾，一直在回避问题、拖延时间。他宣称自己还没有做好准备来认可诸爵的要求，谴责诸爵提出的要求是“咄咄怪事”，并且反击说，只有诸爵全都发誓服从国王，“与国王并肩作战，对抗所有敌人”，承诺永远不再向他提出类似的要求，他才会妥协。[59]关键在于，就像当年秋天的做法一样，约翰王一直在拖延时间。他提出，到“复活节”的时候会给诸爵一个最终答复。他这样做，是把希望寄托在一个事实上：诸爵虽说愤怒，却还没有愤怒到发动战争的程度。

ribulacionem

nomen domini

■中世纪英国的家庭聚餐场景，选自14世纪的《鲁特瑞尔诗篇》。杰弗里·鲁特瑞尔勋爵[（Sir Geoffrey Luttrell），后排正中]的左侧，依次是他的夫人和两位道明会修士，后者可能分别是鲁特瑞尔勋爵的牧师与告解神父。
（图片来源：大英图书馆版权所有 / 布里奇曼图像）

这场豪赌，约翰王赌对了。到1月15日星期四时，“新堂”里召开的这场会议便解散了。诸爵虽说都很沮丧，却既未制定一项具有约束力的决议，也没有彻底陷入要采取暴力行动的境地。约翰王显然已经意识到，英格兰正处在爆发一场彻底叛乱的边缘，因为就在此前一日，他已经准备下令，要求伦敦与北部之间的大领主为那些“在‘主显节’前来伦敦……向朕申诉其不满”的人提供安全通行证。[60]尽管如此，他也没有准备认输。与圣殿骑士团的人及其盛情款待作别之后，这位国王便率领整个宫廷，再次踏上了王国内那些历史悠久的大道。这一次他是往西而去，并且心中已经有了一个计划。

吃喝玩乐

翻阅约翰王统治时期的史料，看到食物在中世纪一位伟大君主的生活中具有如此重要的地位时，我们肯定会感到震惊。我们会发现，国王经常派人往皇家的猎场和城堡送去大量的葡萄酒。他会把在王室森林里猎取麋鹿和野猪的权利当成皇恩，赏赐给某些宠臣。据我们推测，获赏的宠臣也能食用这些猎物。他会把鱼儿赏赐给手下。他会命人宰杀几十头牲畜，在节日里宴请王室朝臣。虽然约翰王在享受口腹之欲这个方面并不像他的其他罪过那样引人注意，但显而易见的是，他的心中也常常想着“吃喝”二字。命人翻修威尔特郡的马尔伯勒和拉奇霍尔两座城堡时，约翰王曾特别下旨，说城堡的新厨房里配备的烤炉都应当大得足以每次烤上两三头牛。[61]甚至到了1215年秋末，约翰王还派人取了40头猪的猪油，要把手下在罗彻斯特城堡下方挖出的一条巷道点燃。他也曾明确下旨说，为此屠宰的猪应当是最不好吃的那一种。约翰王其实并非特别贪婪，他不过是贵族文化的产物罢了。那种文化，重视的就是慷慨大方和展示大规模的公开消费。

国王及其手下的官吏无疑极其幸运，因为他们非常富有，可以在节日里尽情吃喝。比如，1206 年的圣诞节期间，王室就在温彻斯特举办过一个皇家派对周。[62] 在那次聚会上，光是桌布一项，就用了 500 厄尔①（合 600 多码）长的布料。这种盛会，说明了他们在饮食方面的极度放纵。显然，不管约翰王别的缺点是什么，他都有一个优点，那就是他总能举办一场盛大的盛宴。《诺曼底公爵与英格兰国王史》（*Histoire des ducs de Normandie et des rois d'Angleterre*）一书的作者曾经写道，这位国王"赐下丰盛御膳，且极其慷慨，甘之如饴。诸人从未为约翰王拒于宫门之外，故凡欲享用宫中御膳者，皆可前往"。[63]

在约翰王的宫廷之外，就没有这样奢侈放纵的情况了。不过，年景不错的时候，英格兰的民众也能享用到相当广泛而多样的食物。他们摄入的大部分热量都来自谷物，比如小麦、燕麦和大麦（按常见程度排序）。其中很大一部分谷物会被人们制成面包与麦芽酒，它们是当时英国家庭的日常主食；还有羹汤，它是一种以谷物或豆类为基础制成的浓汤，佐之以时蔬调味。但考古发掘的证据表明，13 世纪英国人的饮食绝非全然淡无味或者翻来覆去就那几样。人们食用的还有根块类蔬菜，园中所种的菜蔬，豌豆与豆荚，新鲜水果与干果。人们为了吃肉而屠宰牛、羊和猪，由此而得的肉类有牛肉、小牛肉、羊肉、羔羊肉、猪肉、火腿和熏肉。（吃的究竟是新鲜猪肉还是熏肉，

① 厄尔（ell），旧时英国所用的长度单位，1 厄尔约合 45 英寸（inch）。下文中的码（yard）也是英制长度单位，1 码合 3 英尺、36 英寸。——译者注

■ 一名修道士正在地里收割庄稼。这幅有点像装饰的大写“Q”字画，选自《劳作的莫拉利亚》（*Moralia in Job*），为 12 世纪初教皇格列高利（Pope Gregory that Great）在勃艮第的西多修道院所作。［图片来源：照片技术指数（Index Fototeca）/ 布里奇曼图像］

标志着一个人的社会地位：新鲜猪肉专供富人享用，熏肉和火腿则是穷人的吃食。但无论什么情况，英国富人吃的肉类都远多于下层百姓。[64]）奶牛与山羊所产的奶，可以制成黄油与奶酪。鸡可以宰杀吃肉，或者养着下蛋。人们经常发现，从城市垃圾堆里发掘出来的牲畜骨头都被劈开了，因为其中的骨髓是珍贵的食材，可以给炖菜和羹汤调味。

然而，对于什么日子该吃什么东西，当时的教会制定了严格的规矩。对于那些遵从修道规定的人的饮食都有大量的限制措施。圣本笃（St Benedict，480—547）[1]规定，修道士每天应在“6时与9时”（这是教会时间，对应于正午12点和下午3点左右）吃两顿正餐，每餐包括两种熟食；要是条件允许，还可以吃水果或新鲜蔬菜。除非一天的工作特别繁重，否则的话，每名修士只准吃1磅[2]面包；而在工作繁重的情况下，则“由修道院长斟酌，倘觉合适，即可增添饭食，然其首务当禁绝一切多余之食，以免修士受消化不良之苦”。教规还禁止“食用4足动物之肉”，只有病重或者体虚的修士例外，不过，修道士们并非一贯遵守这条规定。

并非只有修道士的饮食受到了教规的限制。中世纪的日历之中，几乎有一半的日子都被定为斋戒日，其中包括了每个星期五和星期六，而在“大斋节”（Lent）[3]和“基督降临节”（Advent）期间，连星期三也要斋戒。在这些日子以及其他众多的宗教节日里，任何人都不准吃肉。奉行此种教规的信徒，会从乳制品或者鱼类中获取身体所需的蛋白质。因此，渔业在13世纪的英格兰就成了一桩大生意；当时的英国王室之所以在泰晤士及梅德维河等主要河流沿岸修建了众多的鱼栅，使之变成了要用《大宪章》来解决的一种民怨，原因之一就在于此。那时的人，还会从海中捕捞大量的鲱鱼（通常用盐腌制保存）、鳕鱼、海鳗、狗鳕、比目鱼、鲭鱼以及贝类为食。

这个时期最为美味的一种食物，就是七腮鳗。这是一种像

---

① 又译作圣本尼迪克特，意大利天主教教士、圣徒，本笃会的创建者，西方修道院制度的创立者，于1220年被封为圣徒。——译者注

② 磅（pound），英制重量单位，1磅约合0.454千克。——译者注

③ 大斋节，基督教中的一个节期，自“圣灰星期三”至复活节前，共计40天，是基督徒献供、苦修以及洗涤罪恶、承蒙天主启示的时期。亦称“四旬斋”“齐斋节”或“大斋期”。——译者注

鳗鱼一样的小型无颚鱼类，它们通过圆圆的嘴巴吮吸进食，嘴中长着一圈有如玫瑰之刺的细小牙齿，偶尔也会钻进其他鱼类的肉中，吸食后者的血液。自古罗马时代起，人们就开始大量食用七腮鳗了，它们曾让英格兰的上层人士垂涎三尺，且与如今伦敦的众多寡头巨子都以享用白鲟鱼子酱为乐无异。七腮鳗曾与约翰王的曾祖父亨利一世驾崩有关。据说，亨利一世是在1135年享用了大量的七腮鳗之后，才得了不治之症。然而，这一点并不足以警示约翰王，使之不去享用此种肉质坚韧却美味无比的鱼类。在统治初期，约翰王曾经派遣一位名叫参孙（Samson）的仆从带着安全通行证，从安茹境内的博热一路前往80英里以外、位于布列塔尼的南特，为布洛瓦伯爵夫人运

■ 一条鲸鱼和所处位置明显堪忧的一条渔船，选自12世纪英格兰的一部动物寓言集。（图片来源：布里奇曼图像）

回七腮鳗。到了在位中期，约翰王也仍对这种鱼念念不忘。他在专门下达给格洛斯特郡长的公函中，曾经命令此人确保任何人售卖的七腮鳗都不能高于每条 2 先令（这个价格极高，因为在那个时代，同等价格可以购买到品质最佳的淡水鲑鱼）。凡是胆敢违抗这些命令的人，都会受到罚款和没收财产的惩处。[65]

显然，13 世纪的社会各阶层之间，在能否享用像七腮鳗之类的食物方面存在着巨大的差异。和每一位享用天上、海里和地上各种动物的大领主相对应的，同时很可能还有十几位吃不饱的农奴，他们靠着小块田地的收成在勉强度日。圣本笃的规定提醒读者，"与基督徒格格不入者，以铺张浪费为甚"，可并非所有的基督徒都牢记着这条规定。有一份留存至今的 13 世纪末的宴会请柬，就说明了当时的上层社会随意大吃大喝的情形。那份请柬是伍斯特主教送给该市的修道院副院长的："下个礼拜日 1 点……务请前来……与吾等同享优质、肥美之新鲜鹿肉，亦有人碰巧送来一只同等肥美之仙鹤，吾等不愿无君而独食……以主之名谨具。"[66]

对于那些受邀前往享用盛宴的人来说，骑士文化意味着要求他们遵循一套复杂的礼仪。这套礼仪，支配着英国的精英阶层在就餐时对待彼此的方式。英国最早的一部礼仪作品，就是长达 3000 行的《文明之书》（*Liber urbanus*），由贝克尔斯的但以理（Daniel of Beccles）所作，此人极有可能是亨利二世的一位宠臣。书中提醒读者说，不要骑着马直闯富贵之家的厅堂，不要把胳膊肘支在餐桌上，嘴里塞着食物的时候不要说话；在贵族家庭的厅堂里，客人不要在众目睽睽之下抓挠腋窝；女主人若是跟他们调情，客人还得装病。

"谨记，不得如酒神巴克斯（Bacchus）一般，狼吞虎咽地喝干杯中之酒。"贝克尔斯忠告说。只不过到了英国的宫廷里，这一点说来容易，做起来却很难。在当时的社会各阶层中，酒都是日常饮食的重要组成部分。富人饮用的是葡萄酒。苹果成熟后，可以酿成苹果酒。普通百姓最常饮用的则是麦酒；它用大麦的麦芽、草药、香料和酵母制成，多在刚刚酿制出来，酒液还很混浊、味道相当苦涩的时候饮用。

结果就是，当时的人几乎个个嗜酒。因此，尽管中世纪的朝臣和作家都对骑士礼仪念念不忘，可1215年的英格兰却是一个粗俗下流的国度。从某些意义来说，当时的英格兰也是一个放纵无度的地方。祝酒一事，就概括体现了社会奉守的严格礼仪与明显粗俗之间的矛盾。吃饭的时候，喊上一声“举杯！”（Wesheil）是一种礼貌的指令，它要求对方回答以“干杯！”（Drincheil），并且喝完杯中之酒。这种敬酒活动可以持续进行到深夜，直到礼貌变成了粗俗，甚至更糟的程度。威尔士的杰拉尔德（Gerald of Wales）是一位观点尖锐的编年史家兼游记作家，他记载过一个故事，说的是亨利二世曾经兴致勃勃地加入了一场针对一位西多会修道院长的祝酒比赛当中，而后者发现，面对这位算是醉酒老手的国王时，他根本就没有还手之力。身处这种人当中，人们经常会无视许多高雅的餐桌礼仪。（约翰王的父亲有一次就骑着马进了自家的餐堂，与当时觉得颇受冒犯的托马斯·贝克特一起用餐。）

13世纪的骑士礼仪中还有一项颇具争议的禁忌，那就是不准当众骂人。1215年时的骂人之语，并不像如今这样污秽或者下流，相反，它们主要是亵渎神灵的咒骂。“勿以基督之降临、降生、圣情、圣体、圣首、圣肠、圣心、圣墓、圣耳、圣脚、圣臂（或）圣腿骂人。”贝克尔斯曾经如此警告世人。可我们都知道，当时经常无人理会他的忠告。约翰王有用“上帝之牙”来骂人的习惯，与其父王喜欢用圣目来诅咒无异。[67]还有一些咒骂之语，则会提到圣骨或者圣指甲。所有这些咒骂，都是不折不扣的大不敬之举：它们亵渎了神明，故在一个高度虔敬且远不如我们当今这样浮躁易怒的社会里，它们就比任何提及性器官或者粪便的骂人话更令人震惊了。

尽管喝醉之后并不明显比世间其他民族更加喜欢满嘴脏话，可英国人仍是出了名的豪饮。这种性格特质，深入渗透到了描述英国人的语言中，连在一些与酒馆无关的情况下，也是如此。比方说，在描述十字军“东征”期间的一件事情时，作家德维斯的理查德就曾有意说英国人是“为恐惧所醉”。[68]

在有教养者的圈子里，这种酗酒行为被人们视为一种恶习，一种等同于暴饮暴食的罪过。比如马姆斯伯里的威廉认为，在某种程度上，“诺曼征服”就是对英国人整日喝酒、“直至呕吐”这种恶习的惩罚。[69] 人们还认为，神职人员酗酒的现象尤其可恶。威尔士的杰拉尔德与奇切斯特的杰维斯（Gervase of Chichester）两人，都曾强烈谴责过那些参加盛宴或者醉醺醺地履行职责的牧师。《埃利经》① 的作者曾经记载过一个故事，说的是一位牧师喝得酩酊大醉，连路都走不稳了，却还想要主持弥撒，结果竟然当着信众的面，在自己的法袍上又吐又拉。[70]

因此，在刑事法庭审理的案件当中，酗酒就成了一个令人感到毫不意外的共同因素。13 世纪在什罗普郡斯科特的艾克顿发生的一桩案例，就证明了这一点。此案的法官们经审理查明，圣诞节那天日落之后，“数人（正）歌于酒馆之外……牧师休·德·韦斯顿（Hugh de Weston）大醉，于门前经过，与歌者发生口角”。随后，口角演变成了一场斗殴，休便持剑向

① 《埃利经》（*Book of Ely*），12 世纪英国的一部编年史，用拉丁文写就（原名 *Liber Eliensis*），因在剑桥郡东部埃利岛上的埃利修道院里写成，故得此名。据传，此书作者是该修道院里的两位修道士，其中记载了从修道院 673 年始建到 12 世纪中叶的历史。——译者注

其中的一位歌者约翰·奥克斯（John Oaks）冲去，猛击后者的头部，并且“几断其左手之二手指”。又扭打了一阵之后，约翰掏出一把刀子，扎进了休的胸膛，“顷刻令其毙命”[71]。难怪，像10世纪教化作曲家埃尔弗里克（Aelfric）这样的人士都认为，酗酒“乃重大之恶习，有（圣）保罗之言为证，酗酒者不得升入天国”。

第三章

佩上十字架

/ 智慧、健康与美貌

1215年2月中旬，沃尔特·莫克莱尔（Walter Mauclerk）抵达了罗马，但身体抱恙。从英国到罗马教廷的这段旅程，他不但要在寒冷的冬季横渡英吉利海峡，还要骑着马儿长途跋涉，南下穿过法国。圣奥尔本斯①的编年史家马修·帕里斯于13世纪所绘的一幅地图上，标出了从伦敦前往罗马的数条路线：自多佛乘船，来到加莱或者布洛涅，然后骑马经由巴黎或者兰斯，前往里昂，再由塞尼山的山口越过阿尔卑斯山，就是一代又一代朝圣者所走的道路。接下来，旅人便会自北而南，经由卢卡和锡耶纳，穿过意大利北部，最终抵达罗马。[72]

整个旅程所耗的时间，几乎不会少于三个星期。沃尔特所花的时日，甚至比平常情况下更久，因为正如他在一封寄往国内、写给约翰王的信中所言："臣之行程，为重疾所延。"[73]

在一个旅行起来很艰难、速度缓慢且全凭体力支撑的时代，拖着孱弱的身体穿过欧洲大陆，并不是一件容易做到的事情。然而，沃尔特是英国王室的可靠心腹兼臣仆，曾在英国国王面前自称一位"无论何时何地皆为虔敬忠诚之教士"；故他还是履行了自己肩负的使命，终于在2月17日那个星期二抵达了圣城（Holy City）。此人带着英国国王写的一札信件，来到

① 圣奥尔本斯（St Albans），英国英格兰东南部的一座城镇，距该国首都伦敦不远，现隶属于赫特福德郡。——译者注

了拉特兰宫[1]。信件的内容，是请求教皇在英国国王与英格兰诸爵的斗争中为英国国王提供支持。他还有幸受到了基督教近代史上最令人敬畏的人物，即教皇英诺森三世的接见。

英诺森三世原名罗塔里奥·德·康提（Lotario de' Conti），自 1198 年 1 月年纪轻轻（当时他才 37 岁）就史无前例地当选以来，此人一直稳坐在教皇宝座之上。苏比亚科[2]的圣本笃修道院里存有此人的一幅壁画肖像，其中的形象虽说被人理想化了，但他的模样确实俊秀得令人瞩目。那是一个有着杏仁状脸庞、五官清瘦的年轻男子，棕色的头发修剪到了两耳之上，一袭华丽的教会法袍，则呈现出了教皇的显赫风采：一件鲜红的外袍上，装点着一块绣有蓝色十字架的奶黄色披肩，齐整地垂在他的肩上。这幅壁画富丽堂皇，描绘得恰到好处。在担任教皇的 17 年里，英诺森三世曾殚精竭虑，力所能及地提升了教皇的威望，振兴了罗马的权威。

英诺森三世天生就适合身居高位。他出身于名门望族，有位叔叔就是之前的教皇克莱门特三世（Pope Clement Ⅲ）。此外，他还是一位杰出的学者，在博洛尼亚大学和巴黎大学受过教育，故在教会法律和神学两大领域能力非凡。他撰写过数部重要的神学著作，其中一部叫作《论对尘世的鄙夷》（*De contemptu mundi*），尽管书名阴郁，但在此后的数百年里，这部作品却广受世人欢迎。以前的教皇当中，很少有人像他那样自信、那样具有政治敏锐度和那样成功地统治过基督教世界。他时而冷酷无情，时而敏感异常；个性虽说专横刚愎，却能在那些天性更加渴望相互残杀的国君之间进行斡旋，从而团结和

---

① 拉特兰宫（Lateran Palace），古罗马的一座宫殿，位于罗马城东部，公元 4 世纪由罗马皇帝君士坦丁一世赐给罗马主教。12 世纪至 16 世纪，罗马教皇曾先后在此召开 5 次会议（1123 年、1139 年、1179 年、1215 年、1512—1517 年）。今属梵蒂冈。——译者注

② 苏比亚科（Subiaco），意大利罗马省的一座城镇。——译者注

■ 在苏比亚科圣本笃修道院里一幅 13 世纪所作的壁画中，教皇英诺森三世端坐于 1203 年一份向该修道院捐赠收入的教皇谕旨之上。

［图片来源：数据交换协议（DEA）/G. 尼玛塔拉（G. Nimatallah）/ 盖蒂图片社］

统治着辽阔的基督教世界。在对付争夺神圣罗马帝国皇帝宝座的各个对手之间的政治纷争时，他做到了既严厉又准确，与他在审理那些涉及了地位最为卑下的欧洲人且极其琐细的法律案件之时一样[①]。

英诺森三世还拓展或者重新扩大了罗马教廷的权力，使之既凌驾于周边的国家之上，也凌驾于诺曼人的西西里王国及日耳曼各诸侯国之上。基督教世界中一些最了不起的君王，全都感受到了此人的不满带来的不利后果：这位教皇曾经干预过许多君主的事务，其中包括法兰西国王腓力·奥古斯都，神圣罗马帝国皇帝奥托四世（Otto Ⅳ），奥托四世的对手士瓦本的菲利普公爵（Philip duke of Swabia），莱昂、葡萄牙和阿拉贡诸王，甚至是挪威诸王。在法国南部，主要是在图卢兹及其周边地区，一场残酷镇压"纯洁派"的运动已经导致了长达7年的屠戮。病中的沃尔特·莫克莱尔在前往教廷觐见英诺森三世的路上，曾从那个弥漫着恐怖气氛的地区附近经过，因而很有可能听说了一些情况。[②]

---

① 他在1204年做出一项判决时就是如此，令人印象深刻。当时的案子是，一位意大利妇女发现丈夫阳痿，便离开了他，嫁给了一个能够更好地满足其欲求的情人。这位妇女所在教区的主教逼迫她回到了第一任丈夫的身边，可后者却无法忍受这种羞辱，故出家当了修女，不久就因羞愧而死。英诺森三世不但费尽心思研究了此案的细节，还做出了一项裁决，重新界定了教会对于阳痿与婚姻问题的整体立场。[参见C. M. 罗素（C. M. Rosseau），《既不被蛊惑，也不被欺骗：腓力·奥古斯都的所谓阳痿与英诺森三世的回应》（*Neither Bewitched nor Beguiled: Philip Augustus's Alleged Impotence and Innocent III's Response*），见于《窥镜》（*Speculum*）杂志第89期（2014）。]——译者注

② 纯洁派（Catharism）是基督教的一种二元论异端，在12世纪中叶前后从东罗马（即拜占庭，Byzantine）帝国传播到了法国南部和意大利北部。纯洁派信徒坚信世间有两个神（或者两大原则），其中一善一恶，认为物质世界是魔鬼创造出来的。由于中世纪的天主教认为世界是上帝凭一己之力创造的，故纯洁派就是直接违背了教会的一神论基本原则。英诺森三世起初想用传教士去对付纯洁派。可在1208年，由于他没有充分严厉地对付纯洁派异端，教皇的一位使节在驱逐了图卢兹伯爵雷蒙德六世（Count Raymond Ⅵ）之后，竟然被人杀害了。于是，英诺森三世宣布死者为殉道者，并且发动了一场全面的军事进击，由一个叫作西蒙·德·孟福尔（Simon de Montfort）的人（此人就是后来英国的叛乱伯爵西蒙·德·孟福尔的父亲）担任统帅；这场进击，就是如今所称的"阿尔比十字军'东征'"（Albigensian Crusade）。关于这一主题的全面介绍，请参阅J. 桑普顿（J. Sumption）所著的《阿尔比十字军》（*The Albigensian Crusade*，伦敦，1973），以及近期R. I. 莫尔（R. I. Moore）所著的《对异端的战争：中世纪欧洲的信仰与权力》（*The War on Heresy: Faith and Power in Medieval Europe*，伦敦，2012）两书。——译者注

这些，不过是英诺森三世的政治举措而已。英诺森三世还对自己的办公场所进行了艺术上的改良。为了体现教皇日渐增加的权势，在他的监督之下，对作为历任教皇主要居所的拉特兰宫进行了重建，拉特兰宫变得令人惊艳，以至于差不多100年之后，诗人但丁·阿利吉耶里（Dante Alighieri）赋诗写道，拉特兰宫“超越了一切尘世之艺术”[74]。获准在这座宫殿里谒见英诺森三世，就是站在那个时代一位真正的巨人面前，或许也是站在中世纪所有教皇当中最了不起的一位面前。然而，莫克莱尔很清楚，此人与英国的约翰王之间曾经有过一段相当不光彩的往事。更令人担忧的是，英国贵族们派遣的使节也在教廷周围活动，试图用自己的说法，把金雀花王室治下的英国最近发生的事件汇报给教皇。为了英国的和平，或许甚至是为了保住主子头上的王冠，莫克莱尔就必须给教皇留下良好的印象。

可以说，约翰王与他之前的两位先王都没有因为手握神圣王权而享有清誉。约翰王的父亲亨利二世，曾在无意中导致托马斯·贝克特被人杀害于坎特伯雷大教堂的祭坛之前。“狮心王”理查尽管在十字军“东征”时英勇无比，他却喜欢开玩笑说，金雀花王族是魔鬼的后裔。还有一些人也持类似的观点。威尔士的杰拉尔德在其《论君主之教导》（*De instructione principis*）一书中，曾记载说北方有一位隐士、歌曲作家兼深受爱戴的圣徒，名叫芬克尔的戈德里克（Godric of Finchale）。此人看到的一种幻象，似乎就概括了上述看法。在幻象中，戈德里克走进一座教堂，看到亨利二世及其四个业已成年的儿子

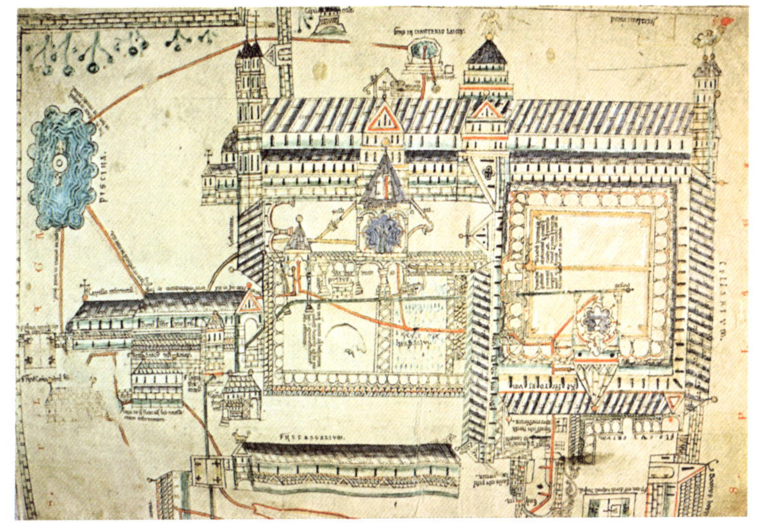

■ 坎特伯雷大教堂平面图，选自《伊德温诗篇》(*Eadwine Psalter*)。这是12世纪中叶的一部诗篇集，以坎特伯雷大教堂里一位抄写员命名，其中含有大量彩绘插图，对这座大教堂的供水系统进行了极其详尽的综述。
(图片来源：布里奇曼图像)

俯伏在祭坛之前，然后起身用细麻布擦拭祭坛上的尘土。接着，他们开始慢慢地爬上祭坛，擦拭悬于上方的那个十字架。可是，爬到十字架顶上之后，“他们却开始拉屎撒尿，将祭坛四周弄得一片污秽，说起来都令人觉得恐怖”。[75]威尔士的杰拉尔德是个热衷于批评金雀花王朝的人，他对荒诞不经之事的嗜好，尤其喜欢谈论粪便与性并以此为乐的劲头没有其他事情能够匹敌。不过，在整个金雀花王族中，尤其是在约翰王身上，此人却找到了一个值得研究的主题。因为约翰王与英诺森三世之间的关系本身就是一个令人震惊的故事，而芬克尔的戈德里克看到的幻象，则为这种关系提供了一种恰当的隐喻。

约翰王与英诺森三世之间的不和，始于一个人的辞世。

1205年夏，能力非凡且本性顺从的坎特伯雷大主教休伯特·沃尔特因痈疽感染引发高烧，然后就与世长辞了。这对国王而言原本是一种损失，可也是约翰王的一个重要机会，因为他可以任命一个像休伯特（而不像其父王的死敌贝克特）那样的新人，使之既乐意满足国王的需求，也能满足教会的需求。约翰王为这个新职位定下的人选，就是前中书省执事兼其亲密盟友、诺威奇主教约翰·德格雷（John de Gray）。由于坎特伯雷座堂圣职团[①]里的修士宣称，他们拥有选举新任大主教的特权，约翰王就逼迫他们，必须选择他提出的人选。修士们却另有想法。他们并未选举德格雷，而是选举了座堂圣职团的副团长雷金纳德（Reginald），然后送他去罗马，请教皇确认他的新职位。

约翰王大感恼火，就去游说教皇，要教皇尊重他的选择。1206年，英诺森三世打定了主意。他驳回了双方的要求，然后任命了自己提出的人选，即红衣主教斯蒂芬·兰顿。兰顿出生于英格兰，是欧洲大陆上一位受过教育的杰出学者。人们认为，英诺森三世任命此人，应该是做出了让步。可结果表明，根本就不是这样。

任命兰顿为坎特伯雷大主教的做法，进一步激怒了约翰王。他不仅在委任德·格雷一事上大大受挫，如今还须接受一个20年间都在巴黎大学生活和讲学的人来当英国的大主教。要知道，巴黎可是约翰王最憎恨的对手腓力·奥古斯都的都城。更加糟糕的是，兰顿还是一位学者，承袭了贝克特及神学家索尔兹伯里的约翰（John of Salisbury）的传统，而这两位都对历任英国国王持严厉批评的态度，都坚定地捍卫教会权威高

① 座堂圣职团（cathedral chapter），基督教中主教的座堂参议神父，职责在于协助主教处理教务，现已废除。——译者注

■ 坎特伯雷大教堂的“三一礼拜堂”里的“奇迹窗户”上，描绘了托马斯·贝克特在1170年被人杀害之后创造的一些奇迹。图中，一位骑马者正走出坎特伯雷大教堂；此人在拜谒了贝克特墓之后，所患的疾病不治而愈。
（图片来源：由坎特伯雷大教堂座堂授权复制 / 布里奇曼图像）

于世俗君主的原则。因此，1207年英诺森三世在维泰尔博正式诏告兰顿就任英国主教之后，约翰王便不许此人前往英国就任。一年之后，作为回击，英诺森三世便将英国置于教皇的“禁行圣事令”之下。1209年，他又对约翰王实施个人惩处，将其逐出了教会。欧洲最顽固执拗的两大统治者之间，就此开始了一场对峙，而每一个生活在英格兰的人，都感受到了这场对峙带来的影响。

教会的存在以及教会的势力，几乎渗入了中世纪生活中的每一个领域。英国教会在7世纪末就已成立，差不多500年后，到约翰王在位时，教会已经变得极其富有，制度上自信十足，并且盘根错节，深入渗透到了社会各个层面的政治、法律、行

■ 一位主教主持弥撒的时候，一名修女正在宣誓。选自法国 13 世纪时一部带有彩绘插图的手稿。［图片来源：玛丽·埃文斯图片库（Mary Evans Picture Library）］

政、文化、经济、教育、艺术与建筑诸领域。几乎每一个在英格兰出生的人，都是由教会施洗和安葬。绝大多数人，也是按照教会的仪式与律法来结婚成家。王国各地散布着成千上万座教区教堂，分别由 17 位英格兰主教（加上 4 位威尔士主教）监管；这些教区教堂，就是村民和城镇居民聚集的中心。教堂里一座座方形砖石塔楼上鸣响的钟声，记录着一天的时间——不管人们参不参加，教堂礼拜对普通百姓来说都是一种安慰，让他们相信上帝受到了礼敬，而尘世之王国也在寻求上帝的恩赐。这一点，可不只是一个神学问题。人们相信死后仍有一种真实的生活，而此种来生的性质与地点（究竟是在天堂、炼狱还是地狱里），可以受到此生于尘世中所行之事的影响。因此，教会对王国内所有善男信女的精神幸福都负有巨大的责任。

当时的英国社会里，有很多人都因为工作、教育或者献身而依附于教会。事实上，到了约翰王治下时，全英格兰有高达 1/6 的人都是某种类型的神职人员；除了其他一些方面，他们还享有税收减免的特权，并且有权在犯罪之后接受教会法庭那种宽大和非肉体惩处，而非按照王法来接受惩处。而国王制定的法律，曾对许多不法之徒处以酷刑或者死刑。教会主要的制度化等级包括主教、牧师、执事和副执事，统称为高级圣职。此外，还有大量的其他各类教士，他们都接受过某种形式的教会培训，并且剃了发，以区别于其他百姓。这些低级圣职中，包括照看教堂大门的门房、在弥撒上诵读《圣经·新约》的诵经员、负责掌管圣水并因此参与洗礼和祈福祷告仪式的驱魔人，以及在圣餐礼上协助牧师的侍祭。除此之外，还有世俗教士，从受雇于领主和国王的私家礼拜堂牧师，到受过教会教育和有文化的管理人员，种类繁多；后者能读会写，故可充任秘书、抄写员或者教师。这些人都必须剃发，不得惹事和进酒馆，衣着必须朴素，并且不得携带武器。许多人都依规而行，只不过并非人人如此。神职人员的暴力犯罪，曾是导致 12 世纪 60 年代亨利二世与贝克特之间爆发争执的主要因素。而在整个中世纪，人们也普遍存有牧师粗鲁放肆、好色无赖的刻板印象。最充分地概括了此种现象的，莫过于法国那种所谓“故事诗”(fabliaux）的淫秽诗歌了；从 12 世纪至 14 世纪，“故事诗”曾风行一时。存世至今的“故事诗”中，有这样一个故事：一位狡诈的牧师欺骗一个诚实厚道的农夫，让农夫给了他一头奶

■ 此人是在查验葡萄酒的质量呢，还是在趁机偷偷多喝？修道院里的生活本应严肃而简朴，但并非所有修士都达到了这种高标准。
（图片来源：布里奇曼图像）

牛，可最终受到的惩罚，却是牧师倒找了农夫两头奶牛。还有一个故事，说的是一名爱摆架子的主教在路上捡到了一枚闪闪发光的宝石戒指，便据为己有，可后来他惊恐地发现，那是一枚会让佩戴者性欲大增、无法控制的魔戒，它令这位主教的生殖器高高勃起，最终竟然顶破了裤子，只能在地上拖着走了。[76]

在当时的英格兰，还有数量庞大的修道士、法政牧师①和修女，他们按照不同的教规生活着，从圣殿骑士到普通会众，不一而足。这种会众在修道院里一起过着简朴的生活，奉守一条严厉的准则，即崇尚圣洁、贫朴，摒弃任何形式的个人放纵②。本笃会（Benedictine）修士遵从的是圣本笃定下的规矩，由于身着深色会服（象征着他们致力于忏悔）而被称为“缁衣修士”。可到1215年时，英格兰已有其他许多修道会了，其中最著名的，当属11世纪末出现的“白衣修士”。这些修道会中，就包括“西多会”（以其发源地即勃艮第的西多命名），他们身穿的白衣代表着纯洁，而他们刻意追求的那种生活方式，甚至比偏远地区一些修道院里的“缁衣修士”所奉行的生活方式更加简朴、更加艰苦。英格兰人数不多的“加尔都西会”（Carthusians）甚至更加克己禁欲，其会众都是聚成极小的群体共同生活，大部分时间则是独自冥想与苦修。这个修道会是以法国阿尔卑斯山中的加尔都西山命名的，其创始人圣布鲁诺（St Bruno）曾在此创建了第一个隐修地。与此同时，法政牧师也奉守准则，通常都是奉行圣奥古斯丁（St Augustine）定下的

① 法政牧师（canon），教会中的一种荣誉职分，主教可依教会传统任命，一般没有任职期限。其职责并无清楚的界定，可以负责解释教会神学法规、保卫教会教义的权威，或者是教会隆重礼仪的推行者，协助教会行政，故亦译“名誉牧师”“咏祷司铎团”等。但也有一些教区的法政牧师是在教堂里负有特殊职务的圣品人。——译者注

② 然而，应该说尽管规矩严厉，修道士们也雇用了大量的仆人，来从事耕种、做饭和打扫卫生之类的工作。有些修道会里还有世俗会众，后者没有受戒，通常都是穷人和没有文化的人。他们单独生活，在修道院里从事较为繁重的下等工作。——译者注

戒律；他们虽说也成群聚居，但经常现身于大教堂或其他的公共礼拜场所，履行的圣职也多于修道士。女修道院在数量上不如男修道院那么多：1215 年，英格兰差不多有 500 座男修道院，而女修道院却只有 150 座左右。[77] 当时，女性不能担任牧师，这就意味着她们不能举行弥撒。因此，兴建女修道院存在基本的实际困难。也正因为如此，当时的女修道院都是附属于男修道院，并且常常建在男修道院附近。

尽管不同的修道会在衣着与外表上各不相同，但无论男女，会众都得誓守修道院的清苦生活。这就意味着，他们必须摒弃财产、身外之物、暴力和性生活，必须全心全意、日复一日地坚持相同的起居生活，其中主要包括做祷告、诵唱圣歌、干体力劳动、研习《圣经》和禁言静默。为解决禁言静默的问题，人们还设计了许多复杂的手语；其中有史料记载的一种，就是都柏林的圣托马斯修道院（St Thomas's Abbey）里用的手语，那是奥古斯丁会（Augustinian）的一座法政牧师修道院。比如说，索要"福音书"（Gospels）经文的手势是这样的：伸出手做翻书的动作，同时用另一只手在额头上画十字；吃饭时若想请同桌递过一盘萝卜，修道士则会"伸出手指，横过稍稍张开的嘴巴，因为手指和嘴巴能够感受味道"。[78]

最后就是位于教会正式等级结构之外的善男信女了。隐士与隐修者（男女皆有）过着一种远离尘世的遁居生活。他们住在冰冷的石室或者洞穴里，在生活用品全然匮乏、一心独处的环境下，希望通过自己的苦修，超脱尘世和洞悉神圣天国的奥秘。就隐修的男女信士而言，他们与世隔绝的程度最为彻底与坚决：他们住在附属于教堂的封闭小室里，与尘世接触的唯一地点就是一扇可以递送食物和清理垃圾的小窗户。人们普遍认为，宗教隐修者可以让整个世界服从于他们的意志，而一些奇

■ 7 世纪末、8 世纪初，克劳兰的圣古特拉克（Saint Guthlac of Crowland）在林肯郡的偏远一隅过着隐士生活。13 世纪的《古特拉克卷轴》（*Guthlac Roll*）用图画描绘了这位圣徒的生活。图中的古特拉克正在雷普顿修道院里接受剃度，在场的还有一位主教兼女修道院院长。
（图片来源：大英图书馆版权所有 / 布里奇曼图像）

迹或者异象也经常与这种人有关。他们的力量可以很弱小，也可以很强大。圣伍尔夫里克（St Wulfric）是生活在萨默塞特郡的一位隐士，辞世于约翰王出生约 10 年之前。有一次，他诅咒了一只咬坏其斗篷的老鼠，那只老鼠便掉到地上死了。相比之下，约克郡有个大字不识的人，名叫韦克菲尔德的彼得（Peter of Wakefield），此人只靠吃面包、喝水和祈祷过活，却因为看到了基督圣婴的异象而变得声名大噪。在异象中，圣婴似乎在对他说："平安，平安，平安。"1212 年，彼得曾因预言约翰王会驾崩而变得声名狼藉。约翰王得知此事之后，便把彼得锁起来，关进了科夫堡的地牢里，差不多关了大半年，然后才把他拖在马后，带到威尔汉姆（其间相距约有 60 英里）绞死了。

上述一切说明，在这样一个社会里，教会的势力在日渐坐大，其精神力量也得到了人们的极度重视。结果，1208 年教皇英诺森三世颁布的“禁行圣事令”对约翰王的所有臣民来说，就成了一种严重的惩罚。“禁行圣事令”暂停了英国的一切圣礼，只有给婴儿施洗除外。婚礼不能受到祝福。弥留者既不能领受临终圣餐或者忏悔罪过，也不能被埋葬在圣洁之地。教堂全都大门紧锁。教堂里的大钟也不再鸣响。英格兰的集体灵魂被置于地狱边缘，时间长达近 5 年之久。“禁行圣事令”的惩罚内容，已由伦敦、埃利和伍斯特三地的主教传达给了英国国王，而英国境内的所有主教，也有义务禁止各自教区的教众做礼拜。

约翰王对这份“禁行圣事令”的反应，是不以为然。收到禁罚的最后警告之后，他马上下令各郡郡长，将凡是遵从教皇谕旨的神职人员拥有的土地和财产全都没收了。由于有大量教士遵奉教皇的谕旨，所以约翰王攫取了教会的大量财产，并将其中的大部分巨额收入转到了王室国库里。结果，他就变成了英国历史上最富有的国王之一。他从“禁行圣事令”中攫取的收益，可能高达 10 万英镑，相当于王室约 4 年的收入。让英国教会相当恼火的是，这笔财物中的大部分还被约翰王以可恶的方式花掉了：坎特伯雷基督堂的大部分收入都转到了王室的腰包里，用于给约翰王一家购买奢华的衣物和珠宝首饰，用于他的养犬人和猎犬，用于为约翰王的狮子和养狮人购置新衣，他还购买了 2000 套弩箭和军服。[79] 作为回应，教皇又在对约翰王的惩罚中增加了一条针对他个人的惩处措施：1209 年，约翰王被逐出了教会。尽管如此，在接下来的一段时间里，约翰王却依然不为所动。

1215年2月，当莫克莱尔站在英诺森三世面前的时候，他与教皇一样，对这一切都是心知肚明的。然而，两人也很清楚，自实施“禁行圣事令”的黑暗岁月以来，约翰王与教皇之间的关系已经发生了微妙的变化。的确，约翰王从英诺森三世手下信众中最邪恶的一位突然变成了教皇最青睐的一位，简直不可思议。1213年，基于约翰王已是教会之敌这一点，英诺森三世曾怂恿法兰西的腓力·奥古斯都，要他对约翰王治下的英格兰发动一场全面的入侵。于是，将约翰王逐出教会带来的压力，便终于爆发了。为了免受入侵，并且由于当时正忙着为1214年那场注定要失败的“布汶之战”做准备，约翰王终于向教皇屈服，并且是切切实实、大张旗鼓地屈服了。他不但接纳兰顿为英国大主教，允许此人返回英格兰，而且还在1213年5月15日将自己治下的王国交到了罗马教廷的手中，承认教皇既是英国教会之主，也是他这位英国国王的封建领主。几乎是在一夜之间，约翰王便从英诺森三世最顽固的对手变成了宠儿，其治下的王国如今从理论上来说隶属于罗马教廷，因而会受到教皇最密切的庇护。正如英诺森三世当时所说：“咄！汝今领统治王国之衔，殊较往昔崇高与稳固，因汝之王国，已成皇家司祭……”[80]约翰王则不得不停止掠夺英国教会的财富。1214年底从“布汶之战”败退回国之后，他也明白，颁布一份自由宪章来确保英国教会自由选举的权利，当属明智之举。[81]差不多与此同时，他还向英格兰的个别教士赐予土地和权力，作为双方和解的礼物。这些举动都很难能可贵，但最为有益的，莫过于在面对1215年头几个月那样的危机之时，他能够将教皇英诺森三世当成自己最坚定和最强大的盟友了。

正是在这种背景下，我们才能理解莫克莱尔描述他2月17日谒见英诺森三世的情形时所说的话："臣悉教皇阁下驻跸拉特兰宫，故于同日前往谒见，以当有之敬意，代陛下向其致候，并将陛下之御札呈献于前。"莫克莱尔曾在信中如此报告约翰王。教皇的反应，正是约翰王希望看到的："教皇仁慈，一概领受之后，曾殷殷问询陛下及王国之安宁与否。臣谨为应对；教皇获知陛下诸事顺遂，圣心甚慰，欣然感谢万能之上帝。"[82] 莫克莱尔接着告诉约翰王说，国内贵族所派之代表正在进行游说，就当年1月"新堂"那场恼人的会议向英诺森三世发牢骚。他们（相当准确地）声称："陛下有违正当之誓言，常怀蔑视之意，不肯承认彼等古老而惯常之自由。"莫克莱尔建议国王派遣更多人手前往罗马，确保王室一方所持的观点既跟得上形势变化，又能坚定有力地表达出来。然而除此以外，莫克莱尔在信中充满了信心，认为约翰王完全有望获得教皇对其立场的认可。"陛下当知……陛下之威严，令臣亦平添荣光"，他如此写道，"教皇及众红衣主教皆视臣如此，故上下咸称，王土之内承受圣恩者无出臣右。"[83] 莫克莱尔持乐观态度是对的。英诺森三世坚定地站约翰王这位封臣身后，而在接下来的那一年里，他也仍将是约翰王的坚定支持者。约翰王提早归顺这一事实本身，很可能就已确保了这一点。不过，约翰王还采取了进一步的行动。英国国内即将发生的情况，会让他比以往任何时候都将更加确定地获得教皇的支持。距沃尔特·莫克莱尔欣然谒见教皇不到两个星期，约翰王便朝这位圣父①的内心

① 圣父（holy father），基督教天主教徒对教皇的尊称，故此处指英诺森三世。——译者注

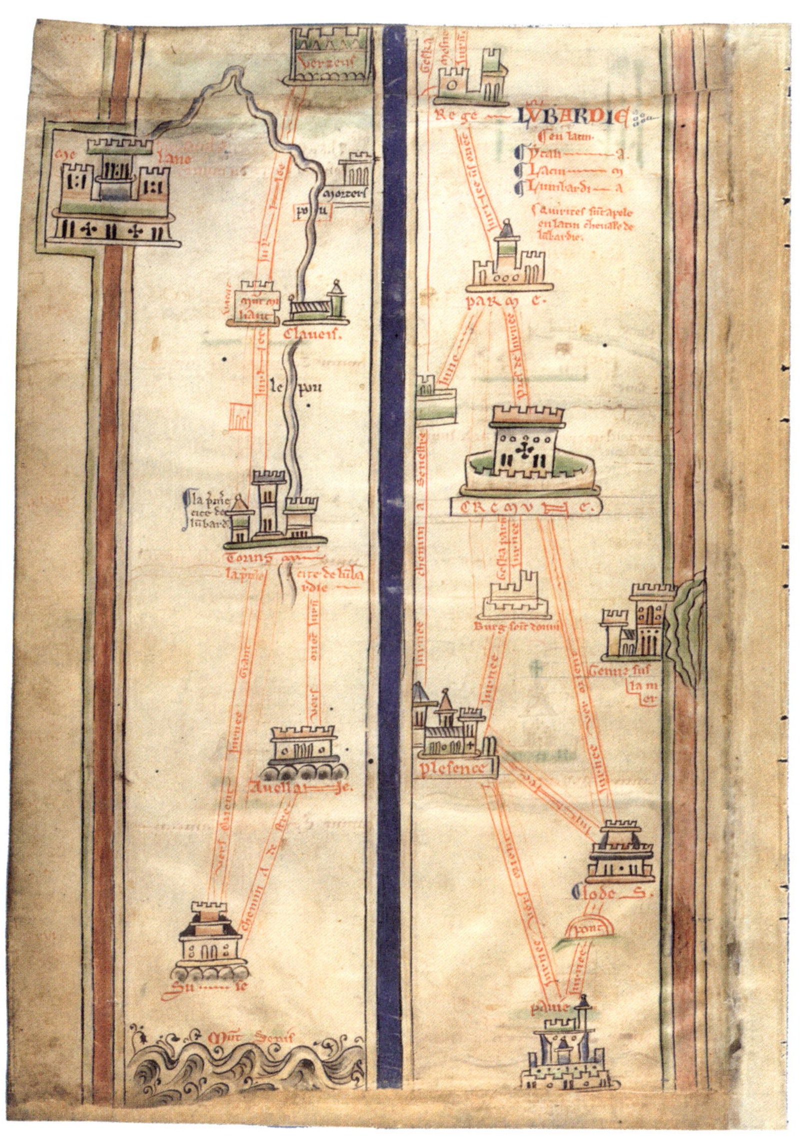

■一份十字军“东征”的路线图上，标明了从伦敦（经由意大利北部的克雷莫纳和帕尔玛两城）前往耶路撒冷的路线。选自马修·帕里斯所著《盎格鲁史》（*Historia Anglorum*，1250—1259）中的一幅插图。（图片来源：布里奇曼图像）

又靠拢了一步。3 月 4 日，约翰王遵循金雀花王朝的悠久传统许下了誓言，承诺参加十字军“东征”。

到 1215 年时，十字军“东征”运动已经有 100 多年的历史了，但在西方国家，人们对前往“圣地”［在法语中通常称为“海外”（Outremer）］游历的热情，却一如既往地如火如荼。威尔士的杰拉尔德曾经简洁地概括了整整一个世纪的群体情绪，如此写道：“基督教世界上下……群情激昂，皆欲战斗与复仇，异教之国、异教之民亦皆激奋，欲起而抵抗乃至反叛；由此缘故，尘世混乱、动荡不安之程度，实乃以前所未闻。”[84] 在英诺森三世的掌控之下，教会坚称自己拥有赦免参加十字军“东征”者所犯罪孽的权力。这是一种直接和极具诱惑力的精神契约。尘世间的痛苦与折磨可以一笔勾销，让人们无须去承受“炼狱”中等待他们的种种更加厉害的酷刑折磨。

教皇乌尔班二世（Pope Urban Ⅱ）在 1095 年发动了第一次十字军“东征”（First Crusade）。4 年之后，十字军攻下了耶路撒冷，并在近东地区建立了一个基督教王国。在鼎盛时期，这个王国曾经一直延伸到了地中海的整个东部沿海。自那时起，西方基督教世界中的诸民族（通常被称为“法兰克人”）就始终在进行着一场时有时无但基本上从未间断的战争，目的则是捍卫这个王国，抵抗东地中海地区伊斯兰势力的攻击。1187 年夏季，这场斗争遭遇了惨败。在“哈丁之战”（Battle of Hattin）中，基督教军队惨遭屠戮，还失去了一件珍贵的木制圣物。据说，那件圣物就是耶稣受难时的“真十字架”（True Cross）的残余部分。几个月之后，耶路撒冷被萨拉丁·尤素

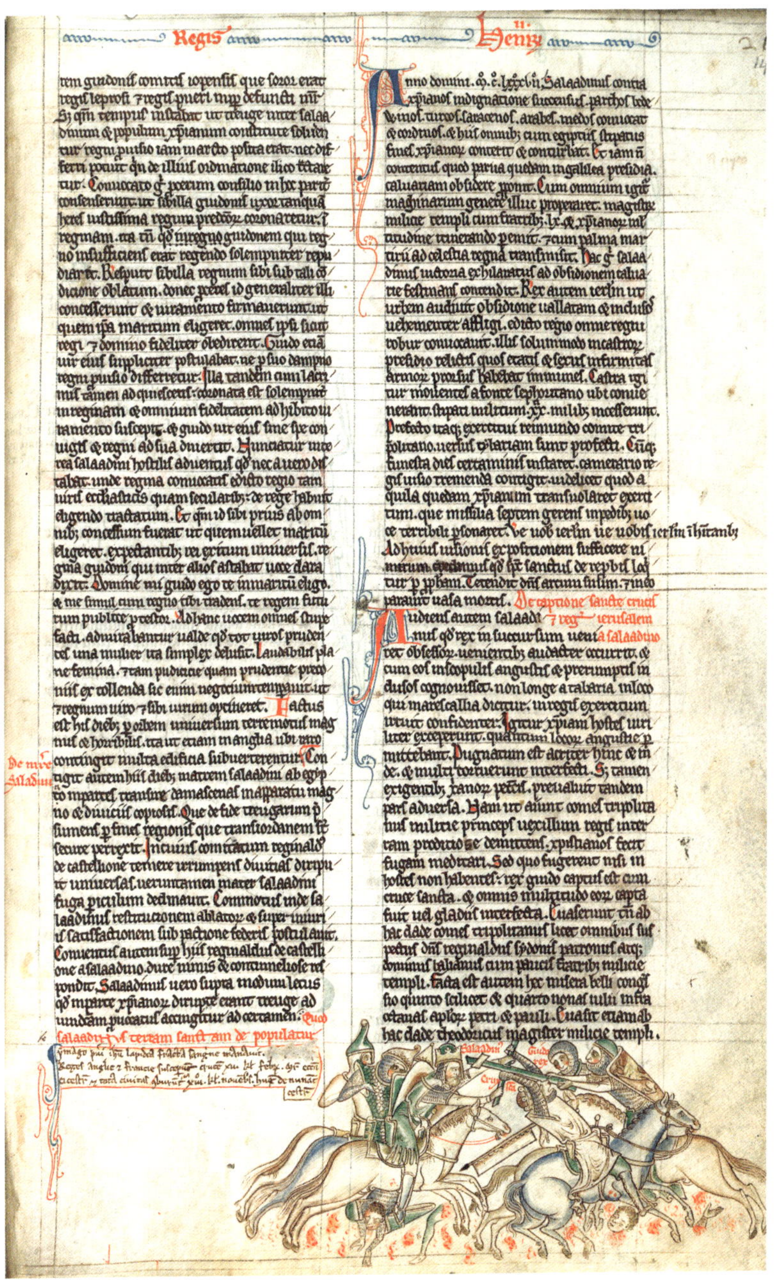

■ 马修·帕里斯的《大编年史》（*Chronica Majora*）中，描绘了萨拉丁率军在 1187 年的“哈丁之战”中大肆屠戮法兰克人的情形。战败的耻辱感，在欧洲开启了一个狂热地发动十字军“东征”运动的新时代。

［图片来源：相册 / 阿拉米图片库（Album/Alamy Stock Photo）］

福·伊本·阿尤布（Salāh ad-Dīn Yūsuf ibn Ayyūb）重新夺了回去；此人是一位伟大的苏丹兼埃及阿尤布王朝的开创者，在西方更广为人知的名字就是“萨拉丁”（Saladin）。对于当地的穆斯林来说，这是“伊斯兰教的一次辉煌胜利”，证明“穆罕默德律法之庄严……其力量甚于基督教”[85]。而对西方那些身处“海外”和国内的基督徒而言，此战却是一场几乎令人无法理解的灾难。

■一位戴着头盔、肩扛矛旗、单脚跪地的十字军士兵，选自《威斯敏斯特诗篇》（*Westminster Psalter*）。宣誓加入十字军是一种庄严的承诺，上帝不会眷顾那些宣誓之后言而无信的人。
（图片来源：大英图书馆版权所有 / 布里奇曼图像）

在第三次十字军"东征"中，基督徒并未重新夺回耶路撒冷，但约翰王的哥哥"狮心王"理查却在1191年至1194年成了这场"东征"运动中的杰出领袖。此后，对耶路撒冷进行的任何一次进攻，都没有获得成功。在担任教皇的头一年里，英诺森三世就表明了自己要"号召基督教诸国为基督而战"的决心，可在其治下发动的第四次十字军"东征"仍以全面失败而告终，只是在1204年对另一座基督教城市即君士坦丁堡①实施过一次令人汗颜的洗劫罢了。教皇虽感失望，却没有就此气馁。1213年，他颁布了一份教皇谕旨，史称《通谕》(*Quia maior*)。在这份谕旨中，他声称自己已经预见到了伊斯兰教的瓦解，说穆罕默德已经"诱使众人背离了真理"，并且安慰基督徒们，说上帝已经给他赐下征兆，表明"此等人面兽心者②，死期已到"[86]。这份谕旨，标志着第五次十字军"东征"运动的开始。尽管1215年还没有哪支十字军开赴东方，英诺森三世却依然认为，组织另一场进攻是件刻不容缓、极其重要的事情。只不过，教皇预言基督的异教之敌会被消灭是一回事，而让西方基督教国家的世俗军队跨越3000英里前往东地中海地区，去实地见证这种灭亡，却完全是另一回事。

约翰王立下加入十字军的誓言，具有充分的理由。金雀花王朝与十字军"东征"运动之间，有着悠久的渊源。约翰王的曾祖父即安茹伯爵富尔克五世(Fulk V of Anjou)曾是1131年至1143年的耶路撒冷王，而后来的多任耶路撒冷国王，也是约翰王的堂表亲。除了进一步获得英诺森三世本人的青睐和尊重，他作为一名十字军战士，还将获准延缓偿还债务，且有三

① 君士坦丁堡(Constantinople)，土耳其的一座海港城市，扼黑海门户，为亚、欧两洲之间的交通要冲，其前身为古希腊人所建的拜占庭，后相继成为古罗马帝国、拉丁帝国和奥斯曼帝国的首都。现称伊斯坦布尔(Istanbul)。——译者注

② 指穆罕默德。——译者注

年的宽限期来履行其世俗义务。换言之，1215 年春季，他在手下那些怒不可遏的男爵逼迫下做出的任何让步，起码也能推迟到 1218 年才去实施，因为十字军“东征”是国王最重要的优先事务。但与此同时，约翰王也完全清楚十字军“东征”意味着什么，清楚与上帝之敌战斗有可能付出极其高昂的个人和政治代价。我们有理由怀疑，约翰王是否像他的哥哥理查一样，是怀着真正想要前往东方的心思发下了加入十字军的誓言；或者，约翰王是否像他的父亲一样，只是为了实现自己的短期目标才顺应时代的潮流，因为他的父王虽说发下了誓言，在世时却从未着手考虑过“东征”。英国的贵族无疑认为他们都很清楚这一点，因为据克劳兰的那位编年史家称，贵族们相信约翰王的做法“并非出于虔诚或对基督之爱”；相反，整件事情就是一场骗局。[87]

通常来说，那些承诺参加十字军“东征”的人，都是在极具戏剧性和情绪激昂的公开场合下许下誓言的。鼓吹十字军“东征”时手段最高明的人，会让大批民众陷入狂热之中。虽说他们鼓励民众私下向上帝发下誓言，宣布他们有意“东征”，去打败异教徒，可公众集会上的主要一幕，就是“佩上十字架”：人们把布条剪成或撕成十字架的形状，缝到即将成为十字军战士者所披的斗篷或者束腰外衣的右肩上，使之有别于社会上的其他百姓。

据史料记载，克勒福的伯纳德[①]曾当着法兰西国王路易七世（King Louis Ⅶ of France）的面，在勃艮第的韦兹莱号召发动第二次十字军“东征”，其中的描述，就可以让我们感受到

① 克勒福的伯纳德（Bernard of Clairvaux，1090—1153），法国教士兼学者，曾创立了克勒福的西多会修道院并担任院长一职，而在他的指导下，法国相继建立了 100 多座隐修院。1146 年，他曾积极组织发动了第二次十字军“东征”，1170 年被教皇亚历山大三世遵为圣徒。亦译“圣贝尔纳”。后面引文中的“院长”，即指此人。——译者注

人们欢迎十字军“东征”运动的狂热之情：

> 院长……于所定之时间与地点，携受召之民众出席。……韦兹莱郊外之旷野上，建有木台一座，令院长能登于高处，向立于四周之听众演说。伯纳德与王一同登台，王亦身佩十字架……（伯纳德宣讲后）四周百姓开始高呼，纷纷索求十字架。他……将预备之十字架分发完毕后，不得不撕破所着衣物以成十字架。……驻于城中之时，他始终致力于此事不辍。[88]

有些十字军战士表现出来的狂热程度，已经近乎一种躁狂症。其中的最狂热者，身上连一丝片缕都不愿意穿，他们会把十字架刻在自己的皮肤上，然后敷用草药阻止愈合，让伤口保持刚刚刻下时的样子。据史料记载，有位牧师甚至在自己的额头上烙下了一个十字架。[89] 自然，也有一些人虽说当时被十字军“东征”的狂热情绪蛊惑，可过后却会感到后悔。13 世纪有位叫作吕特贝夫的诗人，曾经讽刺过一些人前往东方的动机：“坐于炉边，享用美酒，头脑醺然之际，尔等无须召唤，即行佩上十字架。随之，尔等勃然兴起，欲重创苏丹及其子民……唯翌日晨起，尔等将顾左右而言他。”然而，一个人要改变自己说过的话，却是一个问题。背弃参加十字军“东征”的誓言，会为人们所不齿。威尔士的杰拉尔德曾对约翰王的父亲亨利二世大加嘲讽，就是因为亨利二世违背了“东征”耶路撒冷的誓言，却用修建 3 座修道院取而代之。（杰拉尔德还引用圣奥古斯丁的话说：“尔可对上帝撒谎，唯无法欺骗上帝。”）1196 年，伊夫舍姆一位名叫埃德蒙的修道士曾在异象中看到，一名年轻的骑士因为抛弃了十字架而在“炼狱”中饱受折磨：每天晚上，此人都被恶魔们逼着去经受他在生前避免的所有

■ 携鹰狩猎既是中世纪欧洲的贵族当中一项广受欢迎的娱乐活动，也是贵族地位的象征。鹰隼和猎鹰也被确定了级别，形成了一种等级制度；人们会据此来确定哪种猎鸟与驯养者的社会地位相称。（图片来源：布里奇曼图像）

痛苦。[90]

1215 年 3 月 4 日是“圣灰星期三”，约翰王驻跸于伦敦塔的时候，宣誓佩上了十字架。那是一个极具象征性的时刻：当天正是大斋节首日，也是公开进行忏悔的一天，教会的礼拜仪式也恰如其分，允许信徒用灰烬在额头画上一个十字架。我们没有找到记载约翰王举行仪式时具体情况的史料，但这场仪式遵循的，很可能是当时一份名叫《兰布雷希特主教仪典书》（*Lambrecht Pontifical*）的经书中规定的形式。[91] 照这部经书所述，宣誓佩上十字架的人首先是聆听弥撒，然后躺在教堂或者礼拜堂的地上，张开双臂，将身体摆成十字架状，再把外衣放到祭坛附近，聆听会众诵唱圣咏。接下来，就是吟诵“求怜经”[1]和主祷文（Lord's Prayer），然后再做祷告。牧师请求上帝保佑那些即将成为十字军战士的人免遭敌人戕害，赐予他们“躯体之健康，灵魂之庇佑”，以及平坦顺利地升入天堂，保护他们免遭“恶魔之攻击”，免遭“敌人之中途伏击”。接下来，牧师会往布条十字架上洒圣水，用熏香熏蒸，而会众则轮番诵唱《圣经》中歌颂基督那个木制十字架的段落，因为它是“击败魔鬼之神奇标志”，能让十字军战士“挫败敌人的不敬之举……令吾等可占领救赎之港（即耶路撒冷）”。接着，人们还会为十字军所乘的船只进行祝福和祈祷，为所有十字军战士随身携带的棍棒、钱包等表明他们既是朝圣者又是士兵的仪式性饰品进行祝福和祈祷。最后，牧师又恳请上帝“征途之上……处处眷顾尔之仆人……令其不为敌人所加害，不为困难所阻遏，令一切皆为有益，一切皆可成功……无论所求为何，凡属正义之心，皆速速可得”。这些祈祷在约翰王听来，无疑有如音乐般美妙。自然，对英诺森三世来说，它们也悦耳动听得很。他已经得知了约翰王有意参加十字军的消息，故在伦敦举行宣誓仪式的那一天，身处罗马的教皇也准备写上一封信，在这封信中，他不但称颂约翰王的虔诚，还称之为“荣耀之王”。

就我们对这位国王心境的推断，在他承诺将自己的不朽灵魂付诸东方的战争那个时期前后，除了纯粹的虔诚之外，他其实还在想着别的事情。他继续处理着国内的事务，尤其是那些涉及他最喜欢的狩猎休闲活动的事情。约翰王安排马匹和马夫在全国各地跑，支付灵缇犬、血猎犬和比格犬驯养员所花的费用，支付手下渔夫购买新渔网的费用，并且对驯养猎鹰的人颁下了细致的旨意，令后者用獒犬保护猎鹰，用“肥美之山羊，

① 求怜经（Kyrie eleison），天主教、东正教和圣公会礼拜中的正式祈祷词，亦译“启应祈祷”“求主怜悯文”等。——译者注

时亦可用母鸡”饲喂，且每周还得用“野兔肉”喂上一次。他给哥哥索尔兹伯里伯爵威廉（William, earl of Salisbury）送了100条梭子鱼，让后者放养在自家的鱼塘里；他对诺丁汉郡金肖行宫里那座小礼拜堂的祭坛重新进行了装修，还下令对流动御膳房进行了整修，配备了一条新的亚麻桌布、新的面包篓子、用于遮盖厨房推车的新鲜皮革和帆布以及新的厨用器皿，将它们全都交给了御膳房里的杂役罗伯特。[92]

但显而易见的是，约翰王认为战争即将到来。当年的1月和2月，他一直都在通过彭布罗克伯爵威廉·马绍尔和坎特伯雷大主教斯蒂芬·兰顿两人，与手下那些叛乱贵族进行谈判，同时召集欧洲大陆上的雇佣兵，令莫汶的萨瓦里奇（Savaric of Mauléon）等经验丰富的普瓦图军官指挥，并往各座皇家城堡里派遣弓弩兵、战马、轻武器，以及像巨大的木制投石机［称为“弩炮”（ballistae）］这样的重型武器。实际上，这些都是半真半假的消息。马绍尔和兰顿向叛乱贵族解释说，国王愿意让步，反思过去60年间金雀花王朝治下形成的种种“邪恶习俗”。可与此同时，诺丁汉、科尔切斯特、赫特福德、温彻斯特和其他地方的皇家要塞，正在大肆加强防卫。约翰王还雇用了一队人数众多的专业挖掘工，来拓宽科夫堡的护城河。[93]约翰王前往伦敦塔去宣誓参加十字军时，还命人在伦敦那些主要的王室避难所施工，修建的很可能就是防御工事。（为此，他们在埃塞克斯郡的皇家森林里砍伐了10棵橡树作为木料。[94]）

加入十字军之后，约翰王就忙个不停了。3月的上半月，他巡察了伦敦、萨里郡和肯特郡，然后于3月18日前后北上，在诺丁汉郡及周围地区度过了3个星期。4月，他又掉头南下前往泰晤士河谷，在牛津郡和伯克郡之间来来去去。到了此时，复活节周即将到来，随之而来的，还有他与手下那些倔强易怒的贵族达成妥协的最后期限。约翰王正在（日益焦急地）等待着派到罗马的手下（其中也包括沃尔特·莫克莱尔）送回的消息。他已经在其权力范围内采取了一切措施，以便把自己的王国置于教会的保护之下。如今他唯一能做的，就是等候英诺森三世的谕旨了。他希望，不论什么时候到来，这道教皇谕旨都能够阻止手下的贵族向他开战。

智慧、健康与美貌

1215 年的西方基督教世界，正处在一场知识革命的阵痛之中。此前的数百年间，一种国际学术团体精神与文化始终都在缓慢形成。而到 13 世纪初，这种精神与文化就蓬勃发展起来了。在巴黎、博洛尼亚和摩德纳这样的城市里，大学已经雨后春笋一般涌现出来。孩提时代就已熟练掌握了拉丁语的年轻才俊纷纷从欧洲各地而来，涌入这些大学里学习。而且，这种潮流也已蔓延到了英国。如果不是在“诺曼征服”之前，就是在“诺曼征服”之后不久，牛津就已形成了一种学术传统。1167 年，那里已经出现了一个类似于大学的机构。到了 1209 年，一群学者为了躲避市民的攻击，便逃到了剑桥，在那里成立了一个新的学术机构。因此，到 1215 年，英格兰就有了众多极其聪颖的神职人员群体，他们一起宣教、一起学习、一起生活、一起争论，还一起研究各种各样的学科。当时，这些学科都是用拉丁文讲授的，并且分成了三个大类。所谓“三艺”（trivium），就是逻辑、修辞和文法。“四艺”（quadrivium）则是检测学生在天文、音乐、算术和几何方面掌握的知识。这些学科，统称为“人文七艺”（seven liberal arts）。一旦掌握了这些学科，他们就可以进而去学习级别最高的学科，即神学、法律和医学了。

不同的大学，专门研究不同的学科。比如，巴黎大学是神学研究的中心，而志向远大的律师往往会去博洛尼亚求学。这些大学里也不乏英国人。尤其是巴黎，那里云集了众多才华横溢的英国人。自然，这些最聪颖的英国人当中，有一位正是约翰王在位时期一幕幕政治大戏中的核心人物。在1206年至1213年那场“禁行圣事令”危机之前，斯蒂芬·兰顿大主教早已是巴黎大学一位杰出的神学家，举行过成百上千场讲学，发展了限制王权的理论。这些理论将为英国叛乱贵族的思想提供依据，且最终将融入《大宪章》的文本当中。当时的大学，并非仅仅是一些固执的大学教师钻研深奥知识的庇护所；它们也是一所所兴旺繁荣的学校，熙熙攘攘、人来人往。它们始终关注着当时一些最重大的问题，培养出了学识极其渊博的教士。其中许多人都在欧洲各国政府中身居高位，他们为国王出谋划策和提出反对意见的力度，差不多旗鼓相当。当时与如今一样，人们也把这当成出身卑微者掌控权力的极少途径之一。托马斯·贝克特虽说算不上农民，却也是纺织商人之子，出身平凡。只是由于他先是上了伦敦的一所文法学校，随后又到巴黎学习了一年，有了人文教育的基础，故他后来才登上了人生的巅峰。沃尔特·曼普在记载约翰王的导师拉鲁尔夫·德·格兰维尔（Ranulf de Glanville）所说的话时，曾如此写道：“吾国之士绅非自负即怠惰，皆不欲其子女从学……然则众农奴……彼此相争，皆欲其卑贱堕落之后人习得原本禁习之艺；非为摆脱恶习，实为敛聚财富矣”[95]。曼普之所以做出如此势利的推断，完全在于当时的人文学科确实如此，是专为教育出身自由者开设的。

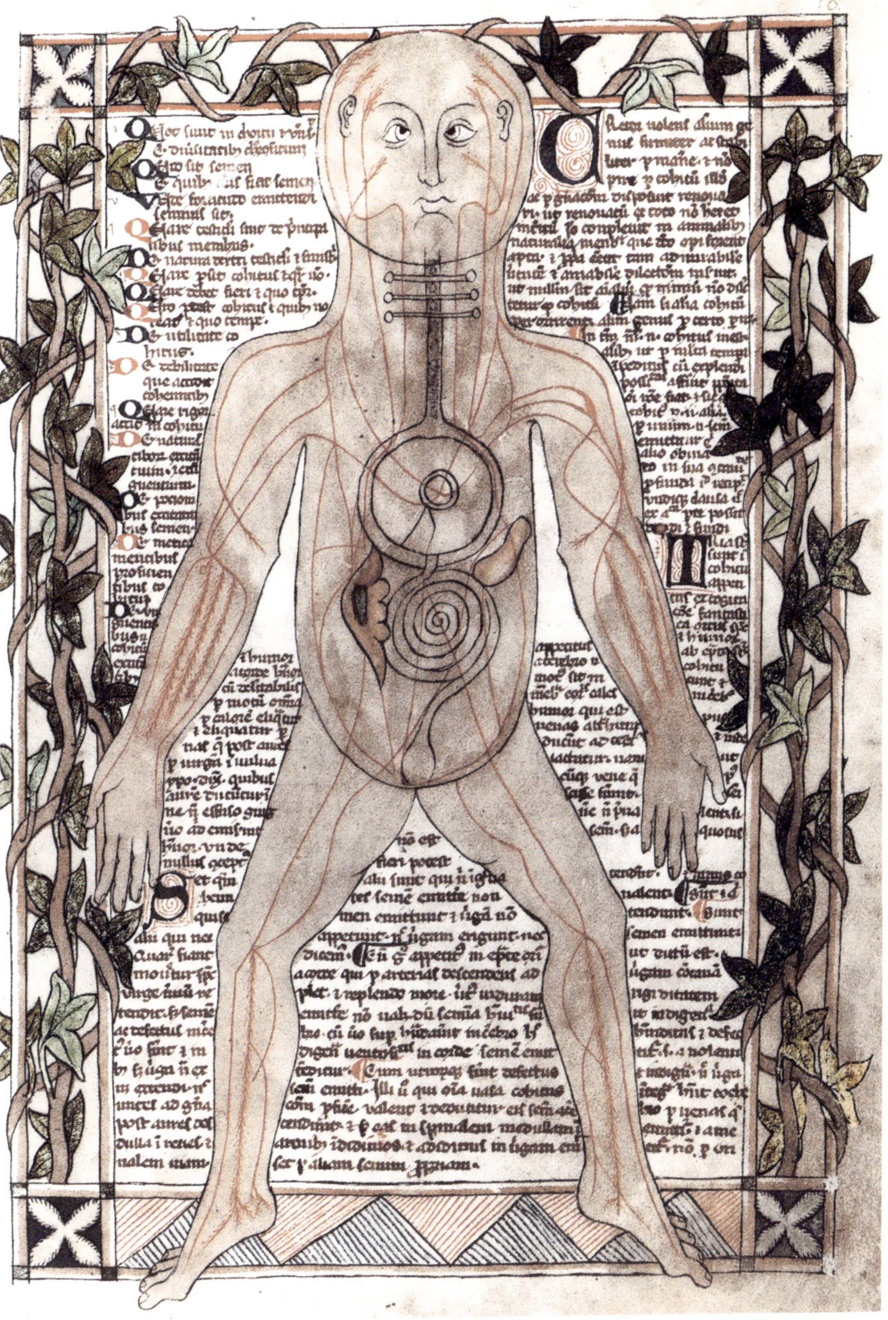

■ 13 世纪末期英国一部医学纲要中，描绘了人体中的血管和血流。
（图片来源：艺术档案馆 / 牛津大学博德利图书馆）

知识与教会密切相关，因为讲学与研习都是神职人员的事。然而，在金雀花王朝初期，人们研究的主题并非全然受《圣经》的支配。实际上，将基督教的知识与外来影响（其中显著的，就是古罗马人与古希腊的作品），以及伊斯兰世界中涌现出来或者在伊斯兰世界得到了巧妙加工的学科融合起来，就是那个时代的一大特点。

到1200年时，亚里士多德的许多著述都已从希腊文翻译成了拉丁文，从而让全欧洲的学生和学者都能够阅读到人类历史上这位最伟大和最有影响力的自然哲学家的著作。他的《论灵魂》（*De anima*）一作，提出了关于人类精神的本质、生物等级（从植物到动物，再到人类）以及感官的真正作用等根本问题。1210年，有人试图以亚里士多德是异教徒为由，封禁他的作品并且禁止人们对其作品发表各种评论。可这项主要针对巴黎大学人文学院的禁令，还是以失败告终了。事实上，任由13世纪初出现的一些竞争性机构向学生进行宣传，谎称它们是可以自由阅读和辩论亚里士多德著作的地方的这种做法对巴黎大学造成了危害。潮流是不可避免的，尤其是，理解和分析亚里士多德的思想，将古人的思想与基督教的基本教义［因为这些教义是由希波的圣奥古斯丁（St Augustine of Hippo）所撰］融合起来，此时已经成了欧洲学术的起点与目标。[96]

除了亚里士多德，学生们还有望接触到古罗马时期的一些巨人，比如西塞罗（Cicero）、奥维德（Ovidius）、维吉尔（Virgil）和贺拉斯（Horatius）。在探究天空的过程中，人们又转向了像2世纪时亚历山大的占星学家兼数学家托勒密（Ptolemy）这样的作者。与此同时，伊斯兰学术正在向欧洲传

■ 学生们正在专心听老师讲课，选自 13 世纪末亚里士多德《物理学》（*Physica*）一部彩绘版中的一幅“Q”字首字母人物插画。在中世纪的欧洲，一种知识文化正在蓬勃发展。
［图片来源：艺术档案馆 / 牛津大学博德利图书馆］

播，尤其是在科学领域里；像巴斯的阿德拉德（Adelard of Bath）和莫雷的但以理（Daniel of Morley）都欣然接受了伊斯兰教的学问成就，不仅将其中一些重要的著作翻译成了拉丁文，比如阿德拉德将欧几里得（Euclid）的《几何原本》（*Elements*）从阿拉伯文翻译成了拉丁文，而且对一些经由古希腊人传入阿拉伯学术中的自然哲学理论进行了深入的思考。像 11 世纪的波斯作家阿维森纳［Avicenna，又名伊本・西纳（Ibn Sīnā）］和 12 世纪的穆斯林作家科尔多班・阿韦罗伊［Córdoban Averroës，又名伊本・路世德（Ibn Rushd）］这些博学之士的著作，当时已在西方流传，而伊斯兰世界的学术成就，也在促进基督教世界对数学和天文学的理解方面发挥了至关重要的作用（解决数学问题时，用阿拉伯数字要比用罗马数字容易得多）。“星盘”这种用于测量和预测天体位置的装置，在古罗马和古希腊时期早已使用，可它进入中世纪的基督教世界，却要归功于穆斯林天文学家对它的发展与部署。

不过，在通过联系其他文化来拓展学问的过程中，对基督教经文与《圣经》进行研究，自然在13世纪初西方世界的知识探求中处于核心地位。神学被视为知识中的最高分支学科，而人们最终也认为，《圣经》中囊括了生命中所有重大问题的答案。无论是实打实地理解，还是将其视为一种历史或者视为道德教训与寓意的丰富源泉，都是如此。《圣经》是一种含有神秘答案的经文，需要那些经过充分训练、智慧超群的人去加以揭示和应用。从这个角度来看，斯蒂芬·兰顿大主教最了不起的成就，完全可以说并不是他费尽心思地促成了《大宪章》（为此，他最终非但一无所获，还被教皇暂停了其主教一职），而是他在巴黎大学时曾经耗费时日，将《圣经》中的各卷整理出了章节；如今的《圣经》，仍是按照他的方法来分章分节的。

中世纪的学问中，最有意思、最为实用和最为有益的一个方面，就是医学。照我们如今的标准来看，1215年人们的平均寿命很短，而医疗措施也并非总是有效。1199年，“狮心王”理查因血液中毒而痛苦万分地驾崩，医生未能挽救他的性命；而当约翰王在1216年身患绝症之后，宫廷御医也没能帮助他免受痛苦。显而易见的是，麻醉药与抗生素还要过上数百年才能问世。所以，当时的人都坚信祈祷、朝圣和圣徒骸骨具有神秘的力量，可以治愈疾病。不过，13世纪的外科手术和医学，却与精神治疗相辅相成，是实践科学中理论体系复杂、实践规范完备、成熟且发展迅速的领域。

要说巴黎是研习神学的地方，博洛尼亚是研究法学的城市，那么，萨勒诺

■ 英国12世纪的一部手稿中，描绘了那个时期的外科医生给一个人的眼睛和鼻子动手术时的情形。（图片来源：大英图书馆版权所有 / 布里奇曼图像）

Albule oculorum sic excu
ciuntur;
Fungus de nare sic inci
ditur;

这座位于意大利那不勒斯东南沿海的城市，则以作为欧洲无与伦比的医学研习中心而著称。[一度担任过该市大主教的阿尔法努斯（Alfanus）曾称："世间之疾，无一能在此地久治不愈。"[97]] 医生可以在那里学习古希腊作家盖伦（Galen）的理论，并将它们与较新的实用诊断与治疗方法结合起来。萨勒诺不仅出版了当时领先的医学教科书，也是有钱人进行养生旅游、在旅行中治疗疾病的首选目的地。

当时，无论是在萨勒诺，还是基督教国家各地的修道院和医院里，最优秀的医生都具有草药治疗的广博知识，能够根据盖伦的四种体液理论开具草药药方进行治疗。所谓的四种体液，用身体术语来说，就是黄胆汁、黑胆汁、痰液和血液。治疗还涉及昆虫与动物，从当时与如今都被用于放血治疗的水蛭到狮子，不一而足（当时的人认为，食用狮肉可以治疗那些"罹患幻影之疾的人"[98]）。其他的药物原料来源广泛，价格也极其高昂。例如，有一种被称为"亚美尼亚玄武土"（Armenian bole）的红色黏土，必须长途运输2000多英里，才能送到英格兰一个希望用它来治疗腹泻或者痢疾的医生手中。

当时的外科医生，会使用各种精心制作的工具来进行手术。比如，他们用止血带来阻碍血流，用拔罐在伤口四周形成真空来抽出污血，将灌肠管插入体内来注射灌肠剂；形状各异的烧灼器，则是用于加热之后，将化脓或者腐烂的肌肉灼掉；窥器可以让刀口一直张开；缝合针则是用丝线将伤口缝合起来。一些最大型的手术，都是按照像罗杰·弗鲁加德（Roger Frugard）所著的《外科术》（*Surgery*）那样的手册来进行；这部著作中的一份13世纪时的法文手稿留存至今，其中含有许多详细的说明与插图，解释了治疗颅骨骨折的六个步骤，从用海绵和羽毛给外伤引流，到钻孔和凿开一颗出现凹陷性骨折、必须取出其中骨头碎片的头骨，非常全面。[99]

妇科也是当时一个先进的专业领域。11世纪或12世纪有一位（或多位）神秘的作家，史称“萨勒诺的特罗图拉”（Trotula of Salerno）。此人所撰的几部作品，曾经在整个西欧流传。如今这些作品统称为《特罗图拉》（*Trotula*），它解决了每位女性可能罹患的疾病，包括月经推迟或月经量大、子宫溃疡、孕期脚肿、胆结石、晒伤、长虱子、疥疮、遗尿、孕斑过多、牙齿松动或变黑、口臭、阴道和肛门脱垂，以及癌症。至于避孕方法，书中的建议包括贴身携带鼬鼠的睾丸或者“一头从未生育过的山羊之子宫”；反之，医生若是认为女性不孕是太胖所致，则会让不孕女性将牛粪拌上优质葡萄酒涂抹在身上，然后让她去洗个蒸汽浴。这种治疗过程应当重复进行，“每周两次、三次或四次，慢慢就会发现患妇变得很瘦了”[100]。

除了常规的医疗方法，《特罗图拉》中还给出了一些化妆品的配方。比如，有一种脱毛膏，是用黄瓜叶、杏仁乳、生石灰、水银、砒霜、油、葡萄酒、乳香和丁香等成分调制而成。敷用这种脱毛膏时产生的灼痛感，可用两种保湿剂来缓解：一种是用麸皮制成，另一种则是用指甲花和蛋清制成。[101] 牙齿美白，可以将一种由矿物泡碱、红瓦、食盐和浮石制成的粉末，用亚麻布抹在牙齿上。有种药水，能确保“业已失贞之女子可被人视为处女”，其成分包括树汁、红黏土、栎五倍子和车前草汁，然后借助子宫托敷用。《特罗图拉》中声称，这种药剂也可以治疗鼻子出血。

第四章
贵族与主子

/ 司法、法律与不法之徒

约翰王已经答应手下诸爵，将于复活节期间在北安普敦接见他们，解决后者心怀众多积怨的问题，可他食言了。相反，他在伦敦度过了复活节，驻跸于他最喜欢的“新堂”。在教会日历中，“圣周”①是最隆重的一个节日。它始于“圣枝主日”（Palm Sunday），当天信众会列队进入教堂做礼拜，标志着基督进入耶路撒冷的那段圣程。接下来的一周里有大量的典礼与礼拜仪式，而在度过了简朴庄严的“大斋节”之后，为耶稣受难与复活这一盛大场合做准备的过程中，各座教堂也突然绽放出了色彩，飘出了歌声。

约翰王是英国首位以替几个（精心挑选的）乞丐洗脚的方式来纪念“濯足星期四”（Maundy Thursday）的国王。在之前的数年里，这些乞丐都曾获赐袍服和礼金，作为王室忏悔的象征。而在英格兰其他各地，男人们都会忙着在节日之前修剪好自己的头发与胡须。[102]

在一个典型的“耶稣受难日”（Good Friday）里，英国各个教区的信众都会来到教堂，聆听教堂朗诵《圣约翰福音》（*Gospel of St John*）中描述耶稣整个受难过程的章节。随后，高高的祭坛旁边一个十字架上蒙着的罩布会被揭开，以便牧师

① 圣周（Holy Week），基督教中“复活节”前的一周，用于纪念耶稣在世时最后一周的事迹。亦译“受难周”“大主日”“圣主日”等。——译者注

和会众赤着脚匍匐前行，去亲吻十字架的底座，这种仪式称为“爬向十字架”(Creeping to the Cross)[103]。在1215年的那个“复活节”(Easter Sunday)，约翰王是像上一年的圣诞节那样度过的，即聆听了一场“基督得胜”曲的演奏。这一次，合唱队是由塞恩的亨利大师(Master Henry of Cerne)和克桑顿的罗伯特(Robert of Xanton)两人领唱，前者来自多塞特郡，后者则来自法国的普瓦捷附近。只不过，数天之后发给他们的付款单据上，两人都被简单说成了“御用礼拜堂之牧师”[104]。

约翰王对音乐的选择，一如既往地传统和喜气洋洋，这种做法，也很符合他当时斗志昂扬的心情。他的军事准备工作继续有条不紊地进行着：城镇都设置了路障，城堡配备了额外的士兵，订购了投石机和弓弩，雇佣兵也在不断集结；各座皇家要塞里，配备了数万支方头弩箭[105]；埃塞克斯郡、北安普敦郡、赫特福德郡和约克郡的皇家森林里，为提供修筑防御工事所用的木料而砍伐树木的声音此起彼伏。[106]在复活节的两周之前，约翰王还从伦敦订购了五件新的战袍，以及五面绣有金雀花王室的金色三狮纹章的旗帜。不过，尽管这位国王气势汹汹，可他对整个王国的掌控，却一点儿也说不上牢靠。

3月19日，在罗马的英诺森三世终于下定决心，要对英国国王和贵族两方派来游说了一个月之久的代表们进行答复了。他写好了三封信，在其中说明了他对双方争议的想法。这三封信，依次是写给约翰王、斯蒂芬·兰顿大主教和英国的其他主教以及该国的大贵族的。三封信的大意，都是不遗余力地支持约翰王。在写给英国诸爵的信中，英诺森称他们叛乱的消息是“令吾等极感不安”的原因，而他们对约翰王统治的不满，将“导致无可估量之损失，须经锦囊之谋与严肃关注，从速解决”。他接着说：

> 凡自王国与教会之纷争爆发以来，一切勾结与密谋之举，朕皆以使徒之权柄谴责之，宣之为无效；朕禁止尔等日后再有策划此种阴谋之举，违者必以逐出教会为惩处，故谨为劝诫并一力敦促，尔等须安抚国君且与之修好，彰显尔等之忠诚与顺服……尔等倘有求于王，当谦恭求之而非骄横强索，以维护王室之荣誉。[107]

在写给斯蒂芬·兰顿及英国所有教士的信中，教皇甚至说得更加直白。“朕不胜惊讶与烦恼，”他极其生气地写道，“（王）与诸爵、豪绅及其同侪之分歧，尔等竟无视至今，执意双目紧

■ 骑士制度发挥着作用：在这幅 13 世纪的彩绘插画中，马背上一名全副武装的骑士具有种种天赐之美德。
（图片来源：大英图书馆版权所有 / 布里奇曼图像）

闭而无意居间调停……乃至有心存疑虑者，皆谓……尔等竟在协助与支持国王之敌雠。”[108]

当时的约翰王必定觉得，他精心争取英诺森三世的做法似乎终于获得了回报。他已经确保后者做出了完全有利于他的裁决。不过，英诺森三世的信函虽说甚合他的心意，却绝不是一种调解之法。结果有如火上浇油，英格兰诸爵的怒火并未平息，反而变得更加激昂了。约翰王的和平愿景，本来就是要踩在手下诸爵的脖子上，听到他们用嘶哑的声音可怜巴巴地道歉。教皇的信件则已充分表明，这位国王是绝对不可能心甘情愿地做出让步的。假定信件从罗马送到英国需要四个星期左右，那么英诺森三世所写的信函，很可能就是在复活节那天或者复活节前不久到达英国的。[109] 从那时开始，大批英国贵族便断定，他们已经别无选择，只能向国王宣战了。

1215 年，英格兰共有 200 多位贵族，其中有 20 位地位较高的被称为“伯爵”①。跻身贵族阶层并非严密的科学，因为有些人生下来就是，有些人是通过联姻或者千方百计获得了土地才成为贵族，还有些人则是因为受到了国王的宠信而飞黄腾达，一夜之间便成了贵族的。但显而易见的是，从广义上来说，英国贵族自认为他们是一个具有紧密的家族关系、相似的利益和公认的行为标准，且在王国的政治生活中集体扮演着一种角色的阶层。更加显而易见的是，贵族们各自拥有的社会地

① 伯爵（earl）这一头衔，是随着“诺曼征服”传入英国的。11 世纪 80 年代编纂《英国土地志》的时候，全国只有 7 位伯爵；随着时间的推移，获封这一头衔的贵族人数也不断增加。距当时最近的一次，则是 1208 年约翰王封萨伊尔·德·昆西（Saer de Quincy）为温彻斯特伯爵。——译者注

■ 中世纪一户厨房里的忙碌景象。在这幅彩绘插图中，仆役正在烹制肉食，并将菜肴端上餐桌。选自 14 世纪的《鲁特瑞尔诗篇》。
（图片来源：大英图书馆版权所有 / 布里奇曼图像）

位，是国王专门赐予的。这种赐予，当以一种效忠仪式加以确认。在仪式上，贵族会跪在地上，双手由国王紧紧合握，誓言做国王的忠实仆人。这种效忠仪式有如一剂传统的黏合剂，团结了英国的政治社会。效忠于国王的誓言一旦许下，就只有在最极端的情况下才能撤销。

然而，通过效忠仪式确认贵族身份之后，贵族的行为举止就可以与一位小小国王无异了。他们在城堡里设有朝廷，养着一大家子男女仆役，听取骑士和小贵族出谋划策并与之议事，在自己的私家法庭上审案断讼；资助修道院、建造精美的礼拜堂，让自己和家人最终安葬其中；用自己特制的印章认证文件；而在战时、比武或者出行时，则以一面饰有其个人盾徽的纹章盾旗标志自己的身份。由于上流阶层不免会卷入战争，故贵族都会获封为骑士（通常是在年纪很小的时候），会懂得（即便并非始终都遵守）当时正在兴起的骑士准则。这套准则，旨在为有权有势者提供精神、社交和道德上的指导。拉蒙·鲁尔（Ramon Llull）是13世纪《骑士之书》（*The Book of the Order of Chivalry*）的作者，他曾写道，骑士的义务包括维护正义、守卫大路、保护农民和"惩治背信弃义者、窃贼与强盗"，以及"全副武装出行，参与比武、举行圆桌会议（Round Tables）、击剑，猎取鹿、熊、野猪、狮子与其他类似之兽"。骑士当摒弃偷窃、赌博、吹嘘及与其他贵族之妻通奸等行为。[110]这些价值观，还通过当时最流行的故事传播开来，比如亚瑟王（King Arthur）的传奇故事。即便本质上属于虚构，但它们仍然通过蒙茅斯的杰弗里（Geoffrey of Monmouth）那些扣人心弦的伪历史故事，变得风行一时。[111]

贵族们过着一种明显富有而奢华的生活，如若不然，则会感到万分羞愧。贵族及其家人，都穿着做工精良、用进口丝绸与刺绣面料制成且饰有皮毛的衣服。男子不论年龄大小，都披着昂贵的盔甲，都能熟练使用各种武器，比如剑、棒、长矛和匕首。他们有很多的闲暇时间，可以欣赏吟游诗人和杂技演员的表演，可以摇骰子、玩地滚球或者下棋①。他们的饮食丰富多样，且相当丰盛。贵族的餐桌上，既有畜禽和鱼类，还有奶酪、水果、米饭和牛奶。进口的葡萄酒，会在送上餐桌前调上蜂蜜、肉豆蔻或异国香料，比如从东方进口的荜澄茄这种与胡椒类似的干浆果。1215年4月的大部分时间，都属于基督教那个漫长的大斋节——节期里有长达七个星期的宗教斋戒，唯一允许食用的动物蛋白就是鱼肉。可即便是在那个时候，我们也

① 当时用海象牙制成的"刘易斯棋子"（Lewis Chessmen），很可能是从斯堪的纳维亚半岛（Scandinavia）引入的；这种棋子，就说明棋类在13世纪初就已开始变得丰富多彩了。如今存世的"刘易斯棋子"，分别收藏在爱丁堡（Edinburgh）的苏格兰民族博物馆（National Museum of Scotland）和伦敦的大英博物馆（British Museum）里。——译者注

不能说大贵族家庭是在饿着肚子过节。13 世纪的一册账簿表明，在大斋节里，莱斯特（Leicester）伯爵一家子每天吃掉的鲱鱼达 400—1000 条，它们都是用马车从北海沿岸的大雅茅斯这样的港口运过来的，通常是制成馅饼，并且佐以生姜、胡椒和肉桂调味。[112] 在享用这种馅饼之前，贵族可能还会用从青铜水罐里倒出的水洗洗手指。这种水罐是一种摆在餐桌之上的小壶，一般铸成马匹、独角兽或者马上骑士等形状 [113]。可对于英国的绝大多数普通百姓而言，大斋节通常都是一段饥寒交迫、劳累不已的日子，其间他们就算是洗手，也几乎不会用青铜铸品中倒出的涓涓净水去洗。相比于他们的生活，贵族们拥有的特权之大几乎是超乎想象的。

1215 年复活节期间，其实并非所有的贵族都曾公开与国王作对（或许，甚至大部分贵族都并非如此）。可尽管这样，教皇的来信公开之后，约翰王遭遇的却是自 1173 年至 1174 年

■ 罗伯特·菲茨沃尔特的阴模印章，以及盖印之后的样品。马背上的骑士及饰有其纹章的盾牌下方，是一个“龙形防拆标志”。菲茨沃尔特是约翰王的一位劲敌，他是东安格利亚一位权势熏天的贵族，曾经卷入一场废黜约翰王的阴谋当中。
（图片来源：知识共享许可协议 3.0 / 埃尔德吉斯拍摄）

的“大叛乱”（Great Revolt）以来，贵族们对金雀花王朝发动的一场最严重的反叛。当年的那场“大叛乱”，差点儿就让约翰王的父亲王位不保。自1213年诸爵首次对国王表现出敌意以来，那些在叛乱中打头阵的贵族就被当时的编年史家称为“北方佬”（Northerners）。比如，那位克劳兰编年史家就曾写道：“彼等来自北方诸地者众，故谓之‘北方佬’。”可严格说来，实际情况并非如此。[114]其中的许多人，的确来自林肯郡、诺丁汉郡和德比郡，以及一些更往北去、直到英格兰与苏格兰边境的偏远郡县。尤斯塔斯·德·维希（Eustace de Vesci）就是诺森伯兰郡那座宏伟的海滨要塞安尼克堡的领主，在北方拥有巨大的利益；而在《诺曼底公爵与英格兰国王史》一书中被称为“叛乱分子”的其他贵族也是如此，包括罗伯特·德·诺斯（Robert de Ros）、理查·德·珀西（Richard de Percy）、威廉·德·莫布雷（William de Mowbray）和罗杰·德·蒙特贝贡（Roger de Montbegon）等。[115]然而，其中同样也有许多贵族，他们的采邑都位于王国的其他地区，尤其是多位于东安格利亚。约翰王最显眼的一位对手，即身为邓莫领主的罗伯特·菲茨沃尔特（Robert Fitzwalter），就来自东安格利亚。菲茨沃尔特的女婿杰弗里·德·曼德维尔也是东南部人，而身为赫里福德主教的吉尔斯（Giles）也是如此。吉尔斯是威廉·德·布里乌兹与玛蒂尔达·德·布里乌兹夫妇的儿子，在约翰王统治早期曾经吃过这位国王的不少苦头。

罗伯特·菲茨沃尔特的银制阴模印章留存至今，保存在大英博物馆里。那枚印章，呈现出了这位领主希望自己在世人心目中的模样。印章上的菲茨沃尔特骑在一匹披挂有其家族纹章之饰物的高头大马上。他全副武装，头戴一顶结实的方形头盔，胸前持着一面盾牌，全身披挂着的锁子甲，从颈部的衬垫衣领那里一直垂至手腕和脚踝上。他伸出的手中挥舞着一柄与胳膊等长、又尖又细的双刃利剑。策马前行的同时，菲茨沃尔特还准备挥舞手中的长剑，向一条长颈卷尾的恶龙砍去。不难看出，那条恶龙正在蜷缩躲闪。马儿前面又有一面盾牌，上面饰有不同的纹章，它们属于温彻斯特伯爵萨伊尔·德·昆西的纹章，此人既是菲茨沃尔特的朋友，也是菲茨沃尔特的战友（他的徽章中也有一条龙）。从这枚阴模印章中，我们无疑可以看出一个事实，那就是菲茨沃尔特希望显得自己是13世纪初英勇与高贵者的典范。这种憧憬，与《诺曼底公爵与英格兰国王史》一书作者的观点不谋而合，因为后者曾称菲茨沃尔特是"英国最伟大的人物之一，同时也是最有权势者之一"[116]。

菲茨沃尔特无疑拥有可以证明这一点的土地与个人经历。当时，大贵族的土地是以"骑士领"为单位来计算的：这种单位视骑士所在之地而有所差异，虽说并不精确，但人们公认的是，一份这样的领地应当让一位骑士获得足够过上一年的收入。"骑士领"是当时一种至关重要的政治、封建与财政核算标准，而这一术语在《大宪章》中之所以极其突出，原因就在于此。对于保有的每处领地，贵族必须在国王提出要求之后，提供一位骑士去为国王效力（或同等价值的钱财）[①]。在金雀花王朝治下的英格兰，只有大约130人保有的领地面积超过了10份"骑士领"。当时要成为贵族，人们至少应当保有10处"骑士领"才行。[117]通过遗产继承和迎娶一位诺曼男爵的女儿贡诺拉（Gunnora）为妻，菲茨沃尔特拥有了98份"骑士领"。坐

① 正是从"费用"（fee）这个术语，我们才衍生出了"封建"一词，以及"封建制度"的概念，后者描述了中世纪这一时期英国所有自由民与保有土地者之间的各种理论关系。从理论上来说，国王是全国土地的唯一"所有人"。手下贵族保有土地，应以提供封臣服务作为回报。然后，贵族们又会把土地转租给别人；这样做，或是为了获得钱财，或是为了进一步获得封臣之服务。由此，就形成了一种金字塔式的土地保有制，而金字塔的顶端就是国王。——译者注

拥面积如此广袤的封建领地，让他轻而易举地跻身于贵族精英阶层。他在邓莫的爵府原本坐落于埃塞克斯郡和萨福克郡之间的边境上。众所周知，菲茨沃尔特还拥有数座气派的城堡，其中最著名的就是赫特福德郡的赫特福德堡与贝宁顿堡，以及伦敦城里的贝纳尔德堡。他曾在诺曼底为理查王和约翰王效力，尽管1198年他在沃德勒防御不力，导致那座城堡被法兰西国王如入无人之境般地占领了，菲茨沃尔特本人也被俘成囚，可他还是设法支付了赎金，并于约翰王在位期间回到了英格兰。

直到13世纪初，菲茨沃尔特追求的都是一种相当传统的贵族生涯。他与其余贵族一样，兴趣主要放在照管自己的领地和打仗两个方面。然而，此人却与同一阶层的贵族精英不同，脾气相当暴躁，即便是以那个时代的标准来看，他也是出了名地容易诉诸暴力。最糟糕的是，他在1212年卷入了一桩针对国王的阴谋，这既让他的余生背上了乱党的名声，也把他推到了1215年那些戏剧性事件的风口浪尖。约翰王在那场注定要失败的“布汶之战”之前试图招募过一支军队，就在那时得知了菲茨沃尔特与尤斯塔斯·德·维希策划的一桩阴谋。虽说我们并不清楚具体情况，但当时似乎是菲茨沃尔特、德·维希及其同伙计划趁约翰王身处威尔士的时候派人将他刺杀，然后邀请法国那位凶悍的男爵兼乐于迫害异教徒的西蒙·德·孟福尔前来，取代约翰王统治英国。他的同伙中，至少有王室财政署的四位执事，有苏格兰的亨廷顿（Huntingdon）伯爵，还有一位叫作乌姆弗拉维尔的理查德（Richard of Umfraville）的北方贵族。约翰王对这桩阴谋严加追查，菲茨沃尔特和德·维希两人便逃出了王国，分别逃往了法国和苏格兰。在流亡期间，菲茨沃尔特的领地被国王没收，而他那些最重要的城堡也受到了冷遇。它们遭到了有意损毁，其间一队队工程人员与工人将城墙和防御工事推倒，运走城堡里的珍贵木料和石料，拿到别的地方去建房子。可菲茨沃尔特对法兰西国王的说法，却是约翰王试图勾引他的女儿。[118] 虽说1213年夏季双方的关系恢复正常了，可即便到了那时，约翰王与菲茨沃尔特两人显然也仍旧对彼此心存疑忌。到了1215年春季，菲茨沃尔特便回了国，成了这场叛乱运动的领袖。

在复活节那一周，叛乱贵族没有在北安普敦觐见约翰王，而是全副武装，聚集在林肯郡史丹福的那座大比武场上（此时，我们就可以想象出菲茨沃尔特在其印章上呈现的那副模样了）。当英诺森教皇所写的信函到达，谕令他们“须安抚国君且与之修好，彰显尔等之忠诚与顺服”时，他们很可能已经抵达了那里。诸爵采取的行动，完全不是教皇谕令的事情。据编年史家文多弗的罗哲尔所载，“彼等之军，除骑兵、侍从及步兵处，骑士计2000余人”[119]。就算文多弗夸大其词，这也仍然算得上一支大军了。集合之后，他们又前往北安普敦郡布拉克利的另一座比武场，那里曾经是德·维希的领地。此时的诸爵，都是怀着正义之情、打着正义之旗在进军。菲茨沃尔特已经决定，要与教皇谴责诸爵所从大业的做法进行正面交锋，并且开始自封“上帝与神圣教会之师大元帅”（Marshal of the Army of God and the Holy Church）。到4月27日星期一，他已经率领手下抵达布拉克利，开始制定一系列要求。诸爵已经下定决心，约翰王要想免遭暴力罢黜，就必须答应这些要求。

4月27日是星期一，约翰王身处距布拉克利很远的地方。当时，他正从威尔特郡克拉伦登那座巨大的、用燧石建成的狩

猎行宫，前往多塞特郡宏伟威严的科夫城堡。科夫堡是一座要塞，为一条深邃的护城河所环绕，里面有巨大的塔楼，有风格优雅的新哥特式皇家寓所，以及全英格兰最稳固的地牢。在这里，约翰王无疑觉得很安全。到东北方向 130 英里以外去跟贵族们进行谈判的任务，他交给了两名非常能干的代表：一位是斯蒂芬·兰顿大主教，另一位则是忠心耿耿、地位甚至比菲茨沃尔特更加尊贵的伯爵——彭布罗克伯爵威廉·马绍尔。

马绍尔自认为他是当时最优秀的骑士，其他许多人也这样认为。效力于金雀花王朝的漫长岁月，也见证了他一步步爬到英国贵族顶层的过程。此人出身于一个小贵族家庭，生于 12 世纪中叶那场被称为“无政府内乱”的内战前后，是家中的次子。甫一出世，他的人生就充满了戏剧性。5 岁时，父亲把他

■ 伦敦圣殿教堂（Temple Church）里威廉·马绍尔的墓上雕像。此人是一位白手起家的骑士、忠心耿耿的贵族和精明能干的政治家。他那部写于 13 世纪的传记，向我们描述了此人生平及其所处时代的许多情况。
（图片来源：布里奇曼图像）

交给了斯蒂芬国王（King Stephen）做人质，待马绍尔的父亲出卖了国王之后，人们劝说了半天，才使得斯蒂芬国王没有把这个孩子装在投石机里扔出去。大难不死之后，马绍尔逐渐长大成人，不仅精通马术，而且年纪轻轻就在法兰西的比武场上赢得了盛名。在那里，他曾替约翰王那位魅力非凡却奸诈歹毒的大哥即“幼王亨利”（Henry，“the Young King”）组织的小队效力竞技。马绍尔在第三次十字军“东征”期间到过耶路撒冷，他暗地里曾经发下秘誓，要终身做一名“圣殿骑士”。回国之后，他便成了“狮心王”理查的得力盟友，在 1194 年至 1199 年的诺曼底防卫战期间，曾站在这位国王一方作战。虽然与约翰王之间的关系有时令人担忧，可马绍尔还是争取到了机会，娶了富甲一方的克莱尔（Clare）家族的一位女继承人，并且通过这桩联姻，获得了彭布罗克伯爵领地，从而在威尔士和爱尔兰都拥有了土地。尽管 1215 年时已年近七旬，他却依然是英国最精力充沛、最令人敬畏的人物之一。

《威廉·马绍尔传》（*History of William Marshal*，或者简称《传记》）一书，是在此人辞世之后以诗歌体写成，它为我们描绘了 13 世纪初贵族社会一幅丰富多彩且极其珍贵的画面。[120] 书中介绍了马绍尔对骑士和贵族应有的行为举止的尖锐观点，并且在大量记述战争、勇气和英勇事迹的过程中，详尽地阐述了这些观点。此人所有信念的核心，就是具有骑士精神者应当表现出慷慨与忠诚的思想。马绍尔的这部传记里，连一些不经意的词句和细节中，也充斥着当时那种贵族文化的诸多实例。比如，一名雇佣兵队长若是在围城战中成功地俘虏了一位主教，那就是“撞上了大运”（A cui si chaïrent li dé）；被绳子捆在一起的囚犯，就像是“拴着链子的猎犬”（comme levriers en lesse）；尤其是优质的葡萄酒，它们要么是“清亮、口感柔和，

■ 被关入多塞特郡科夫堡地牢里的英国人，能够重见天日就算是万幸了。玛蒂尔达·德·布里乌兹及其儿子，就因约翰王的命令而饿死在这里。
［图片来源：图片专家有限公司（Image Professionals GmbH）/ 阿拉米图片库］

（要么是）泡沫丰富，有些酒中添有丁香，有些加了香料”；如果对一顿晚餐的评价是很丰盛，那就是因为就餐者最后会吃到“梨子、苹果和榛子”。[121] 但马绍尔最为推崇的，还是体现出了身体力量的技艺，说明了不假修饰或者天生之正义的典范，以及精彩的老派战争经历。

此人最精彩的逸事，在《传记》一书中被不厌其烦地讲述了出来，给人以炉边故事的感觉，目的则是教育年轻人去追求高尚与骑士精神，同时给他们带来快乐。其中对比武的典型描述通常是：“在场者皆云，此次比武平生未见，体现了极其伟大之骑士壮举……彼等众口一词，盛赞马绍尔之英勇，乃至双方在场者均无异议，授予其（最佳斗士）奖”[122]。有个故事讲述了“狮心王”理查率军围攻诺曼底米莱镇时的情况，其中重点描绘了马绍尔，称他全身披挂战甲、手持长剑，从一座城堡的壕沟里顺着云梯爬到城垛顶端，然后单枪匹马，击退或者吓退了所有守军，还在格斗中击败了城堡的治安官，然后骑在那人身上，“牢牢控制”，直到援兵赶来。但马绍尔平生最精彩的故事，可能还是这位年轻骑士担任约翰王之母即阿基坦的埃莉诺的贴身护卫时发生的。这个故事，在《传记》中描述得极其详细。当时，马绍尔受到一大群法国敌军的攻击，陷入了一场规模虽小却敌众我寡的战斗中。他奋力搏杀，“如受群狗围攻之野猪”，直到被另一位骑士所伤。那人毫无骑士风度，不声不响地进行背后偷袭，用长矛刺中了他的大腿，俘虏了他。然后，敌人把他绑在驴背上，没用合适的绷带给他擦拭“其大腿与血管中汩汩涌出之鲜血”，马绍尔眼见着就要死去。最后，他想尽办法取悦一位“品格高尚、心地善良的女士”，后者把一些“优质的亚麻绷带”藏在一条面包里，偷偷地给了他。于是，他的伤口很快开始愈合。有天晚上，马绍尔看到俘虏他的敌军中，有些骑士与年轻贵族正在举行角力比赛，目标是用力把一块石头投出去，看谁投得最远。马绍尔必然参加了这场比赛，同样必然的是，他掷出石块的距离，比敌人当中成绩最佳者还远了“整整一英尺半”。可惜的是，由于用力过猛，他腿上的伤口重新撕裂开了；因此在很长一段时间里，他都是一名痛楚不堪的俘虏，直到他所护卫的埃莉诺王后凑够了钱，支付了赎金，他才重获自由。事后埃莉诺王后还赏赐他“马匹、武器、钱财和精美衣物……”。马绍尔曾大方地承认，“王后乃极其可敬与谦和之女士”。[123]

埃莉诺王后的小儿子约翰，在长达16年的统治期内，却让马绍尔有诸多的理由，既瞧不起他，又害怕他。但在英国，能够被视为忠诚之典范而感到自豪的，唯有马绍尔一人。1215

■ 马修·帕里斯所绘的英格兰、威尔士和苏格兰地图极其准确，地形地势也异常完整。帕里斯还制作过一份从英国前往罗马朝圣的详细路线图。

（图片来源：大英图书馆版权所有 / 布里奇曼图像）

年复活节前的那几个星期里，他始终在代表国王同叛乱诸爵谈判。即便1215年4月末在布拉克利降伏叛乱贵族的任务极其艰巨、令人却步，可当时的英国不可能还有哪位贵族比马绍尔更加老练、更加可靠，能够代表国王前去谈判。

在4月27日开始的那个星期里，菲茨沃尔特与马绍尔两人在布拉克利究竟谈了些什么，我们并不是很清楚。双方会晤时的气氛，有可能极其紧张，甚至多半是敌意十足。据文多弗的罗哲尔称："诸爵以一文件交于二使臣，内中多列王国之律法及古老之习俗，且言辞咄咄，谓王须即刻以其御玺赐予并确认之，如若不然，彼等将率军占王之要塞，逼王充分满足彼等之要求……"[124] 虽然我们并不确定那份"文件"究竟是什么，但叛乱贵族在1215年春季起草的数份文件仍然存世，对我们探究当时的一些问题将起到非常有益的指导作用。其中，有一份关于王室让步条件的日程草案，是由一个与国王之敌关系很好的人起草的。可惜的是，它有一个枯燥无味的标题，叫作《无名宪章》(*Unknown Charter*)[125]。它并不是一份正式的文件，我们最好是将它看成一份关于谈判立场的声明，起草于当年年初。列举上述让步条件的那张羊皮纸上，既有亨利一世于1100年颁布的那份加冕宪章的副本，后面还列有12条内容，且这份文件中称它们都"已由约翰王所认可"。

我们从《无名宪章》中可以看出，在史丹福和布拉克利两地集会的贵族们关注的，是英国王室的四大关键行政领域，即司法、继承法、兵役和皇家森林的治安。宪章中的第一条指出："约翰王承认，未经审判不得逮捕一人，亦不得以行正义之名收取一物，不行不公之事。”这一相当笼统的说法，针对的就是约翰王为君时一些最具个人化的特点。比如，他跟手下那些最了不起的臣民打交道时老奸巨猾，这一点早已臭名昭著；对待臣民时，他颐指气使、专横无理；他宠信佞臣；他对待布里乌兹这样的家族手段残忍，后者被迫害致死，却没有得到任何法律上的公平对待。

接下来的 5 条要具体得多，针对的是人们在父亲或丈夫去世后据以继承遗产的法律程序。宪章抨击了约翰王向遗产继承者征取巨额费用的政策。宪章制定了一项政策，规定未成年人继承的土地，当由封地中“从奉公守法者中选取 4 位骑士”进行有效的托管；当继承人长大至法定年龄之后，国王则不应向其征收遗产税。《无名宪章》还要求国王尊重人们的遗嘱，应当根据死者家属的意愿，允许寡妇再婚（而不是根据国王的意愿行事，因为国王会把新娘拍卖给出价最高的人，而不管出价者的社会地位如何）。丈夫死后，遗孀当有权在夫家继续生活 40 天，“直至获取当得之亡夫遗产”。对于父辈在犹太人那里所欠的债务，遗产继承者不应偿付利息。

关于寡妇的条款之后，还有两条针对的是外交政策，规定国王手下将士“不得于英格兰以外之军中服役，唯诺曼底与布列塔尼亚两地不在此限”。所以，他们也不应当去普瓦图服役，而 1214 年底约翰王却在那里进行过征战。其中还限制了国王对每份“骑士领”征取“1 个银马克”的兵役免除税的权利。“1 马克银”相当于 2/3 英镑，合 13 先令 4 便士。这两条合起来，就是对国王招募军队和将军队部署到所定之地，或者榨取贵族的钱财、请雇佣兵来代替贵族打仗的能力构成了一种根本性的制约。像菲茨沃尔特这样的贵族，由于拥有 98 份“骑士领”，故从理论上来说，缴纳免除兵役税的最高税额就只稍高于 65 英镑，而不再像“布汶之战”前约翰王于1213年至1214年要求按照“3马克银”来收取时，要缴纳高达196英镑的免除兵役税了[①]。

约翰王在位的16年间，向手下臣民征收了11次免除兵役税，而他的父王和王兄在45年里，总共也才征收了11次。对于国王来说，接受如此严格限制其征取兵役税这一权利的条款，实际上就意味着，他再也无力在不列颠群岛以外的地方实施另一场征服战争了。这一点，很可能正是那些确属“北方佬”的叛乱贵族的真正意图，在其中一些人看来，普瓦图县要比挪威王国更加遥远（故也更不值得去关注）。

《无名宪章》余下的内容，都是关于改革皇家森林的条款。在金雀花王朝统治初期，皇家森林始终都是人们关注的一个领域。当时，英格兰的许多乡村都被划定为森林（其中可能包括荒原、农田，以及树木茂密的林地）。森林是国王的个人财产，专供其狩猎所用，由一种独立于国王其他地区的法律体系来管辖。赐予人们从皇家森林里猎取一头鹿的特权，是王室恩惠的标志。至于穷人或社会地位卑微的人，他们若在森林里打猎、拾柴或者砍伐树木，就会被课以巨额罚金，或者遭受体肤之刑。金雀花王朝诸王拓展了皇家森林的范围，让英国社会的许多人都感到担忧，因为这样做会导致人们任由一种更加严苛、代价更加高昂的法律所摆布，却毫无反抗手段。《无名宪章》的目的，就是迫使约翰王“将朕之父王、王兄及朕所定之森林恢复为普通用地”。

当然，上述条款并非只是重申了亨利一世的加冕宪章，因

① 据常见的解释来看，一笔65英镑的免除兵役税可能相当于如今的5.5万英镑一次性税款，而当时196英镑的税款，在如今则有可能高达16.5万英镑。据计算，这些数额就反映了收入的历史生活水平（historic standard of living）价值。——译者注

为后者也强调过在遗产继承、婚姻、丧偶等方面征收合理费用的重要性，承诺过不再扩大皇家林地的面积，并且针对维护和平、保护教会的自由等方面做出了范围广泛、意图良好的声明。或许最重要的是，亨利一世的加冕宪章还在第一条中承认，国王的统治不但“系天命所定”，而且“有赖全英格兰王国贵族之共同辅佐”。[126] 除了表明诸爵对抗国王的计划日益具体、细致起来的所有条款，1215 年春季那些毅然决定与国王一较高下的贵族，心中自然也怀有这种想法。不过，假如叛乱贵族想到了国王必定会反悔这一点，他们很快就会打消这种念头的。据文多弗的罗哲尔记载，当威廉·马绍尔和兰顿大主教回去把诸爵在布拉克利所提的具体要求汇报给国王之后，约翰王曾勃然大怒。

> 王闻上述首领之意，怒而出言讥之：“咄，此种不公要求之外，诸爵何不迫朕拱手以王国相送乎？彼等之要求，皆属徒劳与空想，无一理可据。”后王愤而誓言，永不赐予彼等上述之自由，以免沦为彼等之奴仆。[127]

最终，约翰王还是冷静下来，提出了一个全然模棱两可，或许还是故意带有侮辱性的解决方案：他将废除邪恶之陋习，听取“忠臣”的规谏。自然，这一点似乎就把任何一个全副武装参与了英格兰中部那座比武场上之集会的人排除在外了。[128] 不管怎样，这个方案还须获得教皇的首肯才行，而教皇所写的信件此时已经完全表明，他是站在约翰王一边的。[129]

居间调停似乎已经不再可行，更别说让双方握手言和了。5 月 5 日，菲茨沃尔特和叛乱贵族派了一位信使［据《南华克和默顿修道院纪事》（*Annals of Southwark and Merton Priory*）的作者称，此人是奥古斯丁修会的一位法政牧师］，前往雷丁去觐见国王，带去最后决裂的消息，正式向国王发起了挑战。[130]他们的态度，不能再模棱两可了。诸爵单方面开始公开反抗他们的国王，解除自己曾经发下的效忠誓言。他们与国王之间的关系以及整个政治社会所依赖的，原本正是此种誓言。5月9日和10日，约翰王下了两道诏令：第一道是针对“所有忠于基督者”颁发的一份宪章，提出王爵之纷争当由教皇来仲裁。这份诏令毫无作用，原因显而易见。第二天颁布的那份诰令也不例外。约翰王在诰令中承诺，谈判期间他不会使用武力对诸爵发动攻击，而是会“照王国之律法”行事。[131]约翰王是不是真的相信，这样做就足以安抚那些已经对其统治提出了如此详尽的批判的贵族呢？倘若如此，那他就是天真得不切实际。因此，更有可能的情况是，这种做法不过是一种轻藐不拘的姿态罢了。约翰王正虚伪地把自己塑造成教会的回头浪子和理性的代言人，通过含蓄的对比，他是在暗示诸爵既不虔敬，还在煽动民众。不过，就算有人上了当，他们也无须等待多久，因为约翰王随后就露出了自己的真正面目。

5月12日，约翰王向各郡郡长发出圣旨，命令他们“抄没吾等之敌的土地……凡诸敌土地上之财物与动产，皆收归吾等所有”[132]。与此同时，叛乱贵族们也离开了布拉克利，行军20英里，朝着恰好位于北安普敦、距离最近的一座皇家要塞而去，然后将其团团围困。战争开始了。

司法、法律与不法之徒

金雀花王朝的国玺之上，国王的形象一面是武士，另一面则是法官。其中的含意，不言而喻。假如说国王的义务之一是率军打仗和捍卫自己的王国，那么另一项与其武士角色密不可分的职责，就在于伸张正义、维护律法。从实际的日常意义来看，这种职责包罗万象，从解决重臣之间错综复杂的土地纠纷，到将权力赋予法官，让他们把盗贼处以绞刑，不一而足。当时的法官会组成大巡回法庭，在英格兰各地巡回，称为“巡回法院”。显然，1215 年的叛乱贵族认为，约翰王在司法方面完全乏善可陈：《无名宪章》中的第一款，就旨在逼迫国王亲口做出承诺，彻底摒弃其残暴专横而不公正的做法。“约翰王承认，未经审判不得逮捕一人，亦不得以行正义之名收取一物，不行不公正之事。”到了颁布《大宪章》的时候，这一承诺就变成了其中众多条款的基础，以便解决金雀花王朝司法制度在理念与程序上存在的问题。

其中有一条，就是第 18 款，它要求英国国王每年派遣两名皇家法官，到英格兰各郡县巡察四次，并且根据三份重要的令状审理案件。这三份令状，就是所谓的“已故先人占有令状”“新近侵占令状”和“最终推荐权令状”[①]。它们都属于法律程序，已在亨利二世统治时期进行了标准化，并且得到了广泛的应用。亨利二世之所以常常被世人称为“普通法之父”，原因就在于此。上述三份令状都与土地纠纷有关，故都可由皇家法官来进行审理裁决。要想启动其中的一项诉讼程序，人们必须先到威斯敏斯特的皇家中书省那里，获得一份令状。从实物来看，令状其实就是一张羊皮纸，上面签有敕谕相关司法吏启动法律诉讼程序的命令。司法吏接到令状之后，必须确保将案件提交给巡回法庭的法官和陪审团去审理；陪审团从当地有名

① 最终推荐权令状（darrein presentment），英国古时王室为解决圣职推荐权（advowson）的争端而向各郡郡长签发的令状，要求郡长组成陪审团，来最后确定真正的圣职推荐权人（patron）。这一令状，后来被 1833 年的《不动产时效法》（*Real Property Limitation Act*）所废除。——译者注

■［图片来源：彼得·纽瓦克（Peter Newark Pictures）/ 布里奇曼图像］

■ 中世纪的刑罚：上图是1240年海盗威廉·德·马里斯科（William de Marisco）被拖去处决时的情景，选自马修·帕里斯作品中的一幅插图；下图是两名通奸者赤身裸体游街示众时的情景，选自13世纪法国的一部手稿。
（图片来源：布里奇曼图像）

望者中遴选组成，而在理想状况下，他们都应是骑士。这些人将一起审理案件，或者起码也会推动案件的审理。只不过，当时的诉讼通常需要支付大笔费用，并且耗时甚久。《大宪章》里要求国王采取更多而非更少行动与干预的第 18 条之所以显得有点儿不同寻常，原因就在于此。

除了民法，1215 年的英格兰还具有一个高度发达的刑事司法体系。由于村庄这种级别的行政单位并未设立警察，故侦查罪案的义务就落到了所有村民的身上。任何一位罪案苦主或罪案目击者，都有义务“大声呼喊”，实际上就是闹出足以惊动附近每一个身强力壮者的动静。接下来，后者就会努力将罪犯捉拿归案。村中的各级官吏都会参与这一过程。村里设有治安吏，他们是当时最接近如今的地方警员的人。当时的村庄被归入了一种更大的行政单位，称为“百户区”，而每个“百户区”里都设有普通法庭，由一名执行吏组织管理。假如罪案太过严重，不能由“百户区”的法庭审理，那就可以上呈负责监督郡县法庭的司法吏去审理。

受到刑事犯罪指控之后，被告可以通过两种主要的方式，送至皇家法官那里去受审。传统上，一个人可以提出自诉（称为上诉），即罪案的苦主可以把犯罪嫌疑人诉至法官那里。但自亨利二世统治时期以后，英国还出现了一种公共起诉制度。在这种公诉制度中，虽然也成立陪审团，但陪审团的职责并不是审理案件，而是确定哪些案件需要提起公诉。然后，犯罪嫌疑人就会被送到法官那里去应诉。

在一个尚未出现法医鉴定的时代，要想找出确凿的证据，来证明那些没有目击证人的罪案，自然是相当困难的。在这种情况下，最好的法官便成了上帝。当时人们有好几种方法，来验证上帝的旨意。水、火神断法，可以检验嫌疑人是否有罪；

■ 中世纪初人们接受水神和火神考验的场景，选自12世纪的《兰巴塞恩斯法典》（*Codex Lambacensis*）

［图片来源：档案魅力版权所有（© Archives Charmet）/ 布里奇曼图像］

尽管这种做法在亨利二世治下受到了法律改革的挑战，但在约翰王统治时期，这种做法却仍然时有发生。决斗审判，可以由双方当事人或者其指定的支持者进行；这种方法在后来的几个世纪里一直保留着，尤其是用于解决贵族之间的纠纷。当时还有一种方法，那就是宣誓断讼。在这种断讼法中，被告必须召集一定数量的贤明之人并由他们发誓，证明被告是无辜的。或许，看出法律在这个方面发挥作用的最佳办法，就是深入探究一下皇家法庭审理过的两桩案件，因为这两桩案件都表明了当时理性诉讼和盲目信仰超自然神灵交织的情况。而这种交织，正是那个时代法律体系运作的典型特征。

1214 年夏季，约翰王手下的巡回法官来到了米德尔塞克斯，审理和裁断该郡的刑事罪案。在审理两名受到指控的罪犯时，法官们只能通过神断法来判定两人有没有罪。第一位被告名叫沃尔特·特伦切波夫（Walter Trenchebof），他被控与人同谋，犯下了一桩血案。有个叫作盖伊·佛洛特（Guy Foliot）的人被法丁盖斯托普的英格拉姆（Ingeram of Fardingestorp）用刀捅死了，沃尔特则被控向英格拉姆提供了用于捅死苦主的那把刀子。除了上述事实，我们对这桩案件就再无所知。但我们确切知道的，那就是巡回法庭裁决，沃尔特将接受水审神断法，来决定他是否有罪。[133]

水审神断法是按照一种虽说复杂却很传统的仪式进行的。这种仪式，无疑源于人们与上帝的交流，因为人们相信，上帝对诉讼的关注之心，与被告同样热切。据 12 世纪的一份史料所载，沃尔特接受水审的过程，应该是这样的：

一个星期二的晚上，他会穿着毛衣，赤脚去教堂参加晚祷。他将在那里斋戒3天，其间只吃没有发酵的面包和咸豆瓣菜，喝的也只有水。到了星期五，人们会脱去他身上的衣服，给他一块缠腰布和一件斗篷遮羞，然后他被一支庄严的宗教游行队伍领到一个专门为此挖出的坑边。坑宽12英尺、长20英尺，其中注满了水，水面之上置有一木制平台，让牧师可以站在台上为水祈福。法官和原告都站在水池四周。沃尔特和原告两人都要发下誓言，然后人们会将沃尔特的双手紧紧绑在其跪着的双膝后面，并在其腰间系上一根绳子。绳子上打了个结，标注"其最长头发之长度"，大概就在距其头顶上方12英寸之处。接下来，人们便会将沃尔特放到水坑之中；他们的动作很慢，目的就是尽量不扰动水面。放到水坑里之后，沃尔特要么是沉下去，要么就是浮在水面。若是沉到绳上那个结的位置，就说明沃尔特是清白的；若是浮在水上，就说明沃尔特有罪。[134]

沃尔特是在水面浮着，所以案件就此得到了判决。被人们拉出水坑时，他很可能浑身发抖、呼吸急促。然后就是宣判。上帝已经发话。杀死盖伊·佛洛特的那把刀，无疑就是沃尔特提供的。他被处以绞刑。

现代一些研究人员曾经模拟过这种水审神断法。他们认为，中世纪接受这种审判的人只要不是极度肥胖，只要在前期做到了充分斋戒，并且确保在浸入水中之前尽量地把肺里积存的空气呼出去，那就应该有4/5的人可以安全通过这种审判。[135] 事实上，我们已有的史料也表明，人们沉下去的情况要比浮在水面常见得多。因此在那些寻找神赐征兆的人看来，沃尔特倒霉地浮于水面之上的事实，就相当合理地说明此人有罪。

确实，1214年夏季，法官们在米德尔塞克斯审理的第二桩案件，就证明了这一点。该案最终也是用神断法审理的。当时，有位年轻人因为与一帮盗贼混在一起而被捕入狱，我们只知道此人名叫西蒙（Simon），是罗伯特的儿子。据法庭记录，此人在水审中“洗脱”了罪名；也就是说，他沉到了水下。被捞出水坑之后，西蒙保住了性命，但条件是他必须离开王国，并且永不回来。[约翰王治下审理的另一桩案件里，国王曾亲自干预，允许一个名叫尤多·德·伊瑟兰姆（Eudo de Iselham）的人返回了英国。后者发誓保持行止端正之后，名誉也没有受损。此人曾经卷入威廉·科克（William Coc）之死一案中，当时虽然“洗脱”了罪名，却遭到了流放。[136]]

13世纪早期，欧洲还有其他的神断法，其中就包括火审断讼。在火审中，被告要将一块炽热的金属块拿在手里，攥够规定的时间，假如由此导致的灼伤发生感染，那就证明被告有罪。不过，到沃尔特·特伦切波夫和罗伯特之子西蒙在1214年经受各自的神断之时，两人参加的那种法律诉讼程序，其实已经快要过时了。1215年，“第四次拉特兰会议”将注意力转向了司法问题，以及教士在支持世俗政权实施残酷的死刑与肉体刑罚中所起的作用。教规第18条规定：教士不得宣判死刑、执行死刑，或者身处死刑现场。凡参与司法审判，抑或参与水审或烙铁神断者，亦不应获得教会之赐福。

失去了其本质上的神圣目的之后，神断法很快就被世人淘汰了。与此同时，由于《大宪章》规定审判义务由同等地位之人承担，故判定一个人有罪或无罪的那种古老洗脱法，在英国就被一种依靠群体意见来进行的审判法取而代之了。群体意见经由陪审团表达，并据此对法律案件进行裁决。无疑，神断法还会卷土重来，在近代初期的猎巫运动中尤其如此。但对中世纪的英国来说，人们须到一个长20英尺、宽12英尺的水坑底

pueris et ancillis et rebus domesticis defecerunt in via. Sed postmodum a quaerentibus inventa fuerunt vasa argentea cum rebus aliis multis quae suis inventoribus profuerunt. Erant enim naviculae nimis onustae et matrem regis nescientem.

Omnibus igitur in hunc modum consummatis praecepit Willelmus marescallus castellanis omnibus ut cum prisonibus suis redirent ad propria, eosque sub arta servarent custodia donec de illis regis audirent voluntatem. At idem marescallus eadem die antequam cibum sumeret ad regem reversus, retulit coram legato omnia quae acciderant. qui gratias deo cum lacrimis agentes fletum eius convertunt in risum. Mane autem facto venit nuntius ad regem, qui dixerunt milites de Munsorel castrum reliquisse et aufugisse. Unde rex vicecomiti de Notingham dedit in mandatis ut personaliter accedens ad castellum illud subverteret ac penitus complanaret.

De fuga baronum et Francorum versus urbem Londoniarum.

Hoc facto ut dictum est comite Perticensi interempto, fugam omnes tam equites quam pedites versus urbem London[iarum]. Quorum primus erat marescallus Franciae cum castellano de Arraz et galligenis universis. Verumtamen multi ex illis et praecipue pedites fere omnes interfecti fuerunt antequam ad Lodowicum suum pervenissent. Exierunt enim eis obviam homines villarum per quas fugam fecerunt cum gladiis et fustibus et multos plagis impositis peremerunt. Milites quoque circiter .cc. ad urbem London[iarum] venientes suo Lodowico sese praesentaverunt luctuosa ei dampna nuntiantes. Quibus ipse subsannando ait Quod per eorum fugam socii eorum capti fuerunt. Quia si ipsi in proelio remansissent, et se forte et socios suos a captione et periculo liberassent. Credendum est itaque confusionem hanc Lodowico ac baronibus Angliae iusto dei accidisse iudicio. qui iam fere per biennium in sententia excommunicationis iacuerant. Nisi per divinam plecterentur sententiam: dicerent homines in cordibus suis non est deus et sic non inveniretur qui faceret bonum non est usque ad unum.

De morte Innocentii papae.

Eodem anno papa Innocentius postquam sedisset annis .xviii. mensibus quinque et diebus quatuor .xvii. kalendas Augusti humanae naturae debitum solvit. Cui succedens Honorius qui Cencius antea dicebatur sedit in cathedra Romana annis .x. mensibus .vii. et .xix. diebus.

Continuatio. Ut Lodowicus ad patrem suum Philippum regem Francorum misit pro milite.

Eodem tempore Lodowicus de infortunio quod sibi apud Lincolniam acciderat prolapsus in desperationem nec propositum suum ad effectum perducere, exquisito usus consilio nuntios suos ad patrem suum et uxorem suam dominam Blancham destinavit proponens ei dampna irreparabilia quae suis apud Lincolniam et baronibus Angliae contigerant. quae magis a deo quam hominibus sibi doluit irrogata. Rex namque Anglorum adeo iam invaluit quod in manu armata omnes provincias circa urbem London[iarum] plusquam exitum civitatis potestate sibi ac suis complicibus iam praeclusit. Deficiunt praeterea iam nobis et nostris in urbe omnium victualium genera quae si habundarent in civitate non haberemus unde illa emamus. Quocirca vobis significo quod non habeo facultatem resistendi nec ab Anglia recedendi nisi mihi provideatis potenter in subsidio militari. Cumque ad patrem de filio et ad uxorem de marito talia pervenissent: doluerunt valde illum in tali articulo fuisse constitutum. Et quoniam rex timuit filio excommunicato opem ferre velut qui multotiens de consensu filii fuerat acriter increpatus a papa: summam negotii imposuit uxori Lodowici. Quae non segniter rem sibi impositam exequens: milites .ccc. strenuos et in rebus militaribus bene paratos in subsidium viri sui cum multa armatorum manu transmisit. Sed hi omnia regem Anglorum latere non poterant qui iam viribus resumptis cum ingenti exercitu australia maris litora occupaverat et urbem London[iarum] iam decreverat obsidione vallare. Assignavit igitur rex de consilio marescalli Philippum de Albinneio et Iohannem marescallum simul cum .v. portibus et aliis armatis multis qui servitia maris sollerter speculantes: Francorum explorarent et praepedirent adventum. Igitur in die sancti apostoli Bartholomei classis Francorum Eustachio monacho viro flagitiosissimo commissa est ut eam sub salvo conductu ad urbem London[iarum] conduceret et integram Lodowico praesentaret. Ingressi itaque mare milites supradicti habuerunt a tergo flatum zephirum qui eos versus Angliam vehementer urgebat sed insidias paratas sibi penitus ignorabant. Cum itaque rapido volatu mediam maris viam emensi fuissent: piratae regis Angliae ex obliquo venientes recensiti sunt in parte adversa naves quater .xx. Quapropter timuerunt bellum conserere navale cum navibus paucis quae inter galeias et naves alias numerum quadragenarium non excesserunt. Sed tandem de casu qui apud Lincolniam acciderat in quo pauci de multis triumphaverunt animati: audacter a tergo irruerunt in hostes. Quod cum Francigenae agnoverunt: ad arma prosiluerunt. et hostibus viriliter licet non utiliter restiterunt. Philippus quoque de Albiniaco et balistarii cum sagittariis in Francos tela mortifera dirigentes, inimicis ex obstantibus in brevi stragem fecerunt. Habuerunt praeterea galeias ferro rostratas quibus naves adversariorum perforantes: multos in momento submerserunt. Calcem quoque vivam et in pulverem subtilem redactam in altum proicientes: vento illam ferente Francorum oculos excaecaverunt. Fit gravissimus inter partes conflictus. sed cum pars Francorum quae usitata non fuerat proelium navale conserere in brevi erat funditus infirmata. Nam ab Anglis bellatoribus et in marino proelio eruditis, telis confodiebantur et sagittis lanceis perforabantur. cultellis iugulabantur. gladiis concidebantur. navibus perforatis mergebantur. calce caecabantur. Spes auxilii et succursus penitus evacuabatur. fuga non patebat. Unde ne caperentur ab hostibus multi sese sponte in maris fluctibus proiecerunt eligentes potius mori quam arbitrio et voluntate adversariorum tractari. Omnibus igitur subiugatis qui vivi remanserant ex nobilioribus Francigenis victores Angli naves omnes viribus optentas funibus colligabant atque cum laetissima victoria versus Doveram aequora sulcantes: dominum in suis operibus collaudabant. Videntes igitur milites castelli inopinatam dei virtutem exierunt obviam venientibus Anglis. atque Gallos infelices vinculis artioribus constrinxerunt. Inter ceteros autem de fundo et sentina cuiusdam navis extractus est diu quaesitus et multum desideratus Eustachius monachus proditor regis Angliae et pirata nequissimus. Qui cum se deprehensum cognovisset: optulit pro vita sua et membris inaestimabilem pecuniae quantitatem, et quod de cetero sub rege Anglorum

de adventu tam formidali certificaret: dixit episcopo Wintoniensi et Marescallo et aliis magnatibus. Si hae gentes intrepidus Angliam ingrediantur: procul dubio amittitur. Occurramus igitur animose eis. quia nobiscum est deus. ipsi autem excommunicati. Cui respondent. Non sunt milites marini, non piratae, non piscatores. Vade tu et morere. Videns igitur pater a loco Hubertus vocato clam capellano suo Luca fortunatus scilicet viatico salutari praemunitur, et induens audaciam leoninam: ait specialioribus suis quibus castrum Dovre commisit custodiendum. Obtestor per sanguinem Christi ut si forte capiar: antea permittatis me suspendi quam alicui Franco castrum reddatis. clavis enim Angliae est. Ipsi autem flentes fide interposita et praestito iuramento hoc illi concesserunt. Acceptis igitur secum perelectis militibus videlicet Henrico de Turbleville et Ricardo Suard cum quibusdam aliis sed paucis in optima nave intravit habens secum quosdam de .v. portibus maris peritos. Erant autem numero tantum .xvi. naves bene communitae sine naviculis comitantibus; quae ad .xx. se recensitae. Perrexerunt igitur audacter obliquando tamen ... Quod cum vidisset Eustachius monachus dux Francorum: ait. Scio quod hi miseri cogitant. Calesiam quasi latrunculi invadere. sed frustra. bene enim praemunitur. Et ecce Angli subito cum ... se habuisse: versa acie ... vento iam eis secundo: irruerunt in hostes alacriter. Et cum attigissent puppes adversariorum: uncis iniectis attraxerunt eas ad se. Et intrantes confestim: securibus pacatis praeciderunt rudentes et antennas malum supportantes. et cecidit velum expansum super Francos ad instar retis super aviculas irretitas. Et nobilioribus parcendo incarcerandis: in frusta ceteros detruncabant. Inter quos Eustachium qui se defiguraverat quaesitum in sentina invenerunt latitantem: extraxerunt et decollaverunt. Erat autem ille natione Flandrensis. qui per hereditate sibi concessa fratribus suis sine libris praemortuis. relicto habitu et ordine suo apostataverat. et extitit pirata et piratarum magister ...

Absolvo pugnaturos pro libertate Anglie morituros.

Comes Hereford. Comes Sareb. Comes Warenn. Comes Albemarl.

Vexilla Roberti de Curtenai et aliorum magnatum Francorum.

下去寻求正义这种令人毛骨悚然的法律诉讼程序，却从1215年开始消失。

在一个司法诉讼有可能带来肉体痛苦，对犯罪行为的惩处措施也五花八门，从罚款到挖掉眼睛、削掉嘴唇、割耳、断手及最终的死刑的时代，许多嫌疑人都是简单地一走了之，以逃避法律的制裁。他们一旦出逃，便成了不法之徒。在当时，任何人都可以杀死或者俘虏不法之徒。宣布一个人为不法之徒的法律程序，适用于任何地位的人。比如说，在约翰王统治期间，威廉·德·布里乌兹和罗伯特·菲茨沃尔特两人实际上都曾被当成不法之徒来对待。当然，贵族出身的不法之徒要比穷人出身的不法之徒过得更加轻松，而富人在成为不法之徒后幸免于死的概率，也要比穷人大得多。

在当今的流行文化中，不法之徒的形象已经深深嵌入了我们对金雀花王朝初期的想象当中。有些不法之徒的传说，事实上的确源于约翰王治下时期。《修士尤斯塔奇》（*Eustache the Monk*）这个故事创作于1223年至1284年之间，它以押韵两行诗的形式，讲述了尤斯塔奇·巴斯奎特（Eustache Busquet）的传奇经历：此人是法国布洛涅一位贵族的儿子，他触犯了布洛涅伯爵的司法制度，成了一名职业雇佣兵、水手兼海盗。他一度为约翰王效力，但1214年却站到了叛乱贵族一边。在《大宪章》未能起效后爆发的战争中，尤斯塔奇控制了英吉利海峡，并在引领法兰西的路易亲王踏上英格兰的土地这一过程中发

■ 修士尤斯塔奇（Eustache the Monk）是一名海盗兼雇佣兵，在1217年的桑威奇海战中被杀。此图选自马修·帕里斯的《大编年史》。与（后来虚构的人物）罗宾汉（Robin Hood）不同，尤斯塔奇是约翰王时期一位真实存在的不法之徒。（图片来源：由剑桥基督圣体学院的院长董事会授权复制）

挥了重要的作用。在1217年的桑威奇海战中，尤斯塔奇被俘，并在海上被处以斩首之刑。“终生作恶者，岂能长命善终”，这就是记录尤斯塔奇壮举的那位诗人得出的结论。[137] 同样，富尔克·菲茨瓦林的传说（参见前文），也美化了约翰王治下这位真实存在的边境领主的经历。此人的故事，在大英图书馆保存的一部手稿当中传诸后世。其中记载，约翰王曾把富尔克流放至布列塔尼、法兰西和西班牙，称约翰王“终其一生……邪恶、狠毒、执拗……乃毫无良知者……凡善良者皆恶之。亦好色；倘闻女子貌美，辄希速速占有，且不择手段，或诺之以礼相诱，或以武力夺之”。[138]

当然，在如今许多关于罗宾汉传奇故事的再塑造版本中，约翰王的这一形象已经成了一种古老的比喻。至于罗宾汉的传奇故事，如今依然是影视剧中的重要题材。最初诵唱罗宾汉的民谣，自15世纪起就已在手稿和印刷的书籍中出现了，它们似乎源于金雀花王朝治下一个不同的时代。它们的背景，显然是14世纪早期。当时执政的君主既不是约翰王，也不是“狮心王”理查，而是“我们的俊俏国王爱德华”（Edward, our comely king）——1495年前后伦敦印行的《罗宾汉演义》（*A Gest of Robyn Hood*）中，就是这样描述爱德华国王的。这位国王，极有可能就是爱德华一世（Edward Ⅰ），或者爱德华一世的孙子爱德华三世。

第五章
伦　敦

/ 语言、传说与姓氏

在北安普敦，围城战进行得很不顺利。叛乱贵族们在城堡外面安营扎寨，已有两个多星期了。他们已经自行打破了效忠国王的誓言，如今必须让国王知道他们这样做并非儿戏。据那位克劳兰编年史家记载："彼等锁禁堡门，于堡门及城墙四周部署卫兵，方始进击要塞之守军。"[139] 可形势日益表明，他们似乎选错了进攻的目标。文多弗的罗哲尔曾写道，15 天的鏖战之后，诸爵"几乎没有占到任何便宜"[140]。

北安普敦堡是一座精良宽敞、防御极其严密的皇家要塞，是"诺曼征服"后不久兴建的，坐落在北安普敦这个熙攘繁忙之集镇的西北角上。[141] 城堡起初是第一任北安普敦伯爵西蒙·森利斯（Simon Senlis）所建，但被英国国王亨利二世在 1154 年即其登基之年没收，然后永久性地被国王接管了。在金雀花王朝治下，这座城堡变得越来越繁荣兴旺。堡门之上，有精妙优雅的拱门和装饰性的石柱（1164 年，托马斯·贝克特毅然与亨利二世摊牌之后，就是从其中的一座拱门里逃出去的），而在维修保养方面，王室也不吝钱财。它是一座至关重要的战略要塞，有如一位巨大的石制哨兵，扼守着通往英格兰中部地区的大门。城中的人都用带有标志着金雀花王族的一只狮子的印章，来表明他们对国王的忠诚。[142] 约翰王是这座城堡的常客，平均每年要巡幸两次，而在统治期间，他还花了 300 英镑①来对城堡进行维护。

约翰王最近一次巡幸北安普敦城堡是在2月底，其间，他在当地的围场打了猎，也视察了城堡的防御情况。当时约翰王已经颁下圣旨，对看管北安普敦城的囚犯一事有详细的指示。[143]复活节前的那几个星期里，他又下了几道命令，要求守军确保城堡结构尽可能做到安全稳固，以防遭到攻击。北安普敦城堡为一条护城河环绕着，河中之水是从讷讷河引入的；城堡大门有土木防御工事保护，外庭面积达3英亩②，四周有一道坚固的围墙。为了让城堡变得更加安全，皇家林务吏奉命提供“木材与木料，以加固及保护朕之城堡”，同时王室还购买了1万支弩箭来充实城堡里的军械。为了防备可能出现的围城战，城堡中的食品储藏室里还储有“40夸脱小麦与24头已宰之猪”③。北安普敦已经做好了万全的准备，足以应付任何可能出现的局面。在5月的头几个星期，以菲茨沃尔特为首的英格兰贵族即将代价惨痛地看出这一点。

负责守卫城堡的，是杰弗里·德·马尔蒂尼（Geoffrey de Martigny），此人是约翰王最信任的一位副将、经验丰富的雇佣兵杰拉德·达西（Gerard d' Athée）的亲戚[144]。德·马尔蒂尼和达西原本都是法国都兰人，后者曾经驻守过洛什堡，那是金雀花王族在法国的最后一座城堡，在1203年至1204年腓力·奥古斯都进行的征战期间最终被攻陷。德·马尔蒂尼根本不是什么意志薄弱的王室奴才，而是与约翰王的雇佣兵中经验最丰富的战士达西关系密切之人，后者之所以被调到英

① 大概相当于如今的24万英镑（合370万美元）。——译者注

② 英亩（acre），英制面积单位，1英亩约合4047平方米。——译者注

③ 1夸脱（quarter）合8蒲式耳（bushel），因此40夸脱说明当时购买的小麦不少。度量谷物时，将体积转换成重量并不是很精确，但约翰王在1215年4月派人送至北安普敦的320蒲式耳小麦，重量可能高达9000公斤。——译者注

■ 约翰王坐像，选自《简明英国编年史》（*Abbreviatio chronicorum Angliae*）中的一幅手稿插画；此书是马修·帕里斯那部《盎格鲁史》的缩编版。在流行文化的代表作中，人们传统上都把约翰王塑造成一个恶棍；可许多历史学家却替他辩护，认为他拥有许多积极的品质，是一位能干、勤奋的君主。（图片来源：布里奇曼图像）

国，完全是因为此人具有在危急时刻为国王效力的本领。不过，德·马尔蒂尼也可以说像一个年迈体衰、毫无攻城大战经验的老太太，只不过当时仍然据守着北安普敦堡罢了，因为尽管菲茨沃尔特所率的军队兵力众多，他们却没有装备一台攻城器械。在过去三个月的大部分时间里，约翰王购买了众多的投石机和大型弩弓，送往全国各地的城堡要塞。叛乱诸爵却完全没有此类武器。这一点，最清楚地表明了国王在掌握的资源方面与手下大贵族之间的差异。由于没有重型弩炮，叛乱贵族根本就无法攻破北安普敦城堡那一道道经过了加固的城墙。叛乱贵族们唯一可用的战术，就是封锁，就是寄希望于守军会饿得乖乖地出城投降——可不经过漫长的等待，守军是决计不会这样干的。

■ 13世纪的伦敦，选自马修·帕里斯的《大编年史》中一幅地图的局部。历史悠久的圣保罗大教堂，屹立在城中的路德盖特山上。
［图片来源：中古史学家网（Medievalist.net）］

叛乱贵族们在北安普敦城堡外耗费的时日越久，局势对他们就越不利。据文多弗的罗哲尔记载，在这场围城战中，已有数人阵亡。最令人难堪的是，阵亡者当中竟然还包括菲茨沃尔特的旗手，此人“被弩箭射中头部而亡，令众人悲痛不已”。到了月中，有消息传来，说叛乱贵族若是往东移师至 20 英里外的贝德福德，就会受到那里的民众更热烈的欢迎。于是，他们便急急忙忙地结束围攻，离开了北安普敦城堡。抵达贝德福德之后，他们受到了威廉·德·博尚（William de Beauchamp）的“恭敬”相迎，此人是一位同情叛乱者的贵族，当时据守着贝德福德城中的城堡。[145]

到了此时，叛乱者的运气终于开始戏剧性地好转了。菲茨沃尔特刚一率军抵达贝德福德，伦敦城里来的信使也到了，与他们“暗通款曲，谓叛乱诸爵如欲攻占该城，宜从速而往”[146]。信使们还称，如果行动迅速，“上帝之师”就可把中南部地区的二流城堡抛在身后，直取英国的都城伦敦。机不可失，时不再来。用一位作家的话来说，叛乱者便急速赶往伦敦，“以攻（国王）之不备”[147]。

叛乱贵族们星夜兼程，在一个春日的早晨抵达了伦敦郊外。当时，明媚的阳光正洒在城墙之上。那一天，是 5 月 17 日星期天。伦敦城里 100 座教堂的大钟正在鸣响，因为“城中居民正在做礼拜”[148]。这种时机，再好不过了。其时早已有人向菲茨沃尔特及其手下进言，说他们无须采取进一步的军事行动，民众就会欢迎他们进城的，因为“富有的市民皆支持叛乱诸爵，穷苦百姓则莫敢有所怨言”。于是，在全城静悄悄、绝大多数伦敦人都在祈祷的时候，叛乱贵族们干脆继续进军，支持者则从旁协助，帮助他们登上了城墙。“彼等命己方卫兵掌控诸城门，后城中诸事皆凭彼等之意经略。”文多弗的罗哲尔如此写道。[149] 叛军抵达伦敦的时间，先于约翰王同父异母的弟弟、索尔兹伯里伯爵威廉·朗格斯佩，后者率领一支佛兰德斯雇佣兵向都城发起猛攻，希望为国王夺下这座城池，结果却徒劳无功。朗格斯佩在各座城门都遭到了痛击。他的失利产生了重大的影响。当时和如今一样，占领伦敦都是掌控整个英国的重要一步。

1215 年，菲茨沃尔特及其盟军抵达的伦敦，是一座兴旺繁华的都城，城中人口正在迅速增长，其规模、影响力和国际声誉早已超过了温彻斯特、诺威奇、约克，以及英国的其他一些主要城市。这个地方可以与巴黎及欧洲其他任何一座新兴都城相媲美。在 13 世纪的鼎盛时期，伦敦的人口还将达到 8 万左右[150]。威廉·马绍尔的传记作者曾将伦敦称为 “la bone vile”，即 “美轮美奂之城”[151]，许多与其同时代的人，肯定会完全同意他的观点。

■ 1205 年至 1207 年温彻斯特铸造的一枚银币。银币上面铸有 “亨利克斯”（Henricus）一词，其中的人像却是双眼圆瞪、盯着外面的约翰王。此人爱财如命。从 1204 年至 1214 年，他积聚了巨额的财富，尤其是积聚了大量的银币，使得他成了英国有史以来最富有的国王。
［图片来源：尼尔·霍尔姆斯版权所有（© Neil Holmes）/ 布里奇曼图像］

托马斯·贝克特的侍祭兼传记作者威廉·菲茨斯蒂芬（William Fitzstephen），可以帮助我们描绘出当

■ 15世纪的一部手稿中，描绘了中世纪晚期伦敦塔的模样。主楼“白塔”里曾经囚禁过法国的一位王室成员，即奥尔良公爵查理一世；它位于图中右侧，非常显眼。它的前面是泰晤士河，后面则是伦敦桥。
（图片来源：阿拉米图片库）

时伦敦可能的模样。菲茨斯蒂芬于 1173 年至 1174 年撰写的《托马斯·贝克特传》(*Life of Thomas Becket*)一书的前言中，以激情洋溢、辞藻华丽和浪漫赞歌的形式，歌颂了这座他称之为故乡的城市。菲茨斯蒂芬宣称，英国的这座都城“居世间宏伟与著名城市之首……其荣耀广播，远胜于他城，其财富与赀货，亦广达遥远之国度。可谓昂首屹立，雄视天下。”[152] 它完全可以让人们忘却巴黎、君士坦丁堡、威尼斯或者罗马。至少在菲茨斯蒂芬的眼中，伦敦就是一座天堂：那里有新鲜健康的空气、民众信仰基督教、军事力量强大、地形地势得天独厚、市民文化素质高、女人崇尚贞节、男人则竞技本领高强。在这座伟大城市的大街小巷里，学生们言笑晏晏，走卒贩夫只售卖最精美的珠宝、皮毛，而“众主妇……秀外慧中，有如萨宾女子”①。那里就是新的特洛伊城，就是“高贵者的丰饶之母”。

事实上，当时的伦敦城里，并非只有面颊红润的男子与贞洁少女之间的嬉戏打闹。这座城市，连同郊区的卫星城镇南华克(位于泰晤士河南岸)和威斯敏斯特(位于西边数英里外)，是英格兰东南部的商业、宗教、政治和军事中心。这座城市庞大、富裕且鱼龙混杂：其中，商贾和大臣、政客与买办相杂，他们有一种发达的和具有自身特色的集体意识，其首领人物都一心想要获得自由，希望不受王室干预。该市自有一种完善的内部管理体系，且理论上很民主(就算实践中并非如此)。城中的自由民参加所谓的“群众大会”和“竞选集会”，来审议处理城中的事务。该市的商贾都是受到监管的同业公会会员，城市本身则在地理上分成了数个行政单位，称为“区”(ward)。

① 古代历史上的萨宾女性曾以其美貌、气节和富有女性智慧而著称。公元前 750 年，她们曾挺身而出，站在交战的父亲(萨宾男性)和丈夫(罗马人，他们为了通婚而掳走了萨宾女人)之间。如此一来，尽管自己的生命受到了威胁，她们还是成功地促成了双方之间的和平。——译者注

■ 原圣保罗大教堂引人注目的中殿，选自 17 世纪温塞斯拉斯·霍拉（Wenceslas Hollar）所绘的一幅透视图。这座大教堂是 7 世纪伦敦主教圣埃尔肯瓦尔德（Saint Erkenwald）的埋骨之地，故在中世纪是一个广受民众欢迎的朝圣之地。

［图片来源：知识共享许可协议 3.0/ 鲍勃·卡斯尔拍摄，版权所有（© Bob Castl）］

各区都由市议员负责管理，委任的市议员往往都是从富有的精英家族中挑选出来的。这些家族，一代又一代担任公职，经验丰富。在 12 世纪和 13 世纪，伦敦的政治机构主要由 16 个家族掌控着，他们通过联姻和做生意，全都结成了一体。

我们可以看到，古罗马时期修建的城墙中，弥漫着人类生活的万千颜色与气味。城墙从东到西，蜿蜒环绕 3 英里远，所围面积达 330 英亩，其中的宫殿、市场与较为简朴的房屋、医院、酒馆等交相辉映。《修士尤斯塔奇》就是以这个时代为背景，讲述了一个真实存在的雇佣兵兼海盗的传奇故事。此书的作者认为，伦敦的特点就在于：这是一个可以建起宏伟华丽的宫殿，然后推倒，再把它们建得更加辉煌精美的地方。[154] 不过，在蒙茅斯的杰弗里那些广受欢迎、描述亚瑟王的伪历史故事中，这里也是英格兰传说中的国王康斯坦丁（Constantine）将仇敌莫德雷德（Mordred）那个正在一座修道院里避难的儿子残忍地杀害了的地方。[155]

伦敦有多条道路汇集，人们可以从这里迅速前往东南部的多佛和坎特伯雷，前往东安格利亚的科尔切斯特、剑桥和诺威奇，往西抵达牛津和温彻斯特之间的那条走廊，并且可以经由古罗马时期建的厄尔曼恩大道，前往林肯郡和约克郡。经由水路，伦敦与泰晤士河上游像温莎这样的富庶皇家所居地，以及下游像埃塞克斯和肯特之类的河口城镇相连。除此之外，伦敦还有通往欧洲大陆并且最终抵达世界上其他所有繁忙港口的海运线路。

伦敦城的南边，以泰晤士河为界，此河又深又宽，一天当中还会随着海潮急剧涨落，故水流湍急，非常危险。古罗马时期人们之所以兴建此城，并称之为“伦底纽姆”（Londinium），就是因为这里位于泰晤士河下游地势最低之处，人们可以安全过河。即便如此，泰晤士河仍是一条水面宽阔、有时甚至会让人送命的水路。伦敦桥是一座巨大巍峨的石制建筑，近 1000 英尺长，宽约 40 英尺，是唯一的过河通道。当时的伦敦桥上人来人往，商店与房屋鳞次栉比，环绕着桥中为纪念托马斯·贝克特而建的一座礼拜堂。数以百计的船只挤满了桥下的水域，搭载乘客在岸边上下，从河滨路（即连接伦敦与威斯敏斯特的那条路）上的一座座大厦到东边的码头和港口，从而让人们可以从岸边进入市里。这座石桥自1176年开始修建，到1209年才竣工，其中部分工程由一个叫伊森伯特（Isenbert）的人督造，他是一位建筑大师，此前曾在阿基坦的圣特斯和拉罗谢尔两地修建了一些精美的桥梁。[156] 1212年，一场火灾给这座新桥造成了严重的损坏，并让许多市民丧生，尽管重建工作正在进行，可此时离完工日期还远得很。

伦敦城的西边还有一条河，即弗利特河①，在后世称之为“缁衣修士”（Blackfriars）的那个地方注入泰晤士河。还有第三条水道，叫作“沃尔布鲁克”（Walbrook）。此河曾经将伦敦城中一分为二，只不过很久以前就已淤塞，只留下了一片沼泽或者荒野，占据了北边城墙之外的大片地方。

市中心的路德盖特山上，坐落着圣保罗大教堂。到1215年时，这座诺曼风格的大教堂业已经历了一个多世纪的修建。尽管在此后的6年里，大教堂的尖顶仍然没有建起，可它仍然高高耸立，俯视着将其环绕的整座城市。至少，它也跟英格兰以前的都城温彻斯特的那座大教堂一样高。教堂里面有一座很长的中殿，两侧有巨大的凹槽石柱支撑着。[157] 伦敦人曾经聚集在教堂的庭院之外闲谈、抗议，并且见证过各种各样的政治盛会。除了曾经是伦敦商业和行政中心的市政厅（Guildhall），圣保罗大教堂还是城里最重要的建筑。它既标志着城中各条要道交叉的地理中点，同时也是整座城市的宗教中心；其周围簇拥着几十座较小的教区教堂，供奉的是像马格努斯（Magnus）和

① 弗利特河（Fleet），伦敦最大的一条地下河（中世纪时为地上河），因fleet一词在英语中指“舰队”，故亦译“舰队河”，而伦敦的“舰队街”也得名于此河。此处从音译。——译者注

玛格丽特（Margaret）这样的圣徒，每隔几百码的距离就建有一座。当时，伦敦还有一些犹太人，他们人口虽少，却很了不起。市政厅附近建有一座犹太教会堂，会堂大门称为“跛子门”（Cripplegate），而门外就是英国历史最悠久的犹太人墓地。[158]

在河对岸的朗伯斯，坎特伯雷大主教和罗彻斯特大主教都有自己的府邸。其他一些神职人员则开始在河滨路的城墙之外兴建客栈、庙宇和宅邸。在柏孟塞有一座巨大的克吕尼派（Cluniac）修道院，而城内城外还建有数座医院，其中包括史密斯菲尔德的圣巴塞洛缪（St Bartholomew）这座了不起的修道院兼医院。5 月 17 日那个星期天的早晨，数百座教堂的大钟一齐鸣响就表明，在这座城市里，宗教仪式和宗教力量是市民生活中最重要的一个因素。

不过，就算伦敦是一个弥漫着宗教气氛的城市，它在很大程度上也是一座商业之都。城里有两个大市场，即“东市”（Eastcheap）和“西市”（Westcheap）。人们可以在市场里以物易物，购买生活必需品。其中的商品，都是用马车沿着连接伦敦和乡下的大路或者用船只从泰晤士河河口运来的。到 1215 年的时候，伦敦与世界各地都有了贸易往来。与佛兰德斯进行的羊毛和布匹贸易蓬勃发展，波尔多的红葡萄酒源源不断涌入伦敦。自约翰王的母亲即阿基坦的埃莉诺在 1154 年成为王后以来，波尔多便与英国有了直接的联系。1138 年，教皇派出的一位使节曾到访伦敦，看到修女们都披着饰有异国皮毛（如灰貂皮、黑貂皮、貂鼠皮和白鼬皮，其中大部分都产于波罗的海地区）的斗篷来去，此人觉得非常不安。[159] 在贝克特传记里，威廉·菲茨斯蒂芬也提到了来自中东地区的黄金、香料与熏香，来自斯泰基的武器，来自尼罗河河谷的珠宝和来自中国的华贵丝绸。就算他在这里显然犯了夸大其词的错误（因为到

那时为止，“斯泰基人”在如今属于伊朗的那个平原上生活的时间还不到800年，故他们似乎不太可能与英国人进行弓箭贸易），但我们仍然可以得知，当时这座都城的贸易网络已经覆盖到了数千英里之外。

不过，5月17日涌入伦敦的叛乱贵族却很清楚，尽管富甲一方、魅力无穷，可伦敦也有许多令人不快的阴暗面。德维斯的理查德对伦敦的描述，与菲茨斯蒂芬那种充满崇敬之情的说法形成了鲜明的对比。他是用一个虚构出来的、相当傲慢倔强的犹太人视角进行描述的，此人到过伦敦，却并不喜欢这座城市。“天下各国之形形色色者咸集于此，”他写道，“凡居于此地者，莫不犯下某种罪行……世间诸地之恶行，此城皆可见到。”接着，他又列举了这座城市的邪恶之处，比如拥挤不堪的餐馆、剧院和酒馆。他还写道，在伦敦的下层阶级中，“大言吹嘘者，多于全法兰西；寄生者不计其数。有伶人、小丑、肌滑肤嫩之翩翩小伙、摩尔人、马屁精、貌美少年、娘娘腔、好男色者、歌女舞女、江湖骗子、肚皮舞者、女巫、敲诈勒索者、夜间流浪者、魔术师、哑剧演员、乞丐、傻瓜……尔若无意与坏人为伍，则万不可居于伦敦”。[160]

连菲茨斯蒂芬也坦承，城市生活的光鲜显赫，偶尔会受到破坏，但是，此人愿意承认的最坏情况，不过是“傻瓜之酗酒和火灾频发”罢了。[161] 事实上，1212年7月那场火灾非但对伦敦桥造成了破坏，还烧毁了南华克和城区。[162] 而且，火灾并非当时伦敦那些房主面临的唯一问题，卫生和垃圾管理一直都是该市的两大难题。《建筑敕令》（*Assize of Buildings*）是一套详尽的规划条例，制定于1189年理查一世治下初期，其中不但规定了人行道、排水沟、拱门、

■ 伦敦塔里的老诺曼式城堡主楼。此塔由“征服者”威廉始建于11世纪70年代，当时它既是一个军事据点，也是英国国王及其扈从的居所。［图片来源：知识共享许可协议3.0/特里斯坦·萨特尔拍摄（Tristan Surtel）］

墙壁和门廊的高度和位置，还规定挖掘没有围墙的粪坑时，与邻家土地的距离不得少于 3.5 英尺。[163]

当时，大规模的民众骚乱也比较频繁。1196 年，威廉·菲佐斯伯恩（William Fitzosbern）领导伦敦的穷人发动了起义，号召穷人反抗他们的主子。此人是一位才华横溢、受过良好教育的公众演说家，以长有一部长髯而著称。那场起义结局惨烈。由于威胁到了国王，菲佐斯伯恩被困在一座起火的教堂里，并在试图逃脱的时候被人刺伤，然后拴在马后拖到泰伯恩刑场，处以绞刑。（这位起义领袖赴死时所用绞刑架的下方，后来变成了穷人的祭拜之地，他们祭拜之后，会捧走一抔又一抔泥土，以至于那里变成了一个令人不忍卒看的大坑。）[164]

关于伦敦最阴暗一面的奇闻逸事，在 1244 年皇家巡回法庭的法官们来到伦敦审理刑事案件时的卷宗中比比皆是。这些卷宗记录的是 1215 年后那一代人的案件审理情况，但其中描绘的行为和一桩桩小悲剧，既不受时间影响，也完全体现了中世纪城市里的典型生活。那些令人难过的法庭记录中描绘的世界里，完全没有像在结冰的沼泽上滑冰或者饱嗅异国香料之类的童话故事。我们从中得知，“伊莱亚斯·勒·波图尔（Elias le Pourtour）背着许多奶酪”却“倒在面包街上身亡”；伦敦治安吏手下的军士约翰·谢普（John Shep）则在把一名囚犯关进监狱的时候，“用力过猛，将犯人掼到监狱之最深处，令后者折颈而亡”。[165] 法官们还得知，有一个名叫威廉·德·戈德萨夫（William de Godeshalve）的人用刀子自尽；威廉·甘本（William Gambun）在从一条船爬到另一条船上之时掉入泰晤士河里溺水而故；约翰·德·拉·纽维隆德（John de la Neuwelonde）咬掉了劳伦斯·特平（Laurence Turpyn）的右手拇指；金斯敦的罗伯特（Robert of Kingston）则用斧子杀害了爱丽丝之子亚当（Adam, son of Alice）；此外，“一名年约8岁之女童，死于圣玛丽·萨默塞特（St Mary Somerset）教堂之墓地，人云为一妓女所弃”，而据推断，这名妓女应该就是女孩的母亲。[166]

在伦敦这座面积巨大、居民芜杂和人口拥挤之城的方方面面中，对菲茨沃尔特及其“上帝之师”而言，最有价值的可能还是其防御工事。伦敦城里有两座重要的城堡，即伦敦塔和贝纳尔德堡，二者都位于泰晤士河上。伦敦塔为国王所有，它有如一头硕大而凶狠的怪物，城坚墙厚，是王室权威的有力象征，自“征服者”威廉时期始建以来就赫然耸立在这座城市之上。（菲茨斯蒂芬告诉我们说，伦敦塔的墙壁“建于厚重之基座上，以用牲畜血液调和制成之灰浆固定”。）贝纳尔德堡则扼守着从泰晤士河上游前往伦敦的通道，是罗伯特·菲茨沃尔特本人在都城的势力大本营。为惩处菲茨沃尔特的不忠犯上与阴谋作乱，约翰王曾在1213年1月损毁过这座城堡。①但6个月后，约翰王又赦免了菲茨沃尔特，并将这座城堡物归原主。如今重掌城堡，再加上菲茨沃尔特与伦敦城里的商业利益集团之间具有错综复杂的联系，就让叛乱诸爵从一种有点儿绝望的处境，转而变得势力强大了。

据那位克劳兰编年史家所载，叛乱的菲茨沃尔特一方已经吸引了大批具有贵族血统的年轻人加入，他们都是“巨头之子

① 此时，距贝纳尔德堡受到破坏还不到两年。1213年7月，城堡归还给了菲茨沃尔特，故1215年时，那里很可能有点儿像个建筑工地。——译者注

女或孙辈”，参加叛乱是为了体验冒险经历，并且通过战斗扬名立万。[167] 但叛乱诸人绝对不是一帮仅仅由贵族利益集团组成的入侵者。因为伦敦本身与金雀花王朝历代国王之间的关系既有长久的渊源，又多少有点儿不和，故在 1215 年 5 月的最后几周里，伦敦人便看到了反抗约翰王的机会：他们或许能够借这场叛乱，迫使国王在实力衰落的时候做出让步。

从国王手中争取某些特殊的权利，逼迫国王答应伦敦独立，可以说是伦敦市民的一种专长。1130 年，他们就曾向亨利一世支付 100 马克，以确认伦敦市民能够选举该城的治安吏。斯蒂芬国王卷入那场被称为“无政府内乱”的战争之后，也曾让这座都城获得自由，以换取该市为他提供资金和军事支持，这种关系，终于在 1141 年获得了回报。当时，斯蒂芬的敌人即皇后玛蒂尔达在登基之前，被赶出了伦敦。理查一世在位初年，每当国王不在朝中时，手下的大臣几乎愿意考虑所有的提案，以换取真金白银来为他进行的十字军“东征”提供资金。因此，伦敦甚至获准选举出了该市的第一任市长。亨利·菲茨艾尔温（Henry Fitzailwyn）自 1191 年开始担任市长一职，直到 1212 年去世。由此，便开始了由一位本地选举出来的领导人独立自主地行使该市权力的悠久传统，且一直延续至今。[168] 菲茨艾尔温去世后不久，约翰王原本已经认可了这项权利。当时，他还将伦敦市所有历史悠久的自由权利都赐予了该市的市民。因此，到了 1215 年一个叫作“绸缎商塞尔洛”（Serlo the Mercer）的人当选市长之时，伦敦早已成了一座懂得如何将王室的束缚转化为自身优势的城市。叛乱贵族于 5 月抵达伦敦之后的那几个月里，伦敦又将要求约翰王做出许多的让步。

叛乱诸爵在伦敦站稳脚跟之后便断定，他们必须在一些更遥远的地方拥有盟友才行。据文多弗所载，他们“遣使前往英格兰各地，致信于看似依然忠于国王之众伯爵、男爵与骑士……以考虑各自财产之安全为胁，促其弃虚伪且向手下贵族开战之王而去并携手坚定对抗之，为自身之权利与和平而战；如若拒之，叛乱诸爵定将视之为公敌并向其宣战，定将损其城堡，焚其家园宅邸，毁其草地、公园与果园”[169]。叛乱诸爵在伦敦的行动同样毫不妥协：他们袭击了犹太人的房子，劫掠房主，还取走房下的石头，用于加固城中的防御工事。

叛乱贵族们悍然占领国都的结果，就是双方陷入了僵局。尽管军械、弩炮和兵力充沛，但约翰王若想围攻伦敦城，实际上是不可能成功的。他已经失去了两大关键性的资金来源，即位于威斯敏斯特的皇家国库与伦敦塔。但他仍然掌控着附近地区的一些城堡与庄园，英格兰也仍有许多位高权重的伯爵和男爵支持他；其中，既有他同父异母的弟弟威廉·朗格斯佩，有威廉·马绍尔，也有切斯特、康沃尔、沃伦和阿尔伯马尔等地的伯爵。国王率军在温彻斯特和温莎之间来来回回，监视着敌人在都城的行动。没过多久，形势就变得明朗起来：由于双方都无法击败对方，故给英国带来某种表面和平的办法，就只有谈判了。

从 5 月底到 6 月初，信使们一直在国王和藏身于贝纳尔德堡内及其周围的叛乱贵族之间来回奔波。虽说进展缓慢，但他们开始摸索出了一份和平协定的基础，约翰王可以批准这个协定，以换取敌人的解散。斯蒂芬·兰顿大主教虽在国王和叛乱诸爵之间进行调停，但他显然倾向于支持后者。其实，此人正是让约翰王以前陷入诸多问题的始作俑者。兰顿大主教将成为其间一位重要的调停者，随后还将为 1215 年 6 月问世的《大宪章》终稿在才智上做出意义深远的贡献。到 6 月 10 日，协定的条条框框已经变得很具体，而约翰王也做好了亲自会见叛乱诸爵的准备。双方选定的会晤场所，是泰晤士河上游一处宽广葱绿的河畔草地，那里距伦敦有20英里之遥。《大宪章》中，将把此地称为“温莎与斯坦尼斯（Staines）之间一处名叫兰尼美德的草地”（in prato quod vocatur Ronimed inter Windlesoram et Stanes）。

语言、传说与姓氏

1215年的英格兰是一个多种语言并行的王国。当时人们使用三种主要语言，即拉丁语、法语和英语；只不过，有小部分地区的人也使用其他语言，其中包括威尔士语、康沃尔语和希伯来语。这些语言之间的相互作用，就说明了社会本身的分化方式。

拉丁语既是当时的教会和法律用语，也是一种国际语言。受过教育的精英阶层在整个基督教世界和其他地方，都可以用这种语言进行交流。接受拉丁语教育，是神职人员的标志；而精通拉丁语，则说明一个人才智超群。拉丁语也是教堂做礼拜和《圣经》里的经文用的语言。当时的法律诉讼，是用拉丁语口头进行审理的（至少在教会法庭上是如此），而诉讼文件则由政府官吏用拉丁文加以记录。当时，任何一个对古人使用的这种语言没有实用知识的人，显然都无法参与知识分子与官僚之间的交谈；甚至在文学圈子里，人们对熟练运用拉丁语的程度也十分挑剔。

此外，拉丁文还是那个时代几乎所有的编年史和鸿篇巨制用的语言，而像威尔士的杰拉尔德和沃尔特·曼普、文多弗的罗哲尔与马修·帕里斯之类的作家，也都为自己能够写出优美的拉丁文，以及经常能够在论述中引用古代作家和《圣经》中人们耳熟能详的语句而自豪。引用古代作家与经文的频率表明，这些与宫廷具有密切联系的作家当中，许多人至少是同时在两个层面上写作的：一方面，他们会对事件进行直截了当的描述；另一方面，他们也逐渐形成了一整套的谐语和掌故，在当时只有文化程度最高的读者看得懂，到如今多半连学者也看不懂了。

因此，拉丁语既是执行朝廷公务的工具，也是社会和文化精英阶层用的一种工具。自然，《大宪章》也是用拉丁文撰写的。与大多数官方文件一样，其中的拉丁文经常被缩写为速记符号，代表为了节省篇幅而略掉的部分单词（尤其是词尾）。这种掐头去尾的书写方式，对 13 世纪的抄写员来说完全是一件寻常之事。他们在查阅官方文件时，都会在心中将缺失的字母补全。然而，对于不懂官方速记特点的人来说，当时的令状、宪章和信函都显得密密麻麻、难以理解，令人大感气馁。

如果说拉丁语将神职人员与一般信徒区分开来了，那么区分贫富的，则是对法语和英语的使用与理解。自 1066 年“诺曼征服”以来，英国历代国王一直都是说法语，只不过，他们并非只讲法语。据说，亨利二世会讲从英吉利海峡到“圣地”之间各地所说的绝大多数语言。但是，沃尔特·曼普却称，“王唯用法、拉二语”[170]。到了约翰王那个时代，宫廷里仍以法语为口语，这一点并不令人觉得惊讶。约翰王的父母都讲法语，而他的哥哥理查及嫂子昂古莱姆的伊莎贝拉也是如此。但这并不是说，英国人所讲的法语与其他地方所讲的法语完全一样。正如法国南北之间的方言与口音大不相同一样［分别称为“奥依语”（langue d’oïl）和“奥克语”（langue d’oc），这是根据南北双方所用的“是”一词不同而划分的］，英国人所说的法语

■ 马修·帕里斯的自画像，选自其《盎格鲁史》。当时的修士编年史家中，有些人为我们留下了金雀花王朝治下的英格兰一些最生动的史料，只是他们偶尔也会歪曲事实。
［图片来源：通用图片组（Universal Images Group）/ 盖蒂图片社］

其实与巴黎人所说的法语也大不一样。沃尔特·曼普的伟大作品其实是用漫谈的方式描述宫廷政治，其中记载说，侮辱别人法语说得不好的办法，就是说他们讲的是“马尔伯勒式法语”，因为据说在马尔伯勒“有泉于此，世人皆云：若品此泉，法语即鄙”[171]。这种所谓的语言等级，就反映了在英吉利海峡对面的法兰西出生和长大者心怀所谓的文化优越感。因此，年轻的威廉·马绍尔没有被送到土生土长的英格兰王国内的另一个地方，而是被送到了海峡对面即诺曼底的唐卡维尔当了8年的侍从，就不足为奇了。从这个方面来看，马绍尔的传记是用“诺曼法语”（Norman French）写成，来颂扬他这个自诩英国骑士与贵族典范的人，同样是不足为奇的。

直到14世纪中叶，金雀花王朝治下的英国才开始将英语

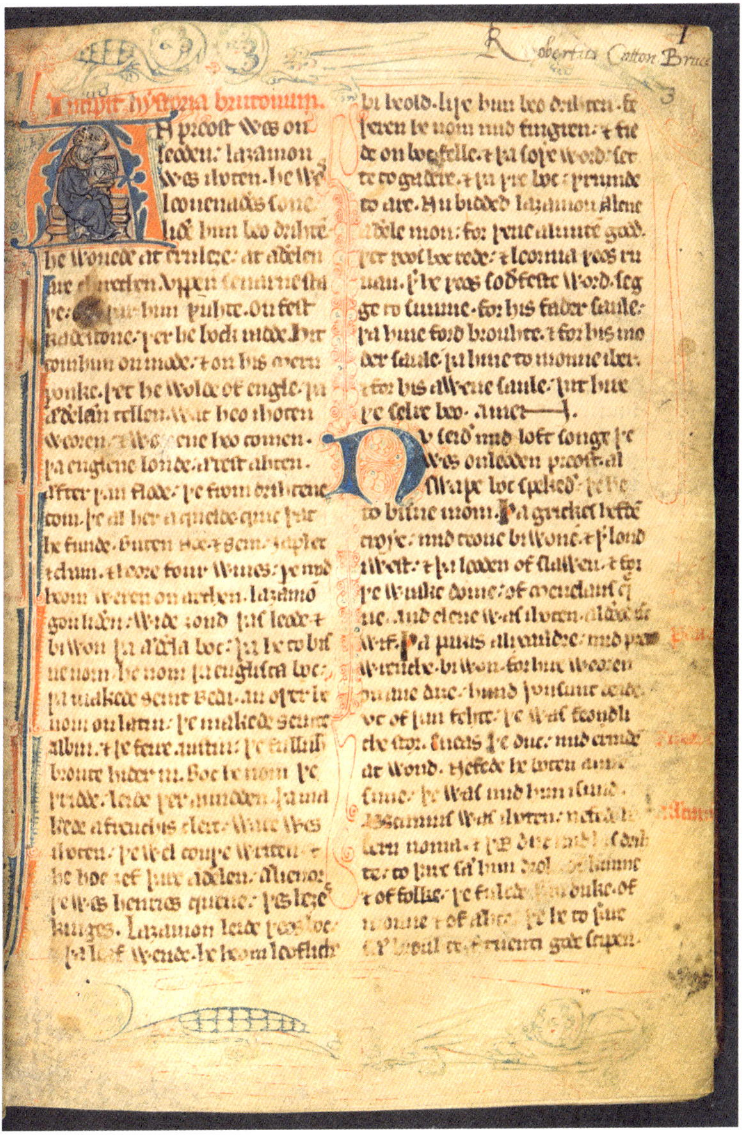

■《布鲁特》(*Brut*)中的一页，这是伍斯特郡牧师雷亚孟(Layamon)所著的一部英国史。此书用中世纪英语撰写而成，而此种形式的英语从“诺曼征服”时期一直蓬勃发展到了 15 世纪晚期。

[图片来源：勒布雷希特作家组(Lebrecht Authors)/布里奇曼图像]

作为法庭辩论、议会辩论或者给宫廷恩主赋诗写词时所用的语言。不过，就算法语在 1215 年是英国精英阶层的通用语言，当时的大多数民众却并未高度重视或者广泛使用这种语言。大多数民众说的都是英语，而且，由于“诺曼征服”摧毁了这种母语的所有“国家”标准，所以他们说的是各种各样的方言，有时连相邻的两个郡县之间都大不一样。[172] 偏远郡县的民众，可能很难理解彼此之间的话语。尽管如此，在整个中世纪，英语这种口语还是在普通民众中留存了下来，而其生命力则意味着，差不多从农奴到王公贵族的每一个人，都须掌握这门语言的实用知识；即便势利心态曾令其中一些人尽量用拉丁语或者法语进行交流，也是如此。

1215 年之前，英语损失最为严重的一个方面，就在于它作为一种书面语言运用得很少。盎格鲁 - 撒克逊人讲的古英语已经被取代，它不再是政府与官僚机构、纪事与撰述历史时用的语言。虽然有些作家继续使用当地的方言记述圣徒的生平、赋写叙事诗，但在拉丁语与法语盛行的一个时代（但后者不如前者那么盛行），这些都只能算是例外。正如一位历史学家指出的那样，蒙茅斯的杰弗里在 12 世纪中叶所著、用拉丁语撰写的那部亚瑟王史诗，即《不列颠诸王传》（*History of the Kings of Britain*），现存的中世纪版本约有 200 种之多，可同一时期保存下来的各种英语手稿，加起来却不到 200 种。[173] 尽管如此，作为一种严肃的学术用语，甚至是作为一种娱乐消遣用语，英语并没有完全消亡。比如说，在 1190 年至 1215 年，英国牧师雷亚孟就完成了长达 1.6 万行的史诗巨著《布鲁特》。此作在性质和内容上都与蒙茅斯的杰弗里那部巨著相似，实际上此作最终也借鉴了后者，只不过是用方言所撰而已。

因此，1215 年的英格兰是一个拥有多种语言的国度，虽说不是一座巴别塔[①]，但这里无疑是一个根据所用语言来对人们进行区分与界定的地方。最能清楚地看出语言反映了社会分化情况的，莫过于姓氏领域。参与制定《大宪章》的王室与贵族双方成员的名字，无一例外都带有欧洲大陆的色彩。在《大宪章》里，约翰王被称为“约翰内斯”（Johannes），可陪同人员其实更熟悉他的法语名字，即“让”（Jean）。约翰王是一个叫作“亨利”的国王的儿子，其弟兄的名字分别是威廉、亨利、理查和杰弗里。在 1215 年，这些名字全都带有明显的法语腔调，非常切合这个源于安茹、诺曼底和阿基坦而非英格兰的王族。

国王身边那些富甲天下、有权有势者的名字，也一律不带有英国色彩。坎特伯雷大主教名叫斯蒂芬；叛乱贵族一方两位最显赫的领袖人物，分别叫作罗伯特·菲茨沃尔特和尤斯塔斯·德·维希。双方当中，还有更多叫作罗伯特、理查、亨利和杰弗里的人。就连我们发现与《大宪章》有关的、寥寥几个不同寻常的名字，比如说萨伊尔·德·昆西，或者伦敦市长“绸缎商塞尔洛”之类的人，原本也来自英吉利海峡对面。至于传统的盎格鲁-撒克逊名字，却一个也没有，比如埃德蒙（Edmund）和爱德华（Edward），更别说埃德维格（Edwig）和艾瑟斯坦（Ethelstan）了。这种情况说明，自 1066 年以来，诺曼人已经对英国贵族的生活进行了彻底的殖民化。

① 巴别塔（Babel），宗教传说中的一座高塔。据说，远古时期人类曾经联合起来建造一座高塔，希望由此通往天堂；上帝为了阻止人类，便让人类说不同的语言，使之相互无法沟通，人类的计划也因此而失败。故事见于《圣经·旧约》。——译者注

然而，在这份宪章之外，情况就大不一样了。记录宫廷活动的“君主法庭”（Curia Regis）卷轴表明，对于英格兰的普通百姓来说，整个世界听上去大不相同。[174]在一桩案件中，黑斯廷斯的埃德蒙（Edmund of Hastings）与其妻珮特罗尼拉（Petronilla）[175]曾在苏塞克斯郡的法庭出庭受审。同一卷轴中，并非只有埃德蒙这一个古老的名字。我们还会看到艾尔诺斯（Ailnoth）、埃德里克（Edric）、奥德加（Odgar）、乌特雷德（Ughtred）、古尼尔达（Gunilda）和福萨尔夫（Forthulf）之类的名字。此外，甚至还有更加稀奇古怪的名字，比如普佩林（Pupelin）、哈梅林（Hamelin）、斯宾朵拉（Spendora）、奇勒鲁夫（Chilleluve）、厄尔蒙加达（Ermengarda）、布亚蒙德（Buiamond）、戈尔德霍伊克（Goldhauec）、迪耶拉纳（Dierana）和赫姆弗里德（Hemfrid）。

当然，除了名字，1215年以后存世的史料中出现的大多数人名中，还有我们如今所称的姓氏。姓氏可以用多种方式生成，并且通常都与名字有关，多是在名字当中加上一个带有连接作用的冠词，比如“德”（de）、“勒”（le）、“艾特”（atte）、“菲茨”（Fitz）、“之妻”（wife of）、“之女”（daughter of），等等。诚如一位近代作家所言：“无论是贵族还是平头百姓，中世纪的名字都源自地点、职业、特征或者源于父名。”[176]

对1215年的贵族家族来说，姓氏往往都是世袭得来的，反映了一位显赫的祖先、家族发源地或者担任过的一种官职。到了此时，中世纪一些大贵族世家都已确立了他们的姓氏，并以当时的25位执行贵族为代表，比如牛津伯爵罗伯特·德·维尔（Robert de Vere）和诺福克伯爵罗杰·比格德（Roger Bigod）。然而，对于下层社会来说，情况要自由得多，固定姓氏也远不那么常见了。

女性可以简单地把夫姓加到自己的名字里面。比如，前文提到的黑斯廷斯的埃德蒙和珮特罗尼拉一案中，这对夫妇在法庭记录中的名字就是“黑斯廷斯的埃德蒙及其妻子珮特罗尼拉”（Edmundo de Hasting et Petronille uxori sue）。儿童的情况也是如此：他们通常被人们简单地称为“罗伯特之子约翰”，或者根据同一种逻辑，称为“西奥里克之子哈姆林”（Hamlin, son of Theoric）。[这种制度偶尔也会变得非常复杂：比如，一个叫“罗伯特·德·博姆斯（Robert de Beaumes）之妻艾美西娅（Amicia）之子约翰”的孩子在成长过程中，一定会希望自己的人生有所成就，好让人们较易辨认出他。]

还有一些姓氏，则会说明拥有此种姓氏者的一些情况。“外国人”是很容易辨识的，比如，以“布雷顿”（Breton）、“佛莱明”（Fleming）和“达内斯”（Daneis）为姓的人，或者离英国更近一点儿，名为“托马斯·德·林肯”（Thomas de Lincoln）和“玛乔丽·德·伊夫舍姆”（Marjory de Evesham）之类的人，都属于“外国人”。但在人们很少迁徙的年代，更多的姓氏则与人们的工作有关。比如说，“阿彻尔”（Archer）、“巴特勒”（Butler）、“卡本特”（Carpenter）、“克拉克”（Clerk）、“康斯特布尔”（Constable）、“康恩默钱特”（Cornmerchant）、“梅厄”（Mayor）、“蒙克”（Monk）、“谢泼德”（Shepherd）和“温特勒”（Vintner）之类的姓氏，都是如此。随着斗转星移，这些“由职业转变而成的”姓氏本身也成了世袭的姓氏。因此，我们如今既不可能确知一个姓“阿彻尔”的人是否终生射箭，也不可能确知此人的父亲是否从事过射箭的职业了[①]。

① 此处所列的“阿彻尔”等姓氏，本义都指从事某种职业的人。如 Archer（阿彻尔）本义指“弓箭手”，Butler（巴特勒）本义指“男管家”，等等。只不过转变成姓氏之后，首字母要大写，而我们在翻译时，也多从音译而不会再意译了。亦请参见第八章。——译者注

像“私生子”（the Barstard）和“寡妇”（the Widow）这样的名字，基本反映的是家庭地位，而有些姓氏则完全由绰号转变而来。我们无须多想就能明白，一个人为何会叫作“沃尔特·普雷”（Walter Pure）、“简单者约翰”（John the Simple）、“罗伯特·佩瑞尔”（Robert Perjure）或者“约翰·普里克哈德”（John Prikehard），更不用说“聋子罗杰”（Roger the Deaf）或者“秃头杰弗里”（Geoffrey the Bald）这种名字了。当然，给人起绰号的习惯，也并非英国的农民阶层才有。要知道，约翰王年轻时也不得不忍受被人叫作“无地约翰”（英文为 John Lackland，法语为 Jean sans Terre）的屈辱，而在 1203 年至 1204 年失去诺曼底之后，他又曾被人们戏称为“软剑约翰”（英文为 John Softsword，法语为 Johannem molle gladium）呢。

第六章 兰尼美德

/ 妻子、寡妇与孩童

兰尼美德是一片绿树成荫、满眼苍翠的草地，位于伦敦以西约 20 英里的地方。那里地势低洼、空气潮湿，泰晤士河从中穿过并加以灌溉，西面缓缓抬升，形成了如今所称的库珀山。自撒克逊时代以来，兰尼美德就被人们视为一个门户之地：那里既是一道门槛、一处边界和一个无主之地，也是古老的政治会晤地点，因为传统上争执双方都是到这种中立之地来解决他们的分歧。“兰尼美德”的名字之中，就体现了这种作用，因为它是由三个古英语单词构成的，即 rūn、ēg 和 mæd，依次分指“商议和协商之地”、“并非为水所环绕，而是为沼泽或低矮山丘所环绕的岛屿”以及简单的“草地”几个概念。[177] 这里确实是一位国王有可能采纳谏议的一处湿地。1215 年，这里变得众所周知了。用于描述此地的拉丁词汇，通常都是 pratum，意指一片广袤而茂盛的草地。不过，马修·帕里斯写道，这里之所以得名“兰尼美德”，是因为它“自古以来”就是一个为了王国之和平而召开会议的地方。[178]

在兰尼美德这样的门户之地达成政治交易，是英国历史上的一种重要传统。1016 年，相互为敌的克努特（Cnut）国王与埃德蒙·艾恩塞德（Edmund Ironside）国王曾在塞汶河上的奥尔尼岛会晤盟誓，同意将王国一分为二，各自为政。人们还认为，“忏悔者”爱德华于 1041 年接见大乡绅并且同意其登基条件的地点“赫斯特舍维特”，就是赫斯特角上的沙咀。至于赫斯特角，就是汉普郡和怀特岛之间往海中突出的那个岬角。[179] 在兰尼美德举行和平会议，有可能就是对这种传统的认可。同样，我们也可以推断，在1215年夏季，兰尼美德完全就是约翰王与叛乱贵族会面时一个理想的实用之地。这里位于西北方向的温莎与叛乱贵族所据的伦敦之间。叛乱贵族可以取道一个叫作“斯坦尼斯”的小镇，来到这片草地上。斯坦尼斯镇位于从温莎方向而来的泰晤士河对岸，且只有经由两地之间的那条路，才可以到达兰尼美德。因此，双方都不可能要什么花招：他们既不可能从一个让人意想不到的方向伏击会晤地点，彼此之间也不可能从各自的大本营向对方发动突然袭击。就算哪一方心存如此鲁莽的想法，兰尼美德也不可能被当成一个合理的战场，因为那里的地面太过柔软。

1215年6月的第二个星期里，这片渍水草甸上挤了数百人。编年史家考格斯霍尔的拉尔夫（Ralph of Coggeshall）曾经写道，叛乱贵族们“携大批声名显赫之骑士，全副武装，齐聚于此”。[180] 他们在草地对面支起了帐篷。很有可能，其中的许多帐篷上都标有叛乱贵族首领的纹章，其中包括菲茨沃尔特，他的战友温彻斯特伯爵萨伊尔·德·昆西、杰弗里·德·曼德维尔、尤斯塔斯·德·维希，以及英格兰另外两位最大的领主，即诺福克伯爵罗杰·比格德和克莱尔伯爵理查；他们都有王室颁发的安全通行证所保护。国王一方则在另一边安下营寨，驻扎在巨大的半永久性帐篷里。这些帐篷上面，很可能飘扬着约翰王当年春季订购的皇家旗帜，上面用金色的丝线绣有标志着金雀花王族的狮子。[181]

约翰王本人并没有来到兰尼美德扎营，而是大部分时间都待在温莎城堡，留在那座傲然耸立的城堡主楼上的公寓里。温莎城堡屹立在一座白垩悬崖之上，俯瞰着泰晤士河。[182]他在城堡里接见了一些访客。其中有一位，就是未来的圣埃德蒙兹伯里修道院院长休（Hugh）。此人在向国王确认自己的任命时，曾在城堡里觐见了国王。而需要前往兰尼美德时，约翰王则是骑马或者坐船顺流而下。他的主要谋士都是教会中人，比如兰顿大主教、都柏林大主教亨利、伦敦主教威廉，以及其他一些人；另外还有几位忠心耿耿的贵族，包括他同父异母的弟弟朗格斯佩、威廉·马绍尔、沃伦伯爵和阿伦德尔伯爵，等等①。在与他们讨论时，约翰王究竟有何种个人想法，我们不得而知。他不太可能因为要彬彬有礼地跟菲茨沃尔特和德·维希这样的人打交道而激动不已，因为后者最近还在密谋刺杀他。但他没有太多的选择余地。马修·帕里斯后来虽然到13世纪才去撰述这些在他只有15岁时发生的事件，却依然描绘了一位国王在谈判过程中引人注目而又看似可信的形象。帕里斯曾写道，约翰王尽管在公众面前显得魅力非凡，可在背后却“咬牙切齿、眼睛乱转，抓起棍子与稻草，宛如疯子一般啃咬”。[183]他的确有可能这样。6月初讨论的那份协议，将提出一些令人震惊的新限制措施，对英国未来所有国王随心所欲地统治国家的能力进行制约。

① 《大宪章》的序言中，列出了约翰王的谋臣，他们是：“坎特伯雷大主教兼全英格兰主教长与神圣罗马教会红衣主教斯蒂芬、都柏林大主教亨利、伦敦主教威廉、温彻斯特主教彼得（Peter）、巴斯和格拉斯顿伯里主教约瑟林（Joscelin）、林肯郡主教休、伍斯特主教沃尔特、考文垂主教威廉、罗彻斯特主教本尼迪克特（Benedict）、教皇陛下之副执事兼其密友潘道夫长老（Master Pandulf）、英格兰圣殿骑士团总团长艾梅里克兄弟（Brother Eymeric）等可敬之神父，以及彭布罗克伯爵威廉·马绍尔、索尔兹伯里伯爵威廉、沃伦伯爵威廉、阿伦德尔伯爵威廉、苏格兰治安吏加洛韦的艾伦（Alan of Galloway）、沃林·菲茨格罗德（Warin FitzGerold）、彼得·菲茨赫伯特（Peter FitzHerbert）、普瓦图总管休伯特·德·伯格（Hubert de Burgh）、休·德·内维尔、马修·菲茨赫伯特（Matthew FitzHerbert）、托马斯·巴塞特（Thomas Basset）、艾伦·巴塞特（Alan Basset）、菲利普·达比尼（Philip d’Aubigny）、罗普斯利的罗伯特（Robert of Ropsley）、约翰·马绍尔（John Marshal）、约翰·菲茨休（John FitzHugh）诸伟士与吾国其余忠顺臣民。”——译者注

5月下旬从王国各地传到约翰王那里的消息，一点儿也不令他觉得振奋。除了叛乱诸爵封锁了伦敦的各座城门，令他无法进出之外，林肯郡和德文郡两地也爆发了叛乱。西部的威尔士人正在其领袖罗埃林大王（Llywelyn ap Iorwerth）的率领下造反，并且已经进军，要攻取什鲁斯伯里。北方也有可能出现了类似的外部反对势力，因为苏格兰的亚历山大二世（Alexander Ⅱ）准备与英格兰的“北方佬”结盟。我们不难想象，腓力·奥古斯都正在法国满意地咂着嘴，津津有味地欣赏着这个属于金雀花王族的敌人每分每秒的不安。

因此，伦敦被占之后仅仅过了一个星期，约翰王便开始与

■ 兰尼美德对面泰晤士河畔的安克维克紫杉树，如今可能已有2000多岁，它活生生地将金雀花王朝初期的英格兰与我们联系起来了。
［图片来源：克莱夫·柯利（Clive Collie）/阿拉米图片库］

叛乱诸爵进行谈判，提出后者可以在安全通行证的保护之下，前来与他商谈。其中的一份通行证，在5月25日那个星期一被颁发给了萨伊尔·德·昆西。两天之后，另一份安全通行证则被颁发给了斯蒂芬·兰顿大主教，允许他前往斯坦尼斯，“祈求朕与诸爵讲和”。[184] 此时，约翰王开始直接与其敌人接触，而双方谈判的居间调停者，就是兰顿大主教。

一开始的时候，约翰王并没有一门心思想着和平与和解。都柏林大主教奉旨准备好了“两艘装备精良、船员剽悍的上好帆船”，供威廉·马绍尔使用。威廉·朗格斯佩则受命率领400名威尔士兵，守卫着索尔兹伯里。[185] 在温彻斯特，约翰王还集结了大批从普瓦图召回来的外籍雇佣兵。6月的第一周开始进入圣灵降临节，于是约翰王趁此机会到温彻斯特去了一趟，花了几天时间视察手下的军队。与此同时，他还对与其为敌的叛乱贵族采取了直接的挑衅行动：约翰王没收了叛乱者杰弗里·德·曼德维尔和休·德·博尚（Hugh de Beauchamp，此人是贝德福德城堡的堡主，5月初曾经收留过叛乱诸爵）两人的领地，然后分别转赐给了他的朋友，即莫汶的萨瓦里奇和哈斯卡尔夫·德·苏利尼（Hasculf de Suligny）。[186] 尽管如此，约翰王还是开始感受到丧失国库带来的财政压力了。6月11日，一封发往斯卡伯勒的函令表明，约翰王当时正在想尽一切办法，将债务人的欠款转给债权人，以支付他拖欠手下仆役和弓弩兵的薪水。[187] 随着时间一天一天过去，国王也越来越有可能与叛乱贵族们达成妥协，来为自己争取重新部署的时间了。

到了6月的第二个星期，诸爵提出的条款已经得到了很好的充实。对于起草这些条款的过程，我们的了解达到了令人惊讶的程度，因为除了《无名宪章》（它代表着叛乱贵族在1215年初春某个时候的要求），如今还有约翰王的敌人谋求颁布的

《大宪章》的一份工作草案存世，值得我们注意。那份草案史称《男爵法案》(*Articles of the Barons*)。书写这些条款的羊皮纸上，盖有皇家印玺认证，且极有可能由兰顿大主教保管着，因为人们最终是在坎特伯雷大教堂的档案里发现那份文件的。

到了起草《男爵法案》的时候，叛乱贵族与国王双方的和平愿景都有了显著的发展。法案一开始就写道，"以下条款皆为诸爵所求，并由国王陛下允准"；其后列有49条要求，范围涵盖各种主题，从遗产继承到婚姻，到商贾之权利及国王手下官吏逮捕臣民的权力，包罗万象。[188] 国王应当把手下的外籍雇佣兵逐出王国，并且不得允许一批指定的外国谋士再为其效力。除非获得公意之许可，"经王国上下共同商定"，否则国王不得征收免除兵役税。约翰王留置的威尔士和苏格兰人质，应当释放归家。

其中没有再提及亨利一世的加冕宪章。相反，这份文件坚定地希望与国王达成一份最终且具有约束力的协议，国王显然也应当迅速将这份协议诏告天下。文件中的第一条，就要求国王承诺对继承人继承遗产时的应纳税款设定限额，并且说明，具体税额"应在宪章中申明"(exprimendum in carta)。最后一条则再次提到了"陛下之宪章"，提到了"宪章中应当确定"(determinandum in carta)一个期限。换言之，《男爵法案》是根据这样一种共识起草的：约翰王很快就会做出某种更加重大的和解姿态，而法案中列出的所有争议事项，也将最终得到处理。

虽然《男爵法案》中没有记载日期，但我们有理由认为，约翰王加盖了御玺且留存至今的那份文件，应该是6月10日那个星期三起草的。[189] 当时，一场旷日持久的谈判已经开始，而法案中针对伦敦人、威尔士人和苏格兰人的让步条款则表

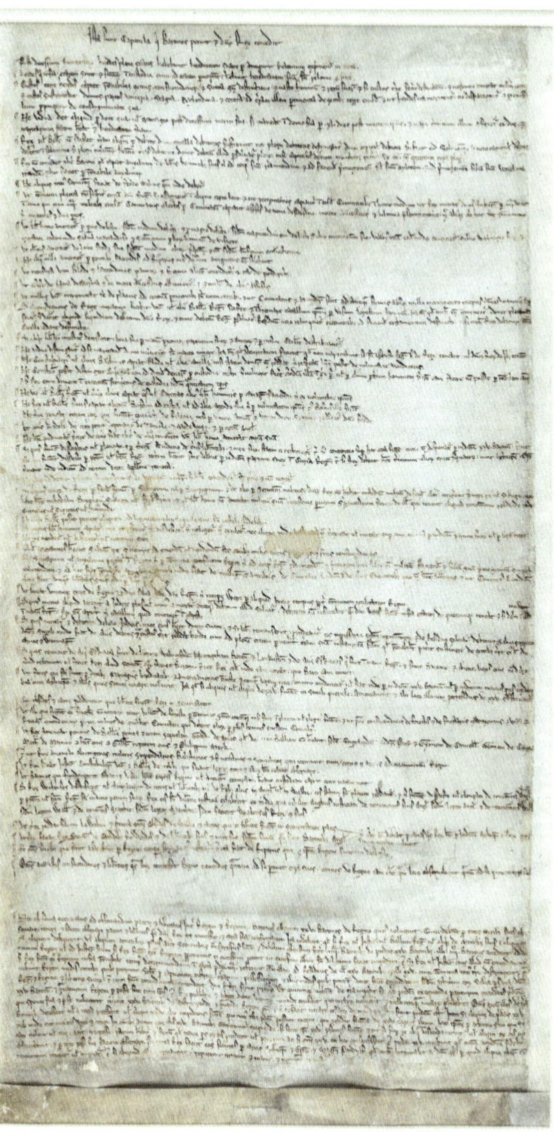

■ 史称《男爵法案》的文件，未标注日期。它实际上是《大宪章》（1215 年 6 月）的一份工作草案，其中的内容显然是国王与叛乱诸爵后期谈判的产物。（图片来源：大英图书馆版权所有 / 布里奇曼图像）

明，随着新盟友的加入，叛乱贵族的要求也越来越多。于是，他们也开始考虑到贵族以下各个社会阶层的利益，比如说，其中有些条款确保国王不允许贵族利用手下所负的封建义务去剥削他们；还有一条，则限制了手下骑士对贵族所负的封建义务。各种各样的利益集团都悄然加入了谈判当中。草案当中也含有一些重大的漏洞。比如说，其中几乎没有提及约翰王对教会所负的义务。考虑到兰顿大主教在谈判中是一个引人注目的人物，而约翰王也高调宣称过自己业已忏悔、重新皈依基督教并与罗马教廷结成了同盟，这一点实在令人觉得惊讶。但总的来说，《男爵法案》表明，到当年 6 月的第二个星期，约翰王就被迫做出了让步。其中，整个英格兰（实际上是整个不列颠）的政治社会很可能至少都提出了一些小小的诉求。

但是，《男爵法案》显然并不是最终的协议。法案只是向我们展示了和平协议的基本情况，即达成和平条约的前景诱人，很快就会实现。6 月初，王室和叛乱贵族双方的代表对这些条款进行了讨论。在 6 月 8 日（星期一）到 6 月 11 日（星期四）这几天里，贵族们得到了国王颁发的更多安全通行证，获准来到了“斯坦尼斯”（那里差不多就是指兰尼美德）。6 月 10 日是星期三，约翰王亲自从温莎城堡来到了兰尼美德，并且显然与其谋士及对手们深入讨论了一整天，因为圣埃德蒙兹伯里修道院的院长前来觐见国王的时候，他不得不等候“良久”。[191] 5 天之后，《男爵法案》将最终定型为一份协定，史称《大宪章》。

6 月 10 日是星期三，约翰王在温莎城堡与休这位圣埃德

蒙兹伯里修道院院长共进了晚餐。饭后，两人一起坐在王室里的龙床之上，“就诸多事情进行密谈”。记录此事的编年史家说到此处就打住了，这既令人觉得沮丧，又让人觉得很神秘。不过，此人还暗示出，约翰王当时很不耐烦，因为他对修道院院长的一名陪同人员大发雷霆，因为一句无关痛痒的话而对后者大喊大叫，直到那个倒霉蛋“满脸通红”，主动退下去才作罢。[192] 院长同约翰王之间还密谈了些什么，我们如今是无从得知了。不过，认为他们在讨论中必然涉及了到下游兰尼美德发生的事情，并不算异想天开。当天，休一直都在兰尼美德等候着约翰王。他看到，叛乱贵族和诸爵手下的骑士、仆从及文书都在那片草地上转悠，其中有些人正与国王讨论《男爵法案》中提到的条款，而其他人大概也像他一样，只是在四下闲逛。就算当时他还不知道，接下来他也定然会直接从约翰王那里得知，《男爵法案》已经盖上了御玺，而和平进程的最后阶段也即将到来：一份内容完备的协议差不多已经准备就绪，只待确认、正式批准和诏告王国上下了。他可能已得知，这些方面很快就会实施。同一天，约翰王还在温莎将他颁发给叛乱诸爵的安全通行证的期限延长了 4 天。诸爵将在 6 月 15 日星期一回到兰尼美德，再次与约翰王进行会谈。到那时，双方之间很可能会签署协议。

于是，事情就这样成了。6 月 14 日，王室内府将庆祝圣三一主日节。在纪念这个节日的教堂礼拜仪式上，他们将聆听《圣约翰启示录》（*Revelation of St John*）第 4 章中的一段经文。[193] 如果其中有人（也包括国王）想要看一看接下来那一周的征兆，那么，他们可能会在经文给出的那种奇怪而具有启示性的异象中看到：24 位头戴王冠的长老，正向宝座上一位全身呈深红宝石色的圣灵俯首鞠躬；宝座为一道彩虹环绕，彩虹熠熠生辉，散发出绿宝石般的光芒。约翰王喜爱鲜艳闪亮的珠宝，这一点尽人皆知。而他对这节经文的兴趣，可能受到了经文最后几句话的进一步激发，因为它们描述的是长老们在主人的宝座之前俯首鞠躬、纷纷扔掉各自所戴王冠的情景。[194] 这种异象，是不是隐喻着兰尼美德即将发生的事情呢？还是说，它隐喻着约翰王头上的王冠似乎已经被打落在地了呢？

那个星期一，国王与叛乱贵族所派的代表再次在老地方会晤。尽管双方在细节上还存在一些小小的分歧，但握手言和或者彻底终止谈判进程的时候已经到了，双方都选择了言和。国王与叛乱贵族双方的代表先是郑重地强调须进行诸多改革，然后，用协议中王室借第三者表述的话来说，这些改革措施当由"吾等亲笔签署"（datum per manum nostram）。换言之，协

■ 1215 年颁布的《大宪章》留存于世的四份副本之一。这是大英图书馆里保存的两份副本中的一份，其余两份分别存于索尔兹伯里大教堂与林肯大教堂。1215 年初理应有更多的原始副本，因为批准颁布并成为"终本"之后，《大宪章》就被复制了多份，分送到了英格兰各地。
（图片来源：大英图书馆版权所有 / 布里奇曼图像）

议中的条款当由国王正式批准并宣誓遵守，然后再由中书省里的文书着手制作相同且内容完整的协议副本。制作出来的每份副本，都被称为“终本”（engrossment）；而且，每份终本上都盖有皇家御印证明，具有明显的法律效力。御印盖在一块双面彩色蜂蜡上，然后用一根丝线将蜂蜡连到羊皮纸上[①]。印玺上方那张羊皮纸上所写的内容，则是耗费了很长的时间才制作出来的。

“英格兰国王兼领爱尔兰领主、诺曼底与阿基坦公爵及安茹伯爵约翰受命于天，谨向诸位大主教、主教、修道院院长、伯爵、男爵、法官、护林吏、郡长、执行吏、诸大臣、所有执达吏及忠臣顺民致候。”《大宪章》一开篇即如此写道[②]。接下来，则是4000多个拉丁语单词，对约翰王治下的整个行政制度进行了批评并提出了纠正措施，不但所涉范围广泛，而且有时令人觉得困惑，可谓对他的权利和国王所具之特权进行了一次全面的抨击。《大宪章》的篇幅是《男爵法案》的两倍多，其中有63条，而非49条。《大宪章》中，有些地方算得上精确、审慎且严格尊重法律；可还有一些地方，却显得含糊不清和理想化。其中的条款，并未遵循一种完全清晰和合乎逻辑的顺序。实际上，这份宪章中的有些部分就是一堆大杂烩，只是对一些互不相关的问题相继做出承诺而已。从此种意义来看，

① 《大宪章》从未有人“签署”过，只是人们经常以为这样，撰文、绘画时如此，亦相信这一点。在1215年那个时代，国君和其他领主都只用各自的印章来盖印，而绝对不会屈尊去从事像书写这样卑微的事情；哪怕他们会写字，也是如此。书写是王室文书的工作，盖印则由一位叫作掌玺吏（spigurnel）的官员负责。掌玺是一个极其重要的问题，因为加盖印玺就是王室批准了一份文件的无可争辩的标志。乱动王室印玺的人，会受到严厉的惩处。编年史家沃尔特·曼普记载过一个故事，说“一位聪明的工匠”曾经制造过一枚铜制印模，来伪造亨利二世的御玺。国王命人将工匠处以绞刑；尽管后来因为同情工匠的家人而将死刑加以改判，可那名伪造印章者还是被关进了一座修道院，“以免王之仁慈显得过于宽容”。参见M. R. 詹姆斯（M. R. James）编著和翻译，由C. N. L. 布鲁克（C. N. L. Brooke）和R. A. B. 迈诺斯（R. A. B. Mynors）两人修订的《沃尔特·曼普：朝臣琐事》，第494—495页。——译者注

② 此处引文，与本书附录一《大宪章》中的原文稍有出入，如这里的ministers（诸大臣），在附录中则为officers（军警吏）。或为作者笔误。——译者注

这份宪章其实只能算是一份尚未完成、最终还需要时间去加以完善的文件。此外,《大宪章》要到兰尼美德事件结束两年之后,才会获得这一举世闻名的标题[①]。不过,这是一份“伟大的宪章”,以前从未有人尝试制定与之类似的宪章,却仍是一个不争的事实。

在序言中列出了约翰王手下的谋臣之后,《大宪章》便从教会事务说起。第一条开宗明义:“其一,据此宪章,吾等及后嗣已应许上帝并确认:英国教会当不受羁绊,当永享全部之权利及完整之自由”。然后解释说,根据以前所颁的宪章及与英诺森三世的良好关系,约翰王会允许教会举行“视为至关重要与必需之自由选举”。《男爵法案》中却没有承认此种权利的条款,由此我们也可看出兰顿大主教在谈判后期发挥的影响,说明此人确保了约翰王切实遵守身为所谓的捍卫者(和十字军战士)而对教会所做的承诺,视之高于其他的一切。事实上,关于教会的这一条之所以高于其他条款,并非仅凭它居于众多条款的首位,还因为其后半部分指出:“王国上下之自由民……皆享有下述诸项之自由。”因此,教会自由并非仅仅是众多平等条款中的第一条。它是一种完全被宪章中所用语言掩盖了的承诺,极其神圣与崇高,因此在制定这一条之后,宪章才能真正开始重新阐述。

重新开始阐述时,宪章所用的措辞也极其谨慎。其中声称,《大宪章》是授予“王国上下之自由民”(omnibus liberis hominibus regni nostri)的。民众的自由,绝对具有至关重要的

① 约翰王驾崩之后,他的儿子亨利(三世)亲政之前的那个政府还将这份宪章重新颁布了两次。1217年第二次颁布时,政府还颁布了一份《森林宪章》。于是,《大宪章》由此得名,目的是将这两份宪章区分开来。为阐述清晰和方便起见,我在本书中也是用《大宪章》来指代1215年颁布的那份宪章。虽然从理论上来说有时代错误之嫌,但在所有研究君主制度的现代历史学家中,这种做法其实是一种常见的现象。——译者注

意义。1215年6月15日星期一，英格兰的贵族分成了两派：一派是约翰王的盟友，他们是约翰王的忠实部下，全都在某个时候宣誓效忠，尊其为王；另一派就是叛乱诸爵，他们全都在布拉克利明确而单方面地公开反抗国王，并且不顾君臣之礼，悍然派遣一位奥古斯丁派的法政牧师前往雷丁当面通知国王，故绝对不能把他们看成王国内的"自由民"。他们不受国王的保护，不受王国律法的保护，也不为国王所宠信。而且，在做出让步、重新宣誓效忠之前，他们仍将如此。宪章后文所列之自由虽系约翰王自愿赐予，可那些不愿意服从国王的人，却不可能享有这些自由。

接下来，宪章解决了约翰王与叛乱贵族之间一项最尖锐的争议事项，即遗产税减免的问题。国王向臣民征收苛捐杂税且税额不断增加的做法，将受到严格的限制。国王再也不能向威廉·菲茨艾伦（William FitzAlan）之类的贵族征收1万马克这样的天价遗产继承税了。《大宪章》规定，限额是"交纳100英镑，即可继承男爵之所有领地"，而骑士的遗产继承税则是100马克。虽然这种税额仍然不菲，但与国王以前所征的税费相比，已有天壤之别。此外，这种限制也会严重削弱国王让臣民背负债务并将债务当成一种政治控制手段的能力。宪章中的其他条款，则是针对一些相关的争议问题。关于债务，国王手下的执行吏不得在"负债者之动产足以抵偿其债务时……扣押土地以抵偿任何债务"（参见第9条）。还有两条，则细致地规定了计算死者所负债务的程序；这是一种遏制手段，目的是防止王室官吏随意指定金额，然后强行征取。

如今归入"税收"条目之下的其他行政领域里的问题，也在宪章中得到了解决。郡长按照固定水平从各个郡县获得并作为其报酬的农场，只能照"旧章"的税率征税（参见第25条）。

至于税率本身却并未规定，这就是我们说《大宪章》尚未完成的证据。兵役免除税是另一个具有争议的重大政治问题，它也在宪章中得到了处理。如今的兵役免除税，必须“合理”。《男爵法案》中已经预示过，国王只能在特殊情况下征收兵役免除税（即在国王的长子获封骑士或者其长女出嫁时）；如若不然，就只能是在获得“王国公意许可”后征取，而要获得全国公意许可，则应按照一种新制定的程序进行（参见第 14 条）。尽管当时没人知道，但这一条无疑会给将来的世世代代带来深远的影响。后来到了 13 世纪，这种民意征求会议被称为“议会”；而在议会里，议员们曾用征税权交换改革措施。这种政治角力不但为《大宪章》的出台奠定了坚实的基础，在后世还将变成英国的常规行政模式。（最终，这种模式还将在世界大部分地区变得神圣无比。）

法律和遗产继承问题的其他一些方面，宪章也进行了仔细的考虑。寡妇不能被剥夺继承权，不能被迫在有损其社会地位的情况下结婚，亦不得因继承其应得之遗产而向国王纳税（参见第 7 条和第 8 条）。假如遗产留给不到法定年龄的年幼者，那么他们成年之后再行继承之时，当免纳遗产税。授予监管权（即保管未成年继承者的土地与收益）的做法将继续实施，因为它是封建生活中一种正常的组成要素。但是，被授予了监管权的人不能再为了获取暴利而剥离资产了。更准确地说，监管者的职责在于照管“房屋、园地、鱼塘、池沼、磨坊及（土地之上的）余物；俟继承者成年，监管者当据农时所需……将土地及所置之犁铧、生长之庄稼悉数归还”（参见第 4 条和第 5 条）。

司法和司法程序的问题，在《大宪章》中显得极其突出，就像约翰王统治时期司法和司法程序滥用的现象很严重一样。

普通诉讼法庭是英格兰的最高法院，它将不再在约翰王无休无止地巡游英国各地时随驾而行。相反，普通诉讼法庭应当设在“某个固定之地”（参见第 17 条）。同样，法庭具体设在哪里却没有商定。郡县法庭将以国王“派遣法官两人，每年四次分赴各个郡县”的方式开庭审案。这些法官将在郡县举行巡回审判，由当地四位有名望的骑士协助他们裁决案件。宪章还在别的地方规定，法官和其他司法官吏当用称职之人（参见第 45 条）。伯爵与男爵的违法行为，只能依据同级贵族的裁决来课以罚金（参见第 21 条）。不过，正是在这些重大的司法原则当中，《大宪章》还颁布了一些日后将变得最有名、影响最持久的规定，用第 39 条和第 40 条体现了出来。这两条合在一起，就是：“凡自由民，非经其同等地位者依法裁判或经国法审判，不得被逮捕、监禁、没收财产、剥夺法律保护权、流放或受他法之害，吾等不得加罪或遣人加罪于彼。吾等不得向任何人出售、拒绝或否认其应享之权利与司法公正。”

这些理念，自《无名宪章》起草以来，甚至很可能在起草《无名宪章》之前，就在酝酿当中了。事实上，《无名宪章》中的第一条就曾设想，约翰王应当承认“未经审判不得逮捕一人，亦不得以行正义之名收取一物，不行不公正之事”。《无名宪章》里第 29 条和第 30 条所用的措辞，与最终的《大宪章》如出一辙。几乎从一开始，对约翰王统治之宗旨而非仅仅针对其表面进行猛烈抨击，就是这场贵族叛乱中一以贯之的组成部分。现在，这种抨击则在措辞当中表达了出来。

围绕着这些志向远大的核心原则，《大宪章》还解决了一系列的其他问题。玉米、羊毛和布匹的度量衡得到了规范。曾经受人鄙视的“征发”（purveyance），即皇家官吏可以不支付费用就征用资财与庄稼、马匹、大车供国王所用的做法，被禁止再行实施（参见第 28 条、第 30 条和第 31 条）。桥梁兴建有了规范（参见第 23 条）。女性（寡妇除外）的合法权利受到了限制，据宪章规定："凡女子所诉之命案，若死者非其夫君，则不得逮捕或监禁任何之人"（参见第 54 条）。其中还有一系列条款，旨在对国王拥有的森林进行立法。国王承诺，不会在非森林之地实施皇家森林的严苛律法（参见第 44 条）。他还承诺对腐败的森林官吏进行调查，并且解决随意划定皇家森林的问题。约翰王以及他之前的亨利二世和理查一世在位期间，曾将大片大片的乡村划定为新的皇家森林，它们属于国王的私有财产，既禁止人们在其中猎鹿、猎野猪，也禁止百姓打柴、伐树以清理出耕地或者兴建房屋。这种情况，日益成了百姓的负担。正如《国库对话》（*Dialogue of the Exchequer*）一书的作者理查德·菲茨尼格尔（Richard FitzNigel）所言："家在林中者，竟至于不可从其林地中取木，供自家之用。"[195] 在《大宪章》里，约翰王还答应重新审视其登基之后林地边界不断扩张的情况（参见第 47 条）。可关键的是，他并不赞同将更早划定的皇家森林恢复为普通用地的纠正措施。而且，这也不是约翰王试图逃避的唯一一个改革领域。

约翰王在"圣灰星期三"盟誓参加十字军"东征"的做法，完全达到了他想要的目的；就算达到的程度并非全如他所愿，也是如此。在《大宪章》的第 52 条里，国王承诺将"土地、城堡、自由（及）合法权利"归还给他在英格兰或者威尔士不公平地对待过的所有人。但对那些声称曾在亨利二世或理查一世治下受到了不公对待的人，约翰王却只称十字军"东征"期间，吾等可暂缓办理"。这一点，同样适用于 1199 年之前英格兰王室扩大森林面积的问题，以及同一时期在威尔士的所有不公正之事（参见第 53 条和第 57 条）。换言之，尽管约翰王已经做好了准备，在颁布《大宪章》之后马上听到人们对远至其登基之初一些问题的怨言，但任何涉及他登基为王之前的问题，都可以被他踢到一边，搁置三年之久。实际上，假如约翰王真的打算去“东征”，给“圣地”的信使一点他没能让法国国王领教的军事教训，那么这段搁置期甚至有可能更久。

不过，从《大宪章》的篇幅和范围来看，就算是约翰王这样一个积习难改的老手，他能够做到的，也只有这么多了。宪章中有诸多的利益相互冲突，以至于他发现，自己正式承认解决的问题既有国内的，也有王国之外的。在第 13 条里，伦敦市获得了几乎完全自治的承诺，因为国王同意“伦敦城俱应享有其旧时之全部自由权利与自由习俗，水陆皆然”。此外，这种自由还拓展到了“其余诸城、区市、城镇、港口”。（显然，在兰尼美德进行的争论当中，已经悄然掺杂了其他地方之人对伦敦市民提出的特权感到嫉妒的心态，故其他市镇的在场代表也纷纷要求国王对他们一视同仁。）商贾被赐予了几乎彻底的行动自由：“（可）安全出入英格兰或在英格兰逗留与游历……买卖皆当免除苛捐杂税……”（参见第 41 条）。泰晤士河与梅德韦河是伦敦地区两条主要的水路，其中的渔堰（即妨碍了河上交通的木制渔栅）须全数拆除（参见第 33 条）。

宪章中还有针对骑士的条款，规定骑士不得因保有骑士领地而被迫服额外之役（参见第16条）。威尔士人得到的承诺是：对于他们“未经其同级者之合法裁决”而被夺走的“土地、自由或其他财物”，王室会公正地归还给他们（参见第 56 条）。宪章中还提到了罗埃林亲王本人，称他呈贡的人质将会归还（参见第 58 条）。苏格兰王亚历山大也是如此，他的几个姊妹当时正在约翰王的宫廷里当人质。约翰王承诺，会把她们及其他人质一并归还。约翰王还答应说，假如亚历山大的自由与权利受到了侵犯，他当“据吾等对待英格兰其余诸爵之法”采取行动（参见第 59 条）。

总归起来，这些方面就是约翰王必须遵守的一系列的众多新义务。只不过，它们还提出了一个重大的问题。约翰王同意颁布《大宪章》，宫廷抄写员开始在大片大片的羊皮纸上制作宪章的终本（每张羊皮纸都是用一张干燥、漂白和刮理过的绵羊皮制成，抄写员用最好的鹅毛制成的笔进行抄写，墨水则是用碾碎的栎五倍子制成），都很不错。但是，怎样才能让国王遵守这份宪章呢？

《大宪章》的结尾处有一条，就提供了答案，故它像宪章中的其他条款一样意义深远。这一条，被称为“保证条款”（参见第 61 条）；就其立场而言，它的意义或许比其中更有名、规定了自由权利及法定诉讼程序的第 39 条和第 40 条更加深远，因为这里为执行宪章条款而提出的那种机制，堪称一种具有革命性的机制。

《男爵法案》出台之后，人们就意识到，约翰王的性情并不适合遵守宪章中为严格限制王权而制定的条款。于是，人们一直希望增添一项保证条款。在《大宪章》里，他们便制定了这一保证条款。其中指出，假如国王“违背上述和平之条款”，那么一个经推举产生、由 25 位贵族组成的委员会就可以合法行使权力，“尽一切可能之法，向吾等（即国王）施以约束与压力，如夺取吾等之城堡、土地、财产及其他方式……唯吾等与朕之王后及子女之人身不得侵犯”。至于这 25 位贵族应当是哪些人，宪章中并未说明；很有可能，这是因为当时还没有人做出决定。我们如今之所以知道那 25 位贵族的身份，完全是因为其他史料中记载了他们的姓名。然而有一点很清楚，那就是《大宪章》实质上为贵族们发动内战提供了理由。

从理论上看，这是有一定道理的。《大宪章》提供了第三条道路，使得臣民不再只有两条路可走，即要么是服从一位暴君，要么就是放弃效忠，无视法律去攻击君主。后面这种做法在法律上非常危险。然而在实践中，保证条款却成了导致灾难的一个因素。之所以制定《大宪章》，就是因为没有哪个英国人真的愿意最终与国王开战。它是一份和平协议。不过，它也是一份主张把战争当作强制实施手段的和平协议。这种矛盾之处，对所有人应该都是明摆着的，而当年 6 月 15 日那个星期一的情况，或许正是这样。尽管如此，约翰王那天还是批准了《大宪章》。他手下的官吏以及为此特意召来的帮手，开始将其抄写成终本，以便发送全国各地，并且很可能是经由各位主教和宗教场所进行散发的①。

最后，人们还确定了最终正式批准这份宪章的日期，就是那个星期的星期五，即 6 月 19 日。因为尽管国王已经批准了《大宪章》，可当时的情况却是，叛乱诸爵只有在重新宣誓效忠于国王、恢复其“忠臣”的身份之后，才能享有其中的诸多权利与特权。问题就在于：他们有没有做好重新宣誓效忠的准备呢？

总体来看，《大宪章》是一份非同寻常的协议。这份宪章在篇幅、详细程度、全面性和复杂性等方面，都远远超过了民

① 1215 年的《大宪章》，如今有四份副本存世。其中，有两份保存在伦敦的大英图书馆里：一份保存完好，另一份则因火灾及 19 世纪一次拙劣的尝试性保护而受损严重。（后一份曾经保存在坎特伯雷大教堂里。）还有一份由林肯大教堂收藏，如今陈列在其附近的林肯城堡（Lincoln Castle）的一条走廊里。第四份收藏于索尔兹伯里大教堂。可索尔兹伯里版《大宪章》的书写笔法，与其余三份所用的宫廷草体明显不同。这就说明，在兰尼美德抄写宪章“终本”的工作量巨大，需要其他一些非宫廷抄写员来帮忙才行。——译者注

众有史以来要求英格兰一位国王确认颁布的任何一份法律或者惯例文件。宪章涵盖的范围，从微观到宏观，从深奥问题到具体事务，极其广泛。其中提出的要求，从驱逐约翰王雇用的特定外籍心腹，到规定约翰王须做出不得“拒绝给予公正”的宏观保证，不一而足。它没有再对过去的法律抱有简单的向往，而《无名宪章》却是以旧时的法律为基础的。回顾过往的时候，《大宪章》是要求恢复旧时的习俗与照“旧章”征税，而不只是陈述旧时的法律。它既代表着改革，也代表了让步，并非全然因循守旧。

《大宪章》里面，蕴含着两种深刻的思想：一方面，英国贵族可以把自己看成国内的一个群体，看成一群拥有集体权利的人，这些权利属于全体，而非个人；另一方面，他们明确希望国王承认自己负有两项义务。国王仍然是律法的制定者。只不过，如今他自己也须遵守这些律法。亨利二世时期的神学家索尔兹伯里的约翰曾经指出，尽管贤王与暴君都负责制定和实施律法，但二者之间的区别就在于，贤王自己也会服从律法的约束。[196] 通过批准和盖玺颁布《大宪章》，约翰王就是在做出要做一位贤王而非暴君的承诺。

然而，并非每一个人都信得过他。6 月 15 日星期一之后的那几天里，有些人曾多次尝试就宪章中的某些条款展开重新商讨。有些贵族对遗产税减免是 100 英镑而非 100 马克感到不满。还有

■ 约翰王的御玺。《大宪章》获得批准之后，经抄写员辛勤抄制的不同副本之上，就会盖上御玺。1215 年版《大宪章》存世的四份副本当中，只有大英图书馆的那一份上仍然留有御玺残迹。
（图片来源：大英图书馆版权所有 / 布里奇曼图像）

些人试图用更加明确的措辞来表述保证条款。[197]除了遵守宪章中规定的条款，约翰王还被迫将其首席政法官兼温彻斯特主教彼得·德罗什解职，因为这个人在英格兰很不受欢迎。约翰王还与包括菲茨沃尔特在内的叛乱贵族，就伦敦签署了第二份协议。在这份协议中，约翰王答应敌人（此时他们仍然自称为"上帝之师"）可以继续占领该市两个月，直到8月15日，其间伦敦塔由兰顿大主教掌管。[198]这样做的好处（但对约翰王来说却是无法容忍的），就是继续让国王无法与都城及其最佳财源进行联系。但对有些贵族而言，这样做仍然不足以让他们信任约翰王。据那位克劳兰编年史家记载，在批准宪章之后的那些天里，"来自亨伯河对岸之数位要人"离开了兰尼美德，"且以未参加（《大宪章》之批准过程）为由，重新采取了敌对行动"。[199]

对于留下来的人，6月19日那个星期五则是举行仪式、双方和解的日子。叛乱诸爵受到了国王的接见，还被赐予了和平之吻。他们重新宣誓效忠，然后与约翰王共享盛宴，又吃又喝，以纪念那个日子。[200]有些贵族（其中包括尤斯塔斯·德·维希）受人之劝，当了官方文件的见证人。显然，这就是他深受王室宠信的标志。与此同时，约翰王手下的一干文书则继续誊抄那份协议，众执行吏则奉命将协议条款诏告全国。那些没有忙于这种繁重工作的人，则被派去给约翰王手下的城堡领主、郡长和治安吏发函，诏命他们归还敌对行动爆发期间或者之前非法夺取的财产。6月19日，国王参加完重聚盛宴、回到温莎城堡之后写给威廉·朗格斯佩的那封信函，就是其中的典型："尔等当知，朕与诸爵业已重归和平，朕当立即归还未经审判且不公正地从某人手中没收之全部土地、城堡与财产。"[201]6月23日，约翰王甚至下令让手下一些外籍雇佣兵返回普瓦图。[202]

约翰王的做法，显得完全合规合矩。可表象之下，约翰王却在搞阴谋。马修·帕里斯笔下的约翰王在谈判过程中口吐白沫、啃咬棍子的形象可能出自想象，但约翰王在公开场合的举止和其私下行为之间，无疑有着巨大的反差。

兰尼美德会议结束之后的那几个星期里，形势一片混乱，双方之间的不信任感也开始日益加剧。尽管菲茨沃尔特已经迫使国王答应，伦敦城可以留在叛乱贵族手中两个月，但他不愿离开这座都城，因为他害怕自己一离开，都城就会陷落。为了鼓励尽可能多的盟友留在南方并各司其职，他还在距兰尼美德不远的地方组织了一场夏季比武，大奖则是一头熊。[203]

在此期间，约翰王需要考虑的事情则远不止比武和熊。确认颁布《大宪章》之后不久，他就接到了从全国各地有如潮水一般涌来的请求，内容都是坚持要求他将前几年没收的土地、城堡及剥夺的特权予以归还。就在 6 月 19 日那场宴会结束之后短短的 10 天里，他就被迫归还了 50 名叛乱贵族的财物。菲茨沃尔特、萨伊尔·德·昆西和尤斯塔斯·德·维希全都直接受益，分别获得了赫特福德堡、莱斯特郡的芒特索勒尔堡，以及在诺森伯兰郡的皇家森林里携狗狩猎的权利。[204]

约翰王坚持了大约 4 周的时间。可没过多久，这种努力或羞辱就让他觉得无法忍受了。7 月 16 日至 23 日，国王与敌对者在牛津举行了一次会议，一起讨论解决双方在执行协议期间出现的问题。会上传阅了 6 份刚刚拟定的宪章“终本”，其中又添加了一些让步措施。可就在此时，约翰王却开始采取一种政治策略，很快就破坏了和平。他通过兰顿大主教和一群高级教士，向贵族发出了一封公开信，要求后者向他呈交一份宪章，承认这样一个事实：诸爵必须“谨遵誓言”，保护国王及其子嗣“安然无恙”。[205] 贵族们拒绝了这个要求。实际上，在会议期间，有一天约翰王因为脚痛（可能是由痛风引起的）而卧床不起，可他们甚至拒绝服从国王的命令，没有到其寝宫去见他。[206]据马修·帕里斯所载，此时连约翰王手下的雇佣兵也开始嘲笑他，讽刺说英格兰还有25位君主，约翰王则是王权之耻。[207]从那时起，双方之间仅存的一点点信任感也开始逐渐消失。随着牛津会议在怨意当中结束，约翰王的一项举措，又会让仅存的善意永远化为乌有。他给英诺森三世写了一封信，说明了国内发生的情况，要求教皇宣告《大宪章》无效，并且解除他遵守《大宪章》的誓言。

正如编年史家邓斯特布尔（Dunstable）所写，兰尼美德会议带来的那种脆弱的和平，持续时间“仅有须臾”。[208]这还是相当保守的一种说法。8月末，教皇英诺森三世带着义愤填膺之情回信说，他可以提供的支持胜过欧洲任何一个人。他写道，英格兰的形势是魔鬼的杰作：

> 基督之爱子、杰出的英格兰国王约翰曾严重冒犯上帝与教会……然国王终究归于理智……然人类之敌（即魔鬼撒旦）常恶善举，乃以诡计煽动英格兰诸爵，以至当初王作恶于教会之时支持于王者，皆以邪恶且反复无常之秉性，于王摒弃其罪孽之时再次背叛于王。[209]

接着，教皇重新向英国诸贵族重申了他之前所下的谕旨，并且指出，他曾明确谕示他们，“须安抚国君并与之修好，彰显尔等之忠诚与顺服”。他说，贵族们却无视他的谕旨。“最勇猛者亦将为此种暴力与恐惧所胁，故王被逼接受协议；此协议非但可耻与有损人格，更为非法与不公之协议，从而不当削弱并损及其王权与尊严……吾等断不能无视此种可耻之妄为”，教皇怒气冲冲地说，“如此，将令罗马教会蒙羞，令王权受损，令英格兰民族受辱，亦将严重危及十字军‘东征’之大计。”

信中接下来的话，几乎就没有什么解释的余地了：“吾等断然反对与谴责此协议，且谕令英国国王不得遵守，诸贵族及其附庸亦不应要求国王遵守此协议，违者以逐出教会惩之……吾等宣布此协议作废，永无效力。”

信上标注的日期是1215年8月24日，写于罗马附近的阿纳尼，那里是英诺森三世的故乡。从此信离开教皇秘书处的那一刻起，《大宪章》就真正名存实亡了。事实上，《大宪章》已经死亡。9月5日，对约翰王忠心耿耿的温彻斯特大主教彼得·德罗什与教皇使节潘道夫·维拉西奥（Pandulf Verraccio）两人一起，点名将叛乱贵族的领袖全都逐出了教会。作为回应，叛乱诸爵则在9月初致信法兰西王储路易，邀请此人前来取代约翰王，成为英格兰的新君。两个星期后，约翰王命令手下开始没收罗伯特·菲茨沃尔特的领地。9月底英诺森三世的信函抵达英国，只不过是证实了大家都已心知肚明的事实而已。

这个国家，终于爆发了战争。

妻子、寡妇与孩童

以前，人们是通过《圣经》中两个相互矛盾的典型形象，即圣母马利亚（Virgin Mary）和夏娃（Eve）来看待中世纪女性的。圣母马利亚这一典型形象，既神奇地贞洁，却又具有母性，并为宫廷爱情小说、骑士精神和宗教崇拜提供了基础。可是用夏娃来进行类比的时候，却是将女性描绘成道德观念薄弱、天生罪孽深重的人，并且鼓励男性将她们看成完全由她们的性别决定的低等生物，是可以理所当然地受到嘲笑、无视、用于交换政治利益、吩咐去劳作、被排除在法律程序之外、遭到妖魔化和殴打的对象。

这两种女性形象之间的冲突，为整个中世纪全社会以种种相互矛盾的态度对待女性，有时甚至是严重虐待女性的现象奠定了基础。在14世纪，杰弗里·乔叟（Geoffrey Chaucer）曾经对英国人大加嘲讽，讽刺他们对待占全国人口一半的女性时种种令人困惑的态度。“巴斯夫人的故事”就是这个主题方面一个巧妙的层叠式笑话，围绕着亚瑟王时代一位骑士探求理解女人内心最渴望什么的故事展开。骑士最终得知，女人最渴望的就是“主宰她们的丈夫和丈夫的爱意，并且骑在丈夫头上”。故事结尾通过巴斯夫人的叙述，提出了一个请求：“吾主耶稣基督，求您给我们送来温柔年轻之夫，于床笫之上，生龙活虎……”在14世纪末，这句话一定会让听众笑起来，而在1215年也是如此。[210]

中世纪的社会有一个基本事实，为乔叟的幽默诙谐奠定了基础：当时，每一位女性在生活中的地位，实际上取决于她与一个男人或者数个男人之间的关系。由于婚姻与生育是人们在更广阔的社会中维系家庭的两大纽带，因此绝大多数女性十几岁就会嫁人，但在选择丈夫这个方面通常都没有什么发言权。此后不管是在一位贵族的城堡里还是在一名农奴的简陋棚屋里，她们都应当一心一意地侍奉丈夫，并且勤俭持家。女性是被迫进入她们与男性之间的种种关系，并且为此种关系所束缚的；就连那些到修道院里去当修女的贵族女性，被送去的时候也带有嫁妆，以示她们如今成了基督的新娘。

女性依附于男性的这种需求，既有神学上的意义，也有

■ 中世纪的女性都是在家中特殊的产房里分娩。正如这幅中世纪时的彩绘插画所示，产房由女性掌管，男人不会出现在其中。

[图片来源：塔克尔（Tarker）/布里奇曼图像]

实用意义。《圣经》中明确规定了女性的低等地位。传统上据说是圣保罗所写的《提摩太前书》（*Timothy*）里声称，女性应当“廉耻、自守，以正派衣裳为妆饰，不以编发、黄金、珍珠和贵价的衣裳为妆饰……女人要沉静学道，一味地顺服……我不许女人讲道，也不许她辖管男人，只要沉静”[211]。13世纪的法国神学家雅克·德·维特里（Jacques de Vitry）也曾写道：“于天堂里，亚当与上帝之间唯有一女子相隔，然此女并不安分，终令其夫见逐于伊甸园，令基督受诅，须受钉于十字架之苦。”正是依据这些观点，以及其他许多类似的经文，人们才不许女性参加战斗，不许她们去做弥撒，也不许她们在法庭上审案断讼。诚然，女性偶尔也能行统治之事（通常都是暂代某位男性），能参与法律诉讼，能分配土地与施舍之物，能在市场上做买卖和负责照管大大小小的家庭。不过，其中大多数事情都只能在获得男性的许可之后才能进行。虽然有些女性在守寡期间会获得较大的自由，可由于没有男性的密切保护，她们依然很容易受到伤害。从某种冷酷的意义来看，农家女子在一定程度上被赋予了与男人平等的地位，但前提是她们必须在田间地头从事同样艰苦的体力劳动。至于上流社会，情况就不一样了。据13世纪的另一位作家罗伯特·德·布洛伊斯（Robert de Blois）称，当时理想的贵妇应当很有教养，应本性顺服、文雅贤淑，“可携鹰狩猎……精于棋牌、读爱情小说、讲故事与唱歌”。这种女性自然还会生儿育女，会让家里保持奢华大方，以博得丈夫同僚的好感。

当然，也有反抗这些传统角色的女性，只是并不多见罢了。约翰王的母亲即阿基坦的埃莉诺就是这样的一位女性，她不但参加过十字军“东征”、嫁过两位国王、煽动别人对她的丈夫发动过一场大规模的叛乱、被软禁过15年、担任过理查一世的摄政太后，而且在约翰王治下初期曾积极参与政治活动，直到80来岁高龄才去世。对于其他女性（即便是最任性妄为者）来说，人生却有着各种各样的束缚。编年史家德维斯的理查德，曾经把欧马勒伯爵夫人哈维丝（Hawise）描述成一个“几近男性之女子，颇具男性之气概，唯无男性之器官”。[212]可就算是此人，待1212年第三任丈夫鲍德温·德·贝松（Baldwin de Béthune）去世之后，仅仅是为了继承应得之亡夫遗产，就因此被剥夺了再次嫁人的自由，也曾被约翰王强迫缴纳了5000马克的天价罚金。

贵族文学里，始终都具有一种含蓄地蔑视女性特质中的所谓瑕疵的态度，连那些倾向于描绘较具侠义之风、较为虔诚的理想化女性形象的作品里也不例外。比如说，在亚瑟王的传奇故事中，正是格温娜维尔王后（Queen Guinevere）的私通之举，才引发了一系列事件，并且最终导致亚瑟王在与莫德雷德的搏斗中殒命。12世纪一首题为《法斯图》（*Facetus*，即“彬彬有礼者”）的礼仪诗曾经提醒那些想要找个贤妻的人说，不要娶“禁欲之教士与法政牧师、行刑吏、恶毒之执事（即傲慢的官吏）、伶人或放贷者”的女儿与遗孀。[213]此诗的作者把一个没有教养的女人比作漏雨的屋顶或者烟雾弥漫的房间。他称三者都是麻烦，都令人伤脑筋。

由于连欧马勒的哈维丝这样的贵妇都深受约翰王那些极其过分的恶行所害，所以《大宪章》也略微关注了一下她们的问题。寡妇的权利，在第7条和第8条中做了细致的规定：孀寡“当迅即获取其应得之嫁资与遗产，不受留难”，国王不得再要求寡妇支付罚金后才能继承婚姻中的合法资财。丈夫身故之后，寡妇有权在其夫家居留40日，并且“凡孀寡之自愿孀居者，不得迫其再婚”。然而，正如我们已经看到的那样，宪章

第54条却严重地限制了女性在刑法方面的权利："凡女子所诉之命案，若死者非其夫君，则不得逮捕或监禁任何人。"即便是在这份宪章中，有一点也再清楚不过了：女性是几乎全然和仅凭男子来加以界定的人；无论这个男人是她的父亲、兄弟，还是人们认为适合娶她们为妻的人，都是如此。

无疑，《大宪章》并未预示出女性在日后会获得任何一种伟大的解放，1215年后那一代中就有一个小小例子，说明了这一点。1244年，皇家法官巡回至伦敦，有数十位市民被传唤到他们面前应诉犯罪指控，或者提供近期该市死亡人数的情况。在传唤快要结束的时候，一个名叫塞尔洛之妻伊莎贝尔（Isabel）的女人来到法官面前，指控一个叫作威廉·伯尔托内（William Bertone）的男子曾在1242年复活节闯入她家，"殴打和虐待了她"，致使她早产了一个胎死腹中的畸形男婴。法官们问询市里的治安吏，看他们是否见到过此案的任何证据，后者回答说没有，可另一名皇家官吏却做证说，"彼见（死婴之）头部扁塌，左胳膊骨折二处，全身因殴打而青紫"。随后威廉来到法庭上，否认自己与此案有关。伊莎贝尔的指控，与威廉的说法完全对不上。

在13世纪时，一桩案件若是没有证人，法庭就会用数种办法来裁定被告是否有罪。不过，此时神断法已经受到了教会的谴责，决斗审判法显然也不适合用于此案。于是，法庭决定采取一种叫"共誓涤罪"（compurgation）的方法，即让被告召集一定数量的、有良好信誉的市民，然后让他们发誓，证明被告无罪。

威廉·伯尔托内同意了这种办法。大约一个星期之后，此人回到了法庭上，"为其辩护者凡36人；诸共誓者中，选自沃尔布鲁克一侧者18人，选自另一侧者18人"。（沃尔布鲁克是古时曾将伦敦城从北至南一分为二的河流，此时该河已经淤塞，不再流淌，但仍是纵贯该市的一条象征性的分界线。）当着市长和伦敦市议员们的面，当着伊莎贝尔的面，威廉发誓说“从未殴打伊莎贝尔，从未导致其早产之婴孩由生至死”。接着，共誓者中有6位也发下誓言，称“据彼等所知，此人之誓为真”。然后，威廉重申了自己的誓言，再由6位共誓者发誓，以此类推。每个人都发过誓之后，法庭就做出了裁决。威廉已经证明了自己是无辜的。与此同时，伊莎贝尔则因诬告而被押送进了监狱。[214]

儿乎每一位妻子的首要任务，就是替丈夫生育孩子。（没生孩子也有可能带来麻烦，比如说，由于王后格洛斯特的伊莎贝尔婚后无所出，故约翰王登基之后，就废除了这桩婚姻。）过去人们常常以为，中世纪与如今不同，并不存在童年这一观念。[215]可在1215年，成年人与未成年人之间其实已经有了明确的界限。当时，儿童不能在牧师面前忏悔，不能领受圣餐，不能缔结具有全面约束力的婚约，不能缴纳教会税，而历史上也从未有过他们此种行为的记载。根据律法规定，儿童也无权保有土地。这个方面，正是《大宪章》解决的最重要的问题之一，比如其中第4条和第5条涉及的，就是未成年人的遗产税减免与遗产监管两个方面。童年究竟在何种年纪结束，这个问题并不简单，因为当时的人认为，在不同的生活领域，儿童步入成年的年纪也不一样。婴儿期在7岁时结束，童年则是14岁时结束。在有些情况下，青少年期可以一直持续到28岁。

由于当时儿童的死亡率很高，故在大多数情况下，婴儿

■ “女性的三种处境”，即处女、孀居和已婚，选自 12 世纪一部描述女修道院生活的专著《处子之镜》（*Mirror of Virgins*）。上图中的处女收割者似乎比下图中的已婚女性收割者效率更高。
（图片来源：德阿戈斯蒂尼图片库 / 布里奇曼图像）

出生第一天就会接受施洗，或者会尽快接受施洗。让一个孩子没有接受施洗就死去是一种罪孽，可以用忏悔加罚金来进行惩处。后来，但丁曾在诗作中描绘说，这种未受施洗之婴儿的灵魂，会与古时那些善良的异教徒之灵魂一起被困在地狱的边缘。至于活下来的婴儿，小时候都是由母亲照料（上层社会的婴儿则由奶妈照料）；过后，他们往往会步双亲之一的后尘，即儿子会观察并模仿父亲去从事户外工作，女儿则是跟着母亲留在家里。

当时的儿童，会玩耍和洗澡，会玩鞭抽陀螺、九柱戏[①]和布娃娃之类的玩具，并且会学习童谣和儿歌。就算没有去学校上学，他们仍然应当知道一些基本的祷词，包括用英语诵读的主祷文、信经以及圣母颂。富裕人家的孩子会学习更多的知识，达到或者超过那些注定要当教士的人所需的全面素养，事实也是如此。不过，农家的孩子从 7 岁左右开始，就要帮助家中的大人干活，贵族子弟则会被父母送到其他的贵族家庭中，去学习贵族事务。到了这个年纪，孩子就可以订婚了。到 12 岁（女孩）或 14 岁（男孩）之后，他们即可成婚。至此，童年差不多就结束了。

---

① 九柱戏（skittles），英国古时一种滚球撞柱的游戏，有点像如今的保龄球。——译者注

第七章 英格兰被围

/ 鸟、兽与血腥娱乐活动

冲上海滩的一具具尸体，提醒英国人发生了沉船事故。最先冲来的是男尸：他们都是骑士，以及他们的同伴。直到不久之前，这些人还一直生活在佛兰德斯，如今却被北海上一波又一波冰冷的海浪冲到了异国的海滩上。海浪裹挟着他们的尸体，来到了诺威奇以东数英里外的大雅茅斯。那是一座有城墙环绕、气势威严的海边城镇，以鲱鱼贸易著称。接着冲到岸边的，则是他们家人的尸体，不论老幼妇孺，他们都曾带着对新生活和发财的憧憬，拥上一艘艘船只。他们的希望，被突如其来的海难猛地击碎了。

这些士兵，是休・德・博维斯（Hugh de Boves）招募来的，此人是约翰王手下一位经验极其丰富的军事承包商。文多弗的罗哲尔积习难改，喜欢评头论足，曾称博维斯是“一位勇猛之骑士，亦为自负且不义之人”（至少还有另一位编年史作者即编年史家邓斯特布尔，也很讨厌此人）。当时，博维斯奉旨前往欧洲西北部，去协助招募一支军队，以便约翰王反击手下的叛乱贵族。[216] 大多数奉命征兵者都成功地完成了任务：接连多日，一艘艘运兵船都从欧洲大陆抵达了多佛，而约翰王也来过城里，看着手下的雇佣兵下船登岸。但所有的水手都很清楚，秋季横渡英吉利海峡是有风险的。从 9 月起，英吉利海峡就会狂风大作，汹涌起伏的海浪，能轻而易举地打翻那些更适合沿着海岸航行而不适合冒险进入开阔海域的船只。

当时的情况正是如此。在横渡过程中，海上突然狂风大作、暴雨滂沱，将博维斯的船队击得粉碎，船上之人无一生还。博维斯本人的遗体也躺在被海浪冲到大雅茅斯海滩上的众多尸首之中。据文多弗记载，“凡此地沿海之港口，皆现众多男女之遗体，其发散之恶臭，致空气为之浊秽”。他还写道，许多孩子都是在摇篮里睡觉之时溺水身亡的；掉落海中之后，他们小小躯体之上的肉，就被“海中之兽与空中飞鸟”咬啄一空。[217]

据说，得知博维斯葬身大海的消息之后，约翰王曾大发雷霆。“王盛怒不已，终日水米未进，形同疯癫，直至入夜。”文多弗曾如此写道。[218]不过，这位国王对看到自己身边的人死去已经习以为常，何况此时还有比几船佛兰德斯人丧生更加紧迫的问题需要他去考虑。横渡英吉利海峡时幸存下来的雇佣兵，构成了一支强大军队的核心。这支军队的中坚力量，则是来自南方的普瓦图和加斯科尼、北方的鲁汶和布拉班特的士兵。到了9月底，这支凶猛异常的军队就可以调动了。

控制英格兰的关键，仍在于占领伦敦。由于塞尔洛市长一如既往地支持叛乱贵族，因此这座都城此时仍然控制在叛乱者的手中。但可以肯定的是，一旦约翰王认为己方的实力允许了，他就会率军朝着伦敦挺进。国王手下的雇佣军，兵力正在变得一天比一天强大，也一天比一天危险了。到了9月底，叛乱贵族决定攻取伦敦与多佛之间一座防御最为森严的要塞，即罗彻斯特城堡，以此来阻遏约翰王。为争夺这座宏伟城堡的控制权而进行的那场战斗，将成为中世纪最著名的一次围城战。

自1066年征服英格兰的诺曼人带来了筑造城堡的科学知识以来，一座座城堡就像巨大而陡峭的鼹鼠丘一样，开始到处拔地而起了。在长达150多年的时间里，修建城堡一直都是英国一项最重要的军事技术。谁能建造城堡，谁又不能建造，都有严格的法律规定。而且，法律还规定了建筑物可以加固和改造成要塞的条件。至少自亨利一世统治时期以来，情况就是如此。他制定的那部律法即《亨利一世之要法》（*Leges Henrici Primi*）中，规定国王“有权辖制……王土与王臣……（管理）三面有墙之城防”，而“未经允许修筑城防”则属犯罪，将“由陛下圣裁惩处”。[219] 历代国王和贵族都曾耗费巨资，兴建和维护这些堡垒。比如说，王国内最好和最难攻克的多佛城堡在11年的兴建过程中，就让王室耗费了7000英镑①。

在史料记载中，懂得修建坚固城堡的人被称为“工程师”，但他们很可能还兼任建筑师与工头。工程师莫里斯（Maurice the Engineer）亦称“石匠莫里斯”（Maurice the Mason），此人曾在12世纪70年代负责监造多佛城堡，以及泰恩畔纽卡斯尔城堡的主堡，工资是每天1个先令。工程师福尔提努斯（Fortinus the Engineer）则是以衣物为酬。1203年至1204年，此人曾因给国王维修科尔切斯特城堡而挣到了一件袍子。当时最优秀的工程师，可以为数朝王室效力。牛津的伊莱亚大师（Master Elias of Oxford）曾替约翰王的父王和王兄效过力，然后又继续替约翰王效力。此人兴建或者翻修过的建筑，从宫廷和王室的狩猎小屋到伦敦塔，不一而足。城堡是执掌王权时必不

① 13世纪在多佛城堡这样的公共资金项目上耗费7000英镑，相当于如今17亿英镑（合27亿美元）。根据换算，这一价值代表的是相对经济成本。——译者注

■ 罗彻斯特城堡中的圆形塔楼正面。这座塔楼是在约翰王用猪油点燃下方的一条坑道后，将原先的方形塔楼炸毁之后重建的。

［图片来源：莎伦·里拉拉特恩（Sharon Leelaratne）/ 阿拉米图片库］

可少的工具，建造城堡的人自然也会备受王室青睐。[220]

自亨利二世以来，金雀花王朝历代国王都曾试图增加王室控制的城堡数量，并且提升这些城堡的实力。他们新建了一些城堡，命人维修或者重新加固了另外一些城堡。还有许多城堡，则完全是从原堡主手中夺取过来的。1173 年至 1174 年那场大战期间，作为对叛乱者的惩罚，大量城堡都被收归国王所有，自此以后，英格兰差不多 50% 的城堡都为国王所控制了。

约翰王在位时，控制着英格兰的 100 多座城堡。其中，既有相对简陋的军事基地，也有像多佛城堡、科夫堡、奥迪汉姆堡、肯尼尔沃思堡以及伦敦塔这样的巨型建筑。他耗费了大量钱财来改进这些城堡，尤其是东南边疆、与威尔士毗邻的边境以及与苏格兰毗邻的北部边境地区的城堡。比如，他花了 2000

英镑修缮和加固斯卡伯勒堡，在肯尼尔沃思堡、纳尔斯伯勒堡和奥迪汉姆堡也花了 1000 多英镑。有的时候，建造城堡就是王室财政收入必须承担的一项最大支出。[221] 对于约翰王、他的王兄与父王而言，这笔巨额开支可不仅仅是一个虚张声势和身份地位的问题。城堡属于政治中的“硬通货”。它们可以充当王室的府邸、监狱、金库、要塞，以及地方政府的中枢。拥有一座城堡，就等于控制了城堡的周围地区；而获得国王的许可据有一座城堡，就是深受王室宠信的标志。据守一座城堡来对抗国王，就相当于公然向国王宣战了。

究竟何人有权掌管罗彻斯特城堡，在当时是一个存有一定争议的问题。那座城堡，原本是罗彻斯特主教冈杜尔夫（Gundulf）在 1087 年至 1089 年间为时任国王修建的，目的是

■ 中世纪的围城战，选自“兰斯特洛圣杯”（Lancelot-Grail）中的一幅彩绘插画。“兰斯特洛圣杯”是 13 世纪一系列亚瑟王传奇故事的统称。在一幅完全属于想象出来的场景中，亚瑟王那个不忠的侄子莫德雷德正在围攻伦敦塔。（图片来源：大英图书馆版权所有 / 布里奇曼图像）

用它向国王代偿债务。与那个时代的大多数城堡一样，罗彻斯特城堡里有一座巨大、低矮、呈长方形的石制主堡，四周为坚固的城墙环绕；还有一座“外庭”，即一个防守严密的区域，其中有外屋、作坊、仆役住所和牲畜棚。此堡的城墙，是用当地那种坚硬的、呈蓝灰色的肯特郡石灰石（亦称硬质片石）筑成。罗彻斯特城堡的位置得天独厚，不亚于其他任何一座上好的城堡：它坐落在梅德韦河的一个河湾里，南面有一座小山，北、东两面则是一道山沟，为其天然之屏障。

然而，比这一切更加重要的，则是罗彻斯特城堡的监管权问题。1127 年，亨利一世把这座城堡赐给了时任坎特伯雷大主教的威廉·德·科尔贝尔（William de Corbeil）；只不过，赏赐时有一个附带条件，那就是城堡应当永远由这位大主教的正式继任者监管。[222] 所以，如今这座城堡便落到了斯蒂芬·兰顿大主教手里，后者则安排肯特郡的郡长雷金纳德·科恩希尔（Reginald Cornhill）负责城堡的日常维护。自 1215 年 8 月 9 日以来，约翰王一直都在想方设法把这座城堡转赐给他的一位支持者，即温彻斯特主教彼得·德罗什。但是，此时已经日益无法再在国王与全国之间这场战争中保持中立的兰顿大主教却拒不接受。到 9 月中旬他离开英格兰前往罗马，去参加“第四次拉特兰会议”的时候，这个问题仍然没有解决。“第四次拉特兰会议”是英诺森三世一场极其重要的会议，旨在促进基督教不同派别的大联合，故基督教世界中几乎每一位主要的神职人员都被召到了罗马。于是，这座城堡的归属问题，便交由科恩希尔郡长去解决。到了那一年的初秋，科恩希尔便决定把自己的命运，连同罗彻斯特城堡一起交到叛乱贵族的手中。

在 10 月的第二个星期里，一支人数为 90—140 名骑士的军队开出伦敦，朝罗彻斯特而去。率领他们的是莱斯特郡的贝尔沃勋爵［Lord of Belvoir，“贝尔沃”发音同“比弗”（Beaver）］威廉·达比尼（William d'Aubigny），此人是指定执行《大宪章》的那个委员会的25位贵族之一。据文多弗称，他还是“一个胆大包天、在战争中饱经考验的人”。当时，不可能还有哪位指挥官会比此人更加优秀了。对于城堡里的情况，达比尼可以说了如指掌。他自己的势力大本营就在贝尔沃堡，这是当时英国中部地区最坚固和最有优势的一座城堡，达比尼也极其精通固守要塞、抵御兵力进击的惯例与技巧。接下来的几个星期里，此人将竭尽全力，凭借自己的勇猛，抗击愤怒的英国国王派去攻取罗彻斯特城堡的一拨又一拨军队。

围攻一座城堡，从理论上来说有利于被围困的一方。到了13世纪初，英国的大多数城堡都是用石头而非木材建造而成的（“诺曼征服”之前的城堡，却都是用木材筑成），故能轻而易举地抵挡烈火、箭矢、弩箭、石头、长矛、斧子及当时基督徒所知的几乎每一种小型武器的攻击。一旦夺得一座维护良好的大城堡，他们就可以用相对有限的人手，据守很长的一段时间。就算城堡外墙被攻破（做到这一点并非易事），金雀花王朝时期的城堡里那种典型的、高高耸立的石制主堡也很难被成功攻陷，因为主堡有壕沟护卫，有墙壁厚实的塔楼和小窗缝，从中可以轻而易举地用投掷物、箭矢瞄准和攻击敌人，可堡下之敌的投掷物和箭矢却很少能够成功地予以回击。城堡中位置最低的大门通常位于二楼，而不是位于地面上。城堡受到攻击时，守军只需把通往门口的木梯拉起来，或者干脆烧毁，就既不会受到撞锤的猛击，也不会因此而被攻破了。① 守军可以把石头、箭矢、沸腾的液体和炽热的沙子一股脑儿倾泻到攻击者的头上，会令企图搭起云梯或架子、爬上主堡防御工事的敌人陷入重重危险之中。这一切都说明，一座城堡若是在被围之后陷落，原因往往不是城堡的防御工事不牢固，而是因为守军的意志、身体或者耐力首先扛不住了。

1215 年秋，罗彻斯特城堡里由人数相对较多的一群骑士，连同他们的侍卫与扈从一起驻守着。[223] 与第二年据守汉普郡的奥迪汉姆堡、顽强抵挡敌人的进击长达 8 天的那 13 个人相比，这可是一支强大得多的防御力量。不过，罗彻斯特城堡里面的兵力数量，并不一定有助于防守此地。当达比尼率军匆匆赶到城堡之后，他们竟然发现，其中“既无武器给养，亦无其余财物”。明显崇拜达比尼的文多弗曾写道，叛军立即失去了信心，想要放弃这座城堡，但受到了领导人达比尼的劝阻，后者警告说，如果被世人看成“逃兵骑士”，他们就会让骑士蒙羞。[224] 于是，他们匆匆到罗彻斯特镇上抢夺给养，将那里洗劫一空，只不过他们“无暇至周边之乡村搜刮”了。换言之，城堡那座巨大的方形主堡里聚集了很多人，但他们的食物却少得可怜。此时，约翰王却正在率领手下的雇佣军，一路杀来。

从约翰王的大本营所在的多佛，到叛乱者正在拼命囤积食物给养的罗彻斯特的那条路，叫作“惠特灵大道”，起初是为了调动罗马军队至全国各地而修筑的。据文多弗称，约翰王所率的军队从南部沿海拔营起兵到围困罗彻斯特城堡，只用了区区 3 天的时间；此时，约翰王所率的军队已是一支大军，有

① 比如说，我们可以看一看多佛城堡那座巨大的方形主堡，它高达 95 英尺，基座呈八字向外张开，原有的入口就在一层和二层。多佛城堡是亨利二世在 12 世纪 80 年代修建的，后来约翰王又进行过修缮。——译者注

"无数骑士与士兵，（令）见者无不胆寒泄气"。[225] 此种情景，无疑会令人胆怯。除了大批训练有素之士（其中包括"除人之鲜血，别无所嗜"的弓弩兵），皇家军队还携有大型的攻城器械，包括文多弗所称的投石机，即用于投掷石块的大型弹射器①。这些攻城器械，都被安放在能够击中城堡的地方，然后开始投入作战。约翰王"以无休无止地倾泻于城堡之上的石块与其他武器，重创被围之守军"[226]，石块砸向城堡两侧时溅起的灰尘与喧嚣之声，给人留下极其深刻的印象。

攻城战是中世纪最重要的战争形式，从西欧到中国和蒙古的边境地区，莫不如此。尽管对战的结果极其不确定，就像约翰王前一年在"布汶之战"付出了惨痛的代价那样，可当时却经常发生围城战，而在一定程度上，围城战的结果也更易预料。攻守双方都是根据数个世纪积累起来的军事知识进行攻守，并且受到一种骑士行为准则的约束（或者至少在一定程度上为这种准则所制约）。根据这种准则，攻守双方可以达成协议，确定交战条件。围城之前达成的协议，通常会规定围攻的时间长短，以便在守军正式投降之前解除围困（投降者会得到宽大处理）；如若不然，守军就会顽强固守，直到城堡受到猛击，并在陷落之后遭到屠戮。欧洲攻城战中这种做法体现出来的智慧源自古代，而中世纪欧洲的宫廷和皇家图书馆，也收藏

① 用于指称中世纪之投石机的术语多种多样且含混不清，但当时人们使用的投石机，似乎有数种类型。"抛石器"（trebuchet）有一个可以旋转的投掷臂，用一种平衡物提供动力。现代试验已经表明，一台配有1吨平衡物的抛石器，可以把15公斤重的石块投掷120米至180米的距离。[参见P. V. 汉森（P. V. Hansen），《重建一台中世纪的抛石器》（*Reconstructing a Medieval Trebuchet*），见于《图解古今军事史》（*Military History Illustrated Past and Present*）27，1990年]。弩炮（ballista）是一张用绞车驱动的大型弩弓。投石车（mangonel）可以投掷石块，它用一根固定的木制投掷臂投出石块，发射时先把投掷臂往回拉，然后释放，让其撞击一根横梁。人们通常都会给这些投石器械起一个吓人的名称，比如"上帝投石器"（God's Stone Thrower）、"邪恶表兄"（Malcousin）、"愤怒号"（The Furious）等；约翰王的孙子爱德华一世那架恶名昭著的投石机，则叫"战狼号"（Warwolf）。维吉休斯（Vegetius）的作品表明，自古罗马时期以来，投石机在设计方面几乎没有出现过什么变化。参见弗拉维乌斯·维吉休斯·雷纳图斯（Flavius Vegetius Renatus），《论军事》（*De Re Militari*），第66页。——译者注

有公元前1世纪的军事工程师维特鲁维乌斯（Vitruvius）及公元4世纪罗马人维吉提乌斯（Vegetius）等人的著作，并且人们进行过研究①。

然而，围城战虽然科学且有一定规则的约束，并不意味着这种战法很文明。当时，攻防双方都会使用凶狠巧妙的武器工具和战略战术，而一些著名的围城战中，往往也会留下许多臭名昭著的传言，称攻守双方都遭遇了饥寒交迫的恐怖境遇。据说，在717年至718年围攻君士坦丁堡的时候，围城的阿拉伯人处境极其糟糕，以至于他们不得不吃人肉和粪便，将其捣成肉饼，烹煮食用。[227]尽管这有可能是一种带有象征意义的夸张之词，旨在令人想起当时战况的惨烈程度，而非描述那次围城战的实际情况，可类似的恶心故事在历史上仍然比比皆是。918年维京人围攻切斯特的时候，守军曾经把烧滚的麦酒和开水倾注到下方的围攻者身上，并向敌人投掷蜂箱，致使围攻者皮肤被烫起泡，层层脱落，手脚则被蜇伤肿胀，刺痛不已，从而将其击退。据说，约翰王的祖父即安茹伯爵若弗鲁瓦五世（Geoffrey Plantagenet）还将胡桃油与亚麻混合起来，制作出了传说中称为“希腊火”的一种药水，而在进攻安茹与美茵边境上的蒙特勒伊贝莱的一座城堡时，他便将这种药水放在投石机上，扔出去轰击城堡。12世纪伟大的神圣罗马帝国皇帝腓特烈·巴巴罗萨（Frederick Barbarossa）尤其擅长围城战中的恐怖战术，据说，他手下的军队曾将敌人的头颅砍下来当作足球来踢，并且对被俘的守军大加折磨，剥掉他们的头皮或者砍掉他们的四肢来消遣与放松，以便摆脱伴随着这种消耗性的战法

① 巴黎的国家图书馆（Bibliothèque Nationale）里，收藏着维吉提乌斯著作的20种手稿版本，它们都是11世纪和12世纪制作而成的。古罗马的围城战和中世纪的围城战在知识方面存在着直接的联系，这一点是毫无疑问的。参见J. 布拉德伯里（J. Bradbury），《中世纪的围城战》（*The Medieval Siege*），伍德布里奇（Woodbridge），1992年，第3—4页。——译者注

必然而来的无聊时光。

当时，人们还用一些残忍和不同寻常的器械，来努力粉碎围攻。除了传统的攻城器械，比如云梯、攀爬架、攻城塔、撞击锤和投石机，他们还用过一定的生物战和心理战，这些战法，有可能沦落到极其邪恶的程度。攻城者会把腐烂的动物或人类尸体投进城堡，以削弱守军的士气，或者将它们扔进水

■ 投掷石块的投石机是攻城者的一种重要军械。图中样品显示的是第一次十字军“东征”（1096—1099）期间，军队正在袭击由穆斯林据守的城市安提阿[①]时的情景，选自12世纪提尔的威廉（William of Tyre）所撰的《海外史》（*Histoire d'Outremer*）中的一幅彩绘插画。
（图片来源：布里奇曼图像）

① 安提阿（Antioch），古叙利亚的首都，今为土耳其南部的一座城市。亦译“安提俄克”。——译者注

源，传播疾病。在围城期间，非作战人员会被赶出城堡或者市镇，目的是减少守军中的挨饿人数。而根据交战规则，围城的军队将手无寸铁的市民困在城堡视线范围内的无人地带，任由他们活活饿死，也是一种完全可以接受的做法。他们会把嘲讽、折磨和种种别出心裁、卑鄙残忍的手段全都用上，来摧毁守军的思想和意志，并且促使他们尽快投降。

即便交战时的暴虐程度并非骇人听闻，围攻场所对双方来说也是一个可怕的地方，因为生病与饿死的情况在这种地方屡见不鲜。约翰王的王兄理查就是在 1199 年的沙吕 - 沙布罗尔围攻战中驾崩的。当时，一名用平底锅作盾牌的守军从城墙后射出一支弩箭，射中了他。所以，约翰王的手下与困在罗彻斯特城堡中的贵族们应该都很清楚，摆在他们面前的将是一场危险且有可能致命的遭遇战。

“吾等之时代，实未见如此艰难之围攻与顽强之抵抗。”那位克劳兰编年史家曾如此写道。[228] 数天之中，约翰王一方的投石机不断轰击城堡的围墙，弓箭手和弓弩兵的箭矢则有如冰雹一般射入堡内。可他们很快就发现，那座城堡的防御工事极其稳固，仅靠投掷之物是无法摧毁的。（这种情况，还带有一点小小的讽刺意味：在其统治初期，约翰王曾经提供了 115 英镑，以加固罗彻斯特城堡的防御工事；当时，王室曾经短暂地控制过这座城堡。）10 月 14 日，国王向附近的坎特伯雷市下了一道敕令，要求该市官吏“尽其所能，日夜赶制镐头（即鹤嘴锄），多多益善”。假如城墙无法被撞倒，那么他们就只能从城堡下方发动进击。对于达比尼和守军来说，那可是个不好的消息。幸好，无论坎特伯雷市的官吏们能够送来多少把镐头，掘坑（即在一座要塞的城墙之下挖掘隧道）都不太可能一蹴而就。迅速结束围攻的最大希望，还是从外部解围。

10月26日，一队全副武装的贵族骑兵离开伦敦，朝罗彻斯特方向进击，意欲分散约翰王的兵力。这次出击的兵力达800骑，算是一支强大的救兵。可他们刚到距罗彻斯特25英里远的德特福德，就听说兵力远远多于他们的约翰王正在准备迎击他们。叛军领导层可无意打一场阻击战，因此，尽管他们事实上显然已经发下誓言，要支援罗彻斯特城堡里的守军，可他们还是掉头就跑，逃回了伦敦，然后尽量往好处想。在文多弗的罗哲尔看来，这完全就是一种懦夫之举。他曾写道："彼等转身而去，弃被围之威廉及其手下于不顾，径回老巢。"这位编年史家接着说（很可能属于想象），安处伦敦的贵族们"以掷骰子之危险游戏自娱，凭己意选取最优质之葡萄酒痛饮且诸恶作尽，然置罗彻斯特城堡被围之同伴于死亡之危险境地，任由彼等承受诸般苦难"。[229] 约翰王命手下的弓弩兵和投石兵轮番上阵，对城堡进行持续轰击。达比尼的手下则毫不畏惧，用敌人投过去的石块进行还击。在石块撞击砖石城墙的哗啦之中，镐头与铲子之声依稀可闻，它们在城堡底下一寸一寸地挖开肯特郡的泥土时发出的声音虽说比较微细，却更加致命。

挖掘是一种能够极其有效地突破被围城堡的手段，只不过这样干的时候危机四伏罢了。人们必须在城堡围墙之下挖掘隧道，削弱城堡地基上的防御力量。隧道挖得够大之后，攻方还会故意弄塌地道，希望城堡的一部分会随之塌陷。即便地道有提早塌陷、将挖掘者砸死或活埋的危险，这也是一种行之有效的办法。1203年至1204年期间，约翰王本人就经历过这种熟练的地道挖掘战法带来的恶果。当时，金雀花王朝在诺曼底塞纳河畔据有的最大城堡加亚尔堡部分坍塌，最终落入了法军之手。此堡由约翰王的王兄理查所建，原本易守难攻。之所以坍

■ 长弓兵正在瞄准，选自12世纪德国教士弗赖辛的奥托（Otto of Freising）所撰的历史哲学著作《编年纪》（*Chronica*）中的一幅插画。在整个中世纪的战场上，英格兰和威尔士的长弓兵发挥着决定性的作用。
［图片来源：吉安卡洛·科斯塔（© Giancarlo Costa）/ 布里奇曼图像］

塌，就是因为对方工兵利用“母猪盾牌”[①]，即一面可以移动的木制大盾牌挡住守军的轰击，在城墙底部附近努力挖掘了一条坑道。在整个中世纪，挖掘和堵截地道还将变成两项高超的艺术，而城堡的防御工事也将延伸到地下，其中就包括用于堵截攻方工兵的坑道。必要的时候，守军可以在这种坑道里短兵相接，击退敌方的工兵。[②]然而，在1215年的罗彻斯特，守军却没有办法阻挡约翰王手下挖掘坑道的工兵。

① 这种木制盾牌的样子，就像一头巨大的母猪保护着肚子下面一群正在哺乳的小猪；而在这里，盾牌保护的就是下面的工兵。“母猪盾牌”亦称“猫盾”或“鼬盾”。——译者注

② 如今参观多佛城堡下方中世纪隧道的游客，仍然可以看到说明地下战争这个方面的证据。——译者注

■ 如今依然蔚为壮观的诺曼底加亚尔堡遗址。这座城堡是理查王治下修建的，人们曾经以为这里牢不可破；可不到 10 年，约翰王就在被围 6 个月之后，让此堡落入了法国人手中。由此带来的后果，正是约翰王在 1215 年面临的诸多问题的根源。
［图片来源：赫米斯（Hemis）/ 阿拉米图片库］

约翰王的炮兵和坑道工兵都瞄准了城堡的东南角，因为那里的主堡离城堡四周的护墙很近。很可能是在当年 10 月底或者 11 月初，约翰王一方从上到下的不懈攻击终于成功了，在城堡护墙上撞击出了一个大洞。这是一项重大的成功，证明约翰王为此付出了巨大的努力，投入了众多的人力。这就意味着，皇家军队如今能够攻入城堡的外庭了。尽管如此，他们仍要解决主堡本身的问题，因为那座主堡高达 150 英尺，墙粗城厚，守军此时已经毅然退入其中。约翰王的手下还要做大量的工作，才有望突破主堡。不过，要说这位英格兰国王从不欠缺什么东西的话，那就是决心。所以，他下令手下的工兵继续挖掘。

于是，皇家工兵便继续挖掘。无疑，他们的挖掘速度很快，因为11月25日，约翰王便派人向其首席政法官兼忠心耿耿的臣仆休伯特·德·伯格下了一道敕令，要求后者完成一项极不寻常的任务。约翰王下旨，令休伯特“日夜兼程，将40头最肥、最不宜食用之猪送至朕处，以在城堡塔楼之下点火”。这样做，只有可能说明一件事：他认为主堡东南角之下的坑道已经挖得够深，足以实施这项任务了。坑道即将塌陷。约翰王还希望城堡中4座塔楼里的1座会随之倒塌，因为此时支撑着那座塔楼的，就只有工兵们塞入的木柱了。

猪油在45摄氏度左右融化，在120摄氏度左右起烟；而当温度升至近300摄氏度的时候，猪油就会燃烧起来。约翰王的手下用那40头猪的猪油，将工兵所挖坑道里的木柱全都涂满之后，在罗彻斯特主堡的东南角下点起一把滔天大火，就成了相当容易的一件事情。对于主堡里饥肠辘辘的守军来说，他们必定度过了一段极其不安的时光，因为据文多弗称，到了此时，守军就不得不宰杀战马以食其肉了。[230]木头点燃之时的烟味当中，先是夹杂着烤肉的香气，可随后不久，就变成了猪油燃烧的辛辣气味。点火之后，约翰王的手下大概会停止轰击，因为攻击者全都急切地注视着，看他们数个星期的坑道挖掘工作是否成功。最后，终于传来了砖石垮塌时那种可怕的轰然之声。约翰王手下点燃的那条坑道塌陷之时，东南角那座塔楼也随之垮塌了一大块。进攻者纷纷朝城墙上的那个缺口冲去，达比尼的手下则被迫匆忙撤退，退到了堡中最后一个可能安全的地方。

罗彻斯特主堡的结构非常巧妙：其中有一道坚固的内墙，将整栋主楼隔成了两半，使得他们可以把半数的房间封锁起来。此时，守军中的一小支后卫部队就隐蔽在这堵内墙后面。

然而，其中的空间太过狭小，容不下所有的人，故他们把战斗力最弱的人扔了出去，任由国王的手下处置，后者显然对扔出来的人极其残忍，砍下了他们的四肢，以此取乐。每个人都意识到，结局就是这样了。据文多弗称，守军很清楚，他们只有两种选择：要么出去投降，寄望国王会饶他们一命；要么就是继续在里面顽抗，安然躲在一堵石墙之后，但最终肯定会弹尽粮绝。东南角那道护墙垮塌的数天（或者有可能只有数小时）之后，挤在那堵起分隔作用的石墙之后的残余叛乱者便做出了决定。11 月 30 日，他们进行了商量，然后一致同意："若于敌方无力取胜之战斗中挨饿身亡……实乃耻辱。"下定此种决心之后，他们便缴械投降，走出了最后的藏身之处，全身污秽不堪、面黄肌瘦，将自己和破败不堪的藏身之所残余下来的东西，全都交到了虽然得胜却极其愤怒的约翰王手里。

罗彻斯特城堡之围，持续了近两个月。耗时如此之久，证明了固守此地的叛乱贵族的不屈不挠，亦使得伦敦和东南部的其他战略要地没有落入国王手中。但如此彻底地攻陷了这座城堡，则证明约翰王具有坚定不移的目标，正是这一目标，促使他努力从所受的种种屈辱下重新站起来。国王因不得不面对这种困境而深感愤怒，故希望将所有叛乱贵族全都吊死在绞刑架上。然而到了最后，手下较为冷静的谏言还是说服了他，令他相信，这样做只会在形势逆转之时，令他手下的守军受到对方残暴对待的可能性增大。不管怎么说，当时的战争惯例并不赞成屠杀主动投降而非武力俘获的俘虏，尽管约翰王的手下是挖掘地道才进入主堡内部，但投降仍然是达比尼手下那些希望获得宽大处理的守军主动做出的选择。尽管很可能对这种令人扫兴的结局感到不满，可约翰王还是饶了敌人的性命，只不过，他没有进一步赐予这些敌人自由之身。达比尼及其所率的贵族都被押往科夫堡，扔进了国王那些臭名昭著的地牢里，进行“密切关押”。还有数人，则被留在了约翰王身边；据文多弗所载，这几个人分别叫作罗伯特·德·乔尔恩（Robert de Chaurn）、理查德·吉法德（Richard Giffard）和林肯的托马斯（Thomas of Lincoln）。[231]他们归顺了朝廷，并且最终随之离开了到处冒烟的罗彻斯特城堡废墟，一路向北，往英格兰中部地区而去，到达之后，约翰王将在诺丁汉度过那一年的圣诞节。

鸟、兽与血腥娱乐活动

在金雀花王朝治下的英格兰，人与动物之间的关系非常密切，有时还达到了血腥的程度。从实用意义来看，动物为人们提供了交通工具、食物、衣物，以及促进农业发展的畜力。同时，它们既是掠食者，又是狩猎和血腥娱乐活动的猎物；而狩猎与血腥娱乐活动，正是这个时期欧洲上流社会热衷的两个方面。作为宠物，它们可以成为人类的可爱伙伴；而从心理层面来看，动物也是人类深为着迷的东西。比如说，它们既是神话故事、寓言和传说的主题，是大家族盾徽上所绘的图标，也是中世纪手稿页边那些随处可见的奇怪涂鸦的灵感之源。

中世纪英格兰最常见的家畜就是绵羊。《英国土地志》调查表明，11世纪晚期，绵羊在英格兰家畜中所占的比例高达75%，而到了13世纪初，这一比例似乎也没有发生什么变化。然后是牛，接下来则是山羊和猪。这些牲畜都能提供奶、肉或二者兼具，但只有绵羊能够提供羊毛，而羊毛则是当时英国经济中的主要商品。北海另一侧以佛兰德斯为大本营、当时正蓬勃发展着的布料贸易，严重依赖于英格兰的羊毛出口。其时还有一种健康良性的土布纺织业，即人们将原毛纺成纱线，织成布匹，经过浆洗（即浸泡、清洗和捶打以去除污物和天然油脂，并且上浆）和染色，制出成品，然后拿到市场上出售。这一切，全都依赖于英格兰各地的养羊家庭，当时各家各户都饲养着大群绵羊，总计达数百万只。

不过，要说绵羊数量众多的话，那么还有一种牲畜在数量上虽然少得多，其重要性却能与绵羊相媲美。至少对国王、贵族和骑士而言，最负盛名和最不可缺的牲畜，就是马匹。马匹既是当时的基本交通工具，也是农耕的重要组成部分。在1215年徒步旅行，速度是极其缓慢的，可骑马者每天至少可以行进24英里；若是更换坐骑、分段行进的话，每天还能走更远的路程。对当时耕作土地的下层百姓和拥有土地的上层阶级而言，马匹还变成了一种至关重要的驮畜，可用于拖运货物、拉犁耕地。毫不夸张地说，如果没有马匹，英格兰的经济绝对不可能有当时那么先进和多产。[①]

马匹并非只是在和平时期才有价值。体格最强壮和跑得最快的马匹，是军事进攻时最主要的运送工具：在13世纪，一位全副武装、骑着马的骑士相当于拥有了一辆坦克，在对付步兵时，能给对方造成可怕的伤亡。最富有的军人骑的是战马，而战马又分为军马（身材高大、体格健壮，最适合进行马上枪术比武）、骏马（速度快、反应敏捷，故在战斗中很有用处）和乘用马（即适于追击的多用途马匹，也可当作驮马）三类。驯马是一种体形较为矮小、全身光滑的马匹，适合普通男女日

① 然而，在中世纪的农业中，牛仍然占有重要的地位。一直在巴黎和马格德堡（Magdeburg）工作、生活的僧侣作家“英国人巴塞洛缪”（Bartholomew the Englishman），曾于其撰写的一部题为《物之属性》（*De proprietatibus rerum*）的纲要中不但写到了牛与牧人的情况，还描绘了一位优秀的放牛人能够对着牛儿吹出悦耳的口哨、吟唱动听的歌儿，以便说服牛儿负轭并把地犁得又平又直的故事。——译者注

常骑行。体形较小、较结实的马匹可以当成驮马，用于驮运行李或者拉车。

除了马匹，当时最受英格兰人重视的动物中，有一些也是食肉动物，主要是猛禽和猎狗。狩猎几乎是金雀花王朝初期历任国王及其扈从极其痴迷的一种活动，而 13 世纪初狩猎之风盛行这一点也显而易见，事实上当时的作家已经开始撰写具有实用性的狩猎手册，详细地描述了狩猎的最佳方式。富瓦伯爵加斯顿·费布斯（Gaston Fébus）早在 14 世纪初所撰写的一本

■ 亚当为动物起名。选自英国一部于 1200 年左右撰写和绘制插画的手稿《阿伯丁动物寓言集》（*Aberdeen bestiary*）。（图片来源：布里奇曼图像）

手册中就称，当时主要的猎物有马鹿、獐鹿、黇鹿、驯鹿、野山羊、野兔、家兔、熊、野猪、狼、狐狸、獾、野猫和水獭。据费布斯的说法，猎狗只愿意追逐这些动物。[232] 1220年加冕登基的神圣罗马帝国皇帝腓特烈二世（Frederick Ⅱ），还亲自撰写过一部详细和科学得惊人的鹰猎指南，名为《放鹰捕猎术》（*De arte venandi cum avibus*）。书中既详细描述了各种猎鸟的习性与生理特点，也说明了训练和放出它们去捕获猎物的最佳方法。

约翰王可从来没有撰写过这样的作品，但这并不是因为他对狩猎不感兴趣。他有数百条猎犬，其中包括灵缇犬和血猎犬，养在英格兰各地的行宫与城堡里，以便他不管驻跸在哪里，都可以带着它们去狩猎。除了猎狗，约翰王还与腓特烈二世一样，非常关心所养猎鹰的健康状况。他饲养鹰隼与老鹰，训练它们与禽类猎物搏斗并击落猎物，其中包括野鸭、苍鹭与鹊鸟。实际上，我们从《大宪章》中几款条文的背后，就能看出这位国王对狩猎的兴趣。禽类猎物一般都是在河边觅食、筑巢和生活，而约翰王喜欢用栅栏将水边隔开并将这些地方定为其私人猎场的习惯，正是导致手下臣民心存不满的一个主要原因。宪章中的第47条和第48条规定，国王应当将原先围封的河岸水域恢复到不受限制的状态，并且彻查其手下官吏在水边滥用职权的情况。

当然，人们饲养的狗并非全都是用于狩猎，贵妇们也会饲养哈巴狗，以作消遣。至于猫，考古学家已经发现，到1215年时，猫已经被人们当成家畜驯养，并且已有200年左右的历史了。不过，猫的生活却远不如人们宠爱的动物，因为它们主要是被养来捕鼠，而且人们希望，猫只吃捕到的老鼠。它们捕鼠时，也须靠自己的本领。人们认为猫肉不能食用，因为捕食其他动物这一事实，使得它们像食腐鸟类一样，成了一种禁忌。不过，猫皮却是一种廉价的奢侈品，当时的社会习俗也允许下层百姓穿猫皮制成的衣物。人们经常抓住并杀掉外表漂亮的猫，以获取它们的皮毛。[233]

13 世纪时的英国人，不论男女，都喜欢玩游戏和比赛以作消遣，其中有很多的游戏和竞赛，都会以某种方式涉及动物。对于贵族与骑士阶层而言，比赛旨在培养战争所需的技能，这一点在比武中表现得非常明显。比武是受过良好训练的军人之间进行的一种自由对打比赛，参赛者的目的在于证明自己拥有高超的马术和格斗技能。这种比武，也是一些描绘中世纪的现代小说与现代电影的一大主题。然而，与 15、16 世纪日益仪式化了的露天竞技相比，1215 年的比武更加粗暴混乱。颁布《大宪章》那个时代的比武，是由一个个骑士小组聚集在开阔乡村的大型场地进行的。比赛场地有可能纵横 12 英里，甚至更大。骑士们策马驰骋在比赛场上，相互争抢对方的马匹和人员，抢到的马匹归获胜者所有，被抓到的人员则要支付赎金，才会被释放。

当时，下层百姓通常都是贵族狩猎或者比武时的观众，只不过，他们也会模仿精英阶层中最流行的娱乐活动，马马虎虎地进行消遣。贝克特的传记作者威廉·菲茨斯蒂芬就描述过当时伦敦流行的众多体育消遣方式。[234] 他曾写道，若是在大斋节的一个星期天到史密斯菲尔德走一走，就会看到“一群年轻人”骑着马儿在环形赛道上竞逐，用钝矛相互攻击。“夏季之节日，年轻者皆耽于运动，如射箭、跑步、跳高、摔跤、投石、把标枪掷过标注之位置，及手持长剑、盾牌以作格斗，且乐此不疲。”菲茨斯蒂芬写道。此人还提到，当时伦敦的学校和行业公会都会组织蹴鞠比赛。我们也听说，当时的人会故意激怒公鸡、公牛、野猪和熊等动物，让它们彼此相斗，以供大众消遣，还有市民“以飞禽，以老鹰、鹰隼等猛禽为消遣，携猎犬于林中狩猎”。

就算没有直接涉及动物，普通百姓进行的体育活动也受到了军事方面的影响。菲茨斯蒂芬描述过这样的情景：伦敦桥下，数艘小船顺流竞驶，一些伦敦人则站在船尾上相互打斗，看谁能用矛尖击中一面固定的木制盾牌。伦敦北面的沼泽在冬季封冻之后，年轻人会用动物的胫骨做成冰鞋，跑到沼泽上玩耍。其中较为勇敢的人还会进行冰上比武，用长矛相互攻击。菲茨斯蒂芬写道，他们经常会受伤骨折，且“无论何时，凡头部触冰者，头皮尽掉”。

13 世纪时，人们对动物的兴趣并非仅限于赶着它们去劳作，或者将它们宰杀。动物本身既有独特的魅力，又很有意思。约翰王统治时期，王室也首次开始将伦敦塔变成了一座皇家动物园。亨利一世曾经在牛津郡伍德斯托克的皇家庄园里豢养了许多动物，其中有狮子、老虎、骆驼和豪猪，而在伦敦塔里设立皇家动物园的做法意义深远，且那座动物园将持久存在 600 多年。从 1210 年起，伦敦塔里就饲养了数只狮子，它们很适合由金雀花王族豢养，因为这个王族的纹章上就是 3 头雄狮。在伦敦开始有狮子那个时期前后编纂的一部动物寓言集里，说明了来到伦敦的游客对狮子的印象。书中指出，狮子身上呈现

■ 12 世纪末 13 世纪初英国一部动物寓言集的插画中，绘有一条引人注目的鱼。动物寓言集是根据动物的特点与习性（既有真实的，也有传说中的），用寓言的形式阐述基督教的教义。（图片来源：大英图书馆）

出了人类国王的理想特质，即性情凶猛，却又不无仁慈之心。作者如此写道："狮子之仁慈本性，已为无数实例所证明。彼等必怜恤躺于地上者，必领其虏获者归家。彼等喜袭男子，而非女子。若非饥不择食，彼等不食童子。”[235]

这种说法似乎更像寓言，而不是在实打实地描述狮子。不过，这一点并不像中世纪之人对动物所持的其他观念那样奇怪。据同一部动物寓言集所载，海狸在受到追逐的时候会咬掉自己的睾丸，因为它们很清楚，人类看重的是海狸睾丸的药用价值。据说黑豹呼出的气味甜美芬芳，能够引诱世间的所有动物，让它们全都跟着它，只有龙除外，因为龙一嗅到那种气味，就会躲藏起来。饥饿的狐狸会在肚皮上涂抹红泥，然后一动不动地躺在那里，假装成腐尸，等禽鸟俯冲下来啄食的时候，狐狸立即就会活过来，抓住鸟儿吃掉。

或许可以说，当时最奇异的动物并未豢养在皇家动物园里，而是存在于编年史家天马行空的想象中。据那位克劳兰编年史家称，1215 年之前的那一年很值得注意，因为当年英格兰出现并捕获了一些“奇形怪状的鱼”（pisces insolatae formae）。[236]这种鱼的鳞片上的图案，显得它们就像是装备了盾牌与头盔，宛如一个个士兵。威尔士的杰拉尔德曾经游历过不列颠群岛各地和一些更远的地方，还撰文描述了他遇到过的众多举止怪异的动物。在《爱尔兰之地形与历史》（*History and Topography of Ireland*）一书中，他记载说：“吾于巴黎曾见一狮，乃一位红衣主教于此狮子尚幼之时所送（给腓力·奥古斯都）。此狮常示其兽爱于一名为乔安娜（Johanna）之愚女。”据杰拉尔德称，那头雄狮若是逃出了笼子，就只有乔安娜利用“女之花招”，才能让它平静下来。杰拉尔德还在爱尔兰看到过一头山羊，“因其毛长角高……而引人注目”，是康诺特国王鲁阿德里（Ruaidri）豢养的。假如我们相信杰拉尔德所载，那么这头山羊的行为就跟腓力·奥古斯都的那头狮子简直一模一样，因为它“曾与某位……不幸之女子进行交合”。尽管杰拉尔德明显

■ 一条水蛇钻入鳄鱼嘴中并从其腹部钻出来，从而杀死鳄鱼的情景。13 世纪的人凭想象力创造出了许多奇怪的动物，它们比自然界中存在的动物更加不同寻常。

（图片来源：大英图书馆版权所有 / 布里奇曼图像）

对这些故事津津乐道，他却相当谨慎地在每个故事中插入了表明自己并不赞同的强硬之语。比如在描述康诺特那头山羊的时候，他就如此写道："实乃无耻与难以启齿之事！"他还认为，应当将巴黎那头狮子处死，"非为其犯有罪孽……乃为世人忆至此举时，当心中凛然"。

第八章

世间无神

在罗彻斯特城堡前让一支由外国人和雇佣兵组成的军队驻扎近两个月的时间，既费钱又令人懊丧，因此在攻陷城堡之后的那几个星期里，约翰王便放松了对手下将士的约束，任由他们胡来。将士们四下劫掠。围城期间，罗彻斯特周围地区已经遭到了严重的破坏。如今，随着圣诞节临近，国王更是允许手下军队将这种恐怖行为的范围扩张到了全国各地。这样做，真可谓胆大妄为。可话又说回来，当时的形势似乎的确在朝着有利于约翰王的方向发展。攻陷罗彻斯特城堡是一项重大的军事成就，而叛乱诸爵引诱法国的路易来当英格兰国王并与约翰王一较雌雄的企图，迄今也收效甚微。尽管萨伊尔·德·昆西和赫里福德伯爵亨利·德·波洪（Henry de Bohun）两人已经前往法国，敦促路易抓紧启程，可路易亲王只派了140名骑士来到了伦敦。除此以外，路易似乎还没有做好亲自率军全面入侵英格兰的准备。

与此同时，在罗马，约翰王对抗叛乱贵族的政治理由也日益变得强大起来。宛如一种罪恶的巧合，就在罗彻斯特城堡护墙塌陷的那一天，即11月30日，教皇英诺森三世对那些胆敢反对英国国王的人又大加谴责了一场。整个11月，英诺森三世都在主持召开“第四次拉特兰会议”，想要联合教会中的各个派别，以支持他提出的第五次十字军“东征”。只不过，此次会议颁布的教令，最终却更加深入地影响到基督徒的生活。此次大会还给英诺森三世提供了一个继续亲自介入英国事务的机会，因为当时除了 4 位主教，英格兰其余的主教全都参加了这次大会。

“第四次拉特兰会议”颁布的 72 条教令或教规，对教会生活做出了范围广泛的改革。其前言中，还提到了创世纪、人类的堕落，以及对“三位一体”信仰的救赎承诺。这样的大会，一代人的时间里充其量也只能举行一次：“第三次拉特兰会议”是在 1189 年召开的，而“第五次拉特兰会议”又要过上差不多 300 年，到 1512 年才召开。英诺森三世召集了 1000 多位神职人员，其中还包括 4 位教会大牧首①中的 2 位，号召大家支持他关于复兴基督教的宏大愿景，要求他们把组织一场新的宗教战争的信息带回各自的国内。

此次会议，涉及了众多不同的问题。[237] 首先就是教皇长期以来对异端和非正规教义的担忧：会议谴责了“违背此种神圣、正统而普遍之信仰的所有异端邪说”，威胁说要将“不论以何为名的所有异教徒”逐出教会并施以诅咒。英诺森三世最重视的，当属法国南部的“纯洁派”异教徒，他已经对那些异教徒发动了一场残酷的镇压运动。不过，英国人当中信仰异教和旁门左道的人也不少。沃尔特·曼普记载过一个尤其淫秽的故事，称“纯洁派”教徒的主人曾经变成一只巨大的黑猫，命令他们做出了兽性大发的淫乱之举。曼普接着说：“前来英格兰者……不过 16 人，英国国王亨利二世下旨以烙印加之其身，并以棍棒抽打之，故如今彼等踪影全无”。[238] 此事发生在 12 世纪 60 年代，自那以后，英格兰便以消灭了有组织的异端邪说

① 大牧首（patriarch），基督教东正教派的首领。——译者注

morari Romae contra dictam sectam illius favore domini papae operire. Sed cum facta electio ad regis audientiam pervenisset, misit nuncios ad curiam Romanam qui contra electionem illam in praesentia domini papae exceptiones hujusmodi induxerunt. Allegabant enim archiepiscopum Cantuariensem regis Angliae hostem esse publicum, ut qui baronibus Angliae incentivum contra regem eundem praebuit et consensum. Unde si dictus Simon, qui frater est archiepiscopi memorati, ad archiepiscopatum Eboracensem promoveretur, pax regis et regni diu stare non posset. Haec et similia allegantes incommoda, papam ad consensum induxerunt. Unde capitulo Eboracensi scripsit in haec verba. Innocentius episcopus servus servorum Dei, etc. Cum magister Simon de Langetune cum quibusdam aliis canonicis Eboracensibus in nostra nuper esset praesentia constitutus, nos ei viva voce inhibuimus ne ad optinendum archiepiscopatum Eboracensem intenderet, quod id etiam ex causis minime pateremur. Et ipse quidem contra mandatum ubi expressit hic annuit reverenter. Unde mirari cogimur et moveri, si ipsum ambitio adeo excaecavit ut cum sciret se per nostram prohibitionem et suam promissionem expressam eligi de jure non posse, si tamen praestiterit electioni consensum, quam nullo alio contradicente nos irritam habemus. Sed ne hac occasione fiat in Anglia novissimus error pejor priore, vel Eboracensis ecclesia diutius maneat pastore viduata, de communi fratrum nostrorum consilio per apostolica vobis scripta praecipiendo mandamus, et in virtute obedientiae districte praecipimus, quatinus electione hujusmodi non obstante, appellatione cum insolentia et machinationibus hujusmodi sustinere nolumus nec debemus, omni occasione ac tergiversatione cessantibus, aliquos ex vobis cum omnimoda potestate ad nostrum concilium destinetis, qui saltem usque kalendas Novembris nostro se conspectui repraesentent, personam idoneam de nostro electuri vel postulaturi consilio in pastorem. Alioquin ex tunc nos ipsi curabimus de idoneo vobis persona providere. Contradictores si qui fuerint vel rebelles per districtionem canonicam graviter puniri punituri. Si vero praefatus Simo electioni de se factae consensit, nos penam in penam suae praesumptionis statuimus ut ineligibilis fiat, nec de caetero absque dispensatione sedis apostolicae speciali ad pontificalem eligi valeat dignitatem. Datum 18 Septembris pontificatus nostri anno xviii.

De suspensione Stephani Cantuariensis archiepiscopi.

Hac de praedicta tempestate, Petrus Wintoniensis episcopus et magister Pandulfus ad archiepiscopum Cantuariensem personaliter accedentes, ex parte domini papae firmiter praeceperunt ut sententiam sedis apostolicae in barones Angliae nomine generaliter latam suffraganeis Cantuariensis ecclesiae omnino faceret publicandam, et ipsemet quantum ad ipsum spectabat singulis diebus dominicis et festivis per totam Cantuariensem dioecesim faceret publicare. Erat autem idem jam naves ingressus ut Romam ad concilium properaret; unde postulavit inducias quousque domini papae colloquio frueretur, ad sententiam publicandam constanter affirmans quod tacita veritate sententia fuerat in barones lata, et ideo nullo modo illam se publicaturum respondit, donec super praemissis viva voce summi pontificis cognosceret voluntatem. At memorati hujus rei executores cum archiepiscopum domini papae praeceptis inobedientem cognovissent, auctoritate qua fungebantur usi, ipsum ab ecclesiae ingressu ac divinorum celebratione suspenderunt. Qui cum ille suspensionem humiliter observans, sedem apostolicam suspensus petivit. Tunc episcopus Wintoniensis cum conjudice suo Pandulfo barones Angliae omnes qui regem a regno depellere moliebantur excommunicatos denuntiavit, singulis diebus dominicis ac festivis latam sententiam innovavit. Sed magnates, quia in auctentico domini papae nullus eorum fuerat nominatim expressus, dictam sententiam non observantes tanquam nullam reputabant.

De concilio generali a papa Innocentio celebrato.

Eodem anno, id est ab incarnatione Domini MCCXV, celebrata est Romae a papa Innocentio sancta et universalis synodus in ecclesia Sancti Salvatoris quae Constantiniana appellatur, mense Novembri, praesidente papa domino Innocentio tertio pontificatus ejus anno xviii. In qua fuerunt episcopi cccc et xii. Inter quos fuerunt de praecipuis patriarchis duo, Constantinopolitanus videlicet et Jerosolimitanus. Antiochenus vero gravi languore detentus venire non potuit, sed misit pro se vicarium suum Antaradensem episcopum. Alexandrinus vero sub Saracenorum dominio constitutus fecit quod potuit, mittens pro se germanum diaconum suum. Primates autem et metropolitani lxxvii, abbates et priores ultra octingentos. Procuratores vero archiepiscoporum, episcoporum, abbatum, priorum et capitulorum absentium ceteris non fuit numerus. Legatorum vero imperatoris Constantinopolitani, regis Siciliae in Romanorum imperatorem electi, regis Franciae, regis Angliae, Hungariae, Jerosolimitani, Cypri, Aragonum, necnon aliorum principum et magnatum, civitatum et aliorum locorum ingens affuit multitudo. His omnibus congregatis in loco suo praefato, et juxta morem conciliorum generalium in suis ordinibus singulis collocatis, facto prius ab ipso papa exhortationis sermone, recitata sunt in pleno concilio capitula lx, quae aliis placabilia atque aliis videbantur onerosa. Tandem de negotio crucis Christi et subsidio Terrae Sanctae verbum praedicationis exorsus subintulit dicens: Ad hoc tamen inquit in negotio Jhesu Christi de contingentibus nihil omittatur, volumus et mandamus ut patriarchae, archiepiscopi, episcopi, abbates, priores et alii qui curam optinent animarum studiose proponant populis sibi commissis verbum crucis, obsecrantes per Patrem et Filium et Spiritum Sanctum, unum solum verum aeternum Deum, reges, duces, principes, marchiones, comites et barones aliosque magnates, necnon communia civitatum, villarum et oppidorum, ut qui personaliter non accesserint in subsidium Terrae Sanctae competentem conferant numerum bellatorum cum expensis ad triennium necessariis secundum proprias facultates, in remissionem peccatorum suorum prout in litteris generalibus est expressum. Sed et illos hujus remissionis volumus esse participes qui ad hoc opus naves studuerint fabricare. Renuentibus autem, si qui forte ingrati fuerint, protestentur illis ex parte nostra ut sciant se super hoc nobis in tremendo judicio districti judicis responsuros. Considerantes tamen prius qua conscientia quave securitate comparere poterunt coram unigenito Dei Filio, cui Pater omnia dedit in manus, si ei pro illis crucifixo servire renuerint in hoc negotio quasi proprie sibi filio, cujus munere vivunt, cujus beneficio sustentantur, cujus et sanguine sunt redempti.

Nos autem aliis exemplum praebere volentes, xxx millia librarum in hoc opus concedimus et donamus, praeter navigium quod crucesignatis de hac urbe atque vicinis partibus conferemus; assignaturi nihilominus tria millia marcarum argenti quae apud nos de quorundam fidelium eleemosynis remanserunt. Cupientes autem alios ecclesiarum praelatos necnon et clericos universos et in merito et in praemio fore participes et consortes, statuimus ut omnes tam subditi quam praelati vicesimam ecclesiasticorum proventuum usque ad triennium conferant in subsidium Terrae Sanctae, illis exceptis qui assumpto vel assumendo crucis signaculo sunt personaliter profecturi. Nos autem et fratres nostri sanctae Romanae ecclesiae cardinales plenarie decimam persolvemus. Statuimus quoque ut omnes clerici sive laici post crucem assumptam sub beati Petri ac nostra protectione securi maneant, necnon sub archiepiscoporum, episcoporum ac omnium

Quidam qui in eodem concilio exstiterat de nobili turri quam papa Innocentius construxerat fratri suo comiti Ricardo ex redditibus ab ecclesia raptis ait:

Per vicium Iezabel Romae stat in arce nova bel. Condempnatur Abel, fratre retenente Label. … Quia turris confusionis et peccati fuit et dicebatur.

Concilium sub Innocentio papa celebratum Lateranensi.

Hoc concilio generali sedente sub papa Innocentio anno gratiae MCCXV praelati fuerunt ex toto mundo: primates archiepiscopi lxxi, episcopi cccc et xii, abbates autem et priores dccc.

Et patriarcha et primas pleraque pro eodem dicuntur. Quatuor dicuntur patriarchae principales:
Constantinopolitanus
Alexandrinus
Antiochenus
Jerosolimitanus.
Alii proprie dicuntur primates:
Aquilegensis
Gradensis
Cantuariensis
Bituricensis
et similes, hec et se quoque nolent patriarchas.

而著称。然而，英国人对教义问题却在一定程度上持普遍怀疑的态度。1200年，伦敦修士康沃尔的彼得（Peter of Cornwall）曾写道："不信上帝之存在者众。彼等皆云，世界……之主宰，为偶然而非上帝……亦不信人之灵魂于肉体死亡后能继续存在。"[239] 就算约翰王当时正在考虑对异教邪说放松监管，此次"拉特兰会议"颁布的教令，也会让他心生犹豫，因为教令的声音洪亮而威严："倘有世俗君主……疏于清除国内之此种异端污秽，当以逐出教会惩之。"

"第四次拉特兰会议"采取了严厉的行动来提高神职人员的素质和教育，而对那些沉溺于肉欲、酗酒和其他放荡之举的教士，也毫不纵容。其中有一条措辞严厉的教规，禁止神职人员在教会圣所留有自己的家具，并且谴责了"祭坛遮布与圣餐仪式用布肮脏至极，有时令人骇然"的现象。神职人员禁止携犬或携鹰狩猎，也禁止豢养猎狗或猎鹰。他们既"禁止观看哑剧与伶优之表演"，也不得穿时髦或装饰花哨的衣服。教士在性方面的不检点，当"依教会律例之规定"进行惩处，且教士可因酗酒而被停职。此次会议尤其关注饮酒行令的恶习，因为"某些地区饮酒者彼此较劲，一饮再饮；凡令酩酊者众、酒量最佳者，余人皆颂之"。

当然，上述规定是否从根本上改变了神职人员不守规矩的现实，是否改变了他们的观点，这一点还有待商榷，因为自负与放纵等相同罪孽，也将是16世纪宗教改革运动背后那种反对教会干政之思潮的主要基础。然而，在其他生活领域里，"第四次拉特兰会议"却将产生深远和持久的影响。教规第18条指出：

■ 1215年11月召开的"第四次拉特兰会议"上，有1000多位教士与会。此次会议颁布的教令，将对成百上千万人的生活产生深远的影响，且其当时的意义似乎远远超过了《大宪章》。
（图片来源：由剑桥基督圣体学院的院长董事会授权复制）

教士不得裁决或宣布死刑；教士不得执行见血之刑，或身处血刑之现场……亦不得书写或口授信函，要求行见血之刑……教士亦不得指挥雇佣兵、弓弩兵及诸类嗜血之士……凡行沸水、冷水或烧红之烙铁等神断涤罪之法者，不得赐福或祝圣。

这条教规虽然简短，却重新规定了神职人员以及他们为之服务的世俗权力之间的界限。世世代代以来，主教们都能骑马上阵作战；如今，主教尚武的日子就屈指可数了。虽然教士们仍会参加战斗与围攻，但在随后的数个世纪里，他们使用的武器将变成十字架、圣物和祷告，而不是棍棒和钉锤了。正如我们已经看到的那样，神断法将被淘汰。

如果说“第四次拉特兰会议”开启了一种进程，让教会由此放弃了裁决和管理世俗司法的核心角色，那么在其他领域，这次会议却促使基督教教义更加深入地渗透到了普通百姓的生活当中。教规第 21 条规定：“凡年纪已能明辨是非之基督徒，当私下向牧师忏悔自己所犯之一切罪过，每年至少一次，男女皆然。”此后，所有人都“至少应于复活节时，以诚惶诚恐之心领受圣餐圣礼”。在 12 世纪，忏悔已经变成民众宗教生活中一个日益重要的组成部分，且教会鼓励民众在“濯足星期四”（亦称“告解日”）进行忏悔。“第四次拉特兰会议”颁布的教令中包括忏悔这个方面，就凸显出此时忏悔在教会圣礼中占据了核心地位。大会还把忏悔跟圣餐礼紧密联系了起来。这种仪式，用“面包与酒变成基督之血肉”的奇迹，将基督教世界的所有人团结起来了，故是中世纪宗教文化的核心支柱之一。[240]“第四次拉特兰会议”之后的那一代里，庆祝圣餐礼还促生了一个新的节日，即基督圣体节。到了 14 世纪，基督圣体节便成了教会中最重要、最热闹的盛大节日，在圣三一主日（5 月中旬

■ 14 世纪法国一部彩绘手抄本里描绘的忏悔场景。通过 1215 年“第四次拉特兰会议”制定的一项法令，每年向教区牧师忏悔一次的做法更加牢固地融入了普通天主教徒的生活当中。
（图片来源：布里奇曼图像）

到 6 月中旬之间一个时间不定的节日）后的星期四举行，其间会有游行和神秘剧①表演。讽刺的是，其间竟然也会出现种种放纵之举，比如暴饮暴食、酗酒与不道德的行为，而“第四次拉特兰会议”原本却煞费苦心地谴责过这些方面。

“第四次拉特兰会议”做出的决定于 1215 年 12 月诏告整个基督教世界时，人们还远未理解这场会议的全部意义。据文多弗的罗哲尔称，其中的各款规定似乎“有人喜欢，有人厌烦”。[241] 不过，倘若想一想当年达成的哪项协议对英国社会产

① 神秘剧（mystery play），中世纪一种宣传宗教的戏剧。——译者注

生了最为持久的影响，那么，我们会不会想到约翰王与叛乱贵族之间那份短命的、无果而终的协议呢？兰尼美德带来的和平，很快就化为了泡影。英诺森三世制定的教规篇幅虽然与《大宪章》差不多，似乎却会带来更加重大的变革。

在当时的政治背景之下，“第四次拉特兰会议”期间发生的事件，对英格兰产生了巨大的影响。在11月4日大会开幕时，英诺森三世确认了暂停斯蒂芬·兰顿大主教职务的消息，作为对此人在过去9个月里未能让叛乱诸爵归顺的处分。[242] 在最后一场会议中，教皇又确认了将英格兰所有贵族“及其帮凶”逐出教会的谕旨，并将这一裁决送至英格兰，以便每个礼拜日和节日都在全国各地的教堂里加以公告。教堂公告这一裁决的时候，还会鸣钟。其实，这不过是对教皇派出的使节在两个月前就已宣布的决定进行了确认而已，可教皇依然坚定支持他的消息，必定让约翰王大受鼓舞。如今，他就可以信心十足地去过圣诞节，相信王国很快就会再次回到自己的掌控之中了。

12月18日是星期五，约翰王率领随从人员，来到了赫特福德郡的圣奥尔本斯修道院，研究对叛乱贵族下一阶段的作战。星期日，他将支持者召集到这座异常庞大的修道院的礼拜堂里。修士们全都到场，宣读了教皇关于将兰顿大主教停职、将贵族们全都逐出教会的信函。过后，约翰王便与他最宠信的一些谋士退到了修道院的回廊里。据文多弗的罗哲尔所载，他们在那里“定下彻底击溃敌人之计，且部署了于其手下作战之外籍雇佣兵之报酬”。[243]

他们制订的计划，战略上非常简单，战术上却极其无情。皇家军队将一分为二。约翰王将率领一半的兵力前往北方。威廉·朗格斯佩同约翰王的外籍顾问及军事领导人福尔克斯·德·布劳特（Falkes de Breauté）、莫伦的萨瓦里奇（Savaric of Mauléon）将率另一半军队留在南部。这两支军队，将“以烈火与刀剑摧毁全国”。[244] 尽管像威廉·马绍尔这些仍然留在国王身边的保皇派提出过谏言，声称“对交战双方犯下之暴行深感痛惜”，可此战仍然演变成了一场全面战争，并且主要是由外国的职业士兵来进行的。[245] 任何抵抗王室军队的人，都将面临可怕的结局。

随着约翰王打算任由手下军队烧杀掳掠的消息传播开来，叛军的情绪顿时开始低落。“彼等皆已气馁，”那位克劳兰编年史家如此写道，“惊恐之下，彼等纷纷聚于伦敦或拥入修道院。此时，几乎无人再信得过城堡要塞。”[246] 这一点，并不令人惊讶：罗彻斯特城堡曾经是英格兰最坚固的要塞之一；国王若是率领手下，带着有如森林一般望不到头的投石机，带着一群群身背镐头的工兵和猪油前来进攻，那么，防御力量原本就没有如此强大的其他城堡，又有什么抵挡得住的希望可言呢？

没人愿意去对抗一支主要由雇佣兵组成且获准肆意作恶的军队。早在一代人之前，沃尔特·曼普就曾写道，雇佣兵与那些躲避人们的异教徒一样堕落。曼普称之为“结队劫掠者”，但他们也被称作“布拉班特人”（Brabançons），因为人们普遍认为，最嗜血好杀的雇佣兵都来自“低地国家”①，尤其是来自布拉班特地区。（当时还有一些招募士兵的理想之地，包括阿拉贡、纳瓦拉、巴斯克地区和威尔士。）雇佣兵是为了利益而

① 低地国家（Low Countries），指如今的荷兰、比利时和卢森堡，因海拔很低而得名。——译者注

战，并非为了忠诚，且通常都是去国外作战。人们认为，这种雇佣兵既不会在意与之对垒者的幸福，也不会顾及作战地区的风俗习惯。[247] 在沃尔特·曼普的笔下，这些结队劫掠者“全身上下，皆为皮革、铁器、棍棒与刀剑所武装”。他还谴责说，雇佣兵“将修道院、村庄及市镇化为灰烬，不分青红皂白，凭借武力奸淫掳掠，且皆发自肺腑而云：‘世间无神’”。[248]

1179 年，教会召开的一次会议，曾将所有雇佣兵及供养雇佣兵的人都革除出教，因为“彼等既不尊重教堂和修道院，亦不怜惜孤寡老幼，不分年龄性别，反如异教徒一般，破坏一切、摧毁一切”。当时许多德高望重的英格兰骑士都同意这一观点。威廉·马绍尔就非常瞧不起约翰王手下的雇佣兵。他认为这些人不但恶名昭著，作为盟友也并无多大用处。他的传记中声称，1215 年秋季和冬季，约翰王手下的“外籍骑士携兵士每日劫掠……几无片刻虑及如何推进国王之战争大业，反而一意欲将王之国度夷为平地”。[249]

约翰王命手下的郡长和军事指挥官没收叛乱诸爵的土地分给保皇派，因第一要务就是“当处置国王之敌与叛国者之土地”。[250] 朝廷的中书省迅速颁布了大批不祥之令，准许全国各地支持国王的保皇派肆无忌惮地开始夺取敌人的土地。接着，约翰王从圣奥尔本斯出击，一路往北，直捣叛乱乡村的核心。文多弗的罗哲尔曾经生动形象地描绘了约翰王所到之处造成的破坏。他称，这位国王：

令所率之军散于各地，焚毁贵族之房屋府邸，劫掠其资财牛羊，所到之处，万般尽毁，凡见者所睹，皆为惨况。倘一日所毁之资财不如王意，即令放火兵于行军途中点火，焚毁篱笆市镇，以损毁敌之财物为爽目之举，劫掠则可令代施其暴行之邪恶者获益。凡未入教堂避难之居民，皆不论身份地位，一律被囚，饱受折磨，且须支付重金方可赎出。掌管叛乱诸爵所拥城堡之总管，闻知王军到来，皆仓皇出走，遁往隐秘之所，令城堡空无一人，所余给养及资财皆为即将到来之敌所有；王将空置之城堡赐诸党羽，并以此法率其邪恶之师，直抵诺丁汉。[251]

约翰王率军抵达诺丁汉时，刚好赶上过圣诞节。于是，他便在那里驻停了数天。据那位克劳兰的编年史家称，约翰王“未循惯例，而于征途之上”度过了圣诞节。他一心要用恐怖手段来统治王国的既定努力，丝毫没有减弱的迹象。此时的英格兰陷入了战争的魔爪之中这场战争，不但沉重地压在引发战争的叛乱贵族头上，也沉重地压在占人口绝大多数的普通百姓头上。这些民众在《大宪章》中根本就没有被提及，可《大宪章》未能起效，却无疑对他们造成了伤害。

13世纪时，英格兰大多数百姓都是农民，都是生活向来不易的乡村小农。其中有一小部分自由民，可以自由选择生活和工作之所，能够向皇家法庭进行申诉，甚至还有可能运气不错，获得土地，以供出租或者在农忙时节雇用邻居去帮忙。然而，大多数人都属于农奴，也就是所谓的乡农、佃农或者世袭农奴。这些人实际上属于所耕土地的领主。要想让领主允许他们生活、吃饭、耕作、结婚、养家及最终平静地离世，条件就是他们每年都须无偿替领主劳作几个月。他们不能离开领主的采邑，并且只能听从领主手下官吏的摆布。一家中的父亲去世后，留下的家人还得支付“租地继承税”。这种税，须用家里最好的公牛、奶牛或者马匹来缴纳。女儿出嫁时，他们须向领主缴纳一种称为“婚嫁费”的税费。而且，领主还会视一年中合适的时候，随意征收统称为“领地税”的各种赋税。农奴可以与他们赖以生存的土地一起被人买卖。实际上，他们就是领主的财产。

“诺曼征服”以前，英格兰曾经维持过一种繁忙的奴隶贸易业，即购买或者绑架村民，然后将他们运送到王国的其他地方出售，尤其是运到爱尔兰出售。12 世纪初，主要由于教会施加压力，英格兰不再从事奴隶贸易了。11 世纪的奴隶与 13 世纪的农奴，处境上具有重大的差异，因为农奴起码与一块土地有关，而且，即便他们的自由受到了严格的限制，农奴还是可以在一定程度上按照自己的意愿生活。领主不能仅凭自己的意愿，就随意杀害或者残害农奴，也不能买卖农奴，使之骨肉分离。但是，对相关人员而言，农奴制与奴隶制之间的区别却有可能并非总是显而易见的。

农民通常生活在英格兰各地杂乱无章的小村庄里。当时的村落高度依赖邻近村落之间的交流，依赖土地所属的领主的仁慈与保护，依赖天气的变幻莫测。在村庄里，我们可以看到一种相对较为广泛的繁荣景象。家境最殷实的自由民，可能保有多达 50 英亩的土地；但对绝大多数农奴而言，他们可以耕作的土地却只有 5 至 30 英亩。[252] 低于这一水平的家庭，或许只能靠一两英亩土地勉强为生，甚至更少；如若不然，就只能完全依靠邻居的施舍或者靠邻居雇用来谋生了。

当时，家家户户都住在木质结构的房子里；房屋一般长 25—50 英尺，宽 12—16 英尺。其中最好的房子会建有石墙、黏土墙或者“柯伯”墙（一种由黏土、稻草和水形成的混合物），里面既住人，也养牲口。农民家庭用以养活自己的物产，在一定程度上取决于他们生活在国内哪个地区。在英格兰的大部分地区，养羊都是一项重要的生计。此外，农民还在自家地里或者领主的土地上种植庄稼，耕作大片土地，用牛拉犁铧耕成长条形，春季播种玉米、小麦、燕麦或大麦，夏末则可收割。他们饲养的猪、牛，都在公共牧场上放养；离农家不远的菜园，则会出产众多有益的家用作物，比如洋葱、韭菜、卷心菜、豌豆、豆荚、欧洲防风草、芹菜、大蒜、欧芹、苹果、梨子、李子、樱桃和胡桃。南方地区的农民偶尔还会种植葡萄，当时英格兰出产的葡萄酒比如今更加常见。然而，对于农民而言，他们的主要饮品并非葡萄酒，而是啤酒。因此，啤酒酿造是一项至关重要的工作，而酿制技艺不佳的人，还会受到严厉的惩处。（比如说在切斯特，这种酿酒师会被戴上“马桶”，它可能是一种枷锁。[253]）酿酒并不是当时农民可以从事的唯一一项专业工作，13 世纪初一些法律诉讼档案中记载的姓氏表明，英国当时还有面包师、管家、木匠、厨师、染匠、渔夫、搬运

■ 随着 13 世纪向前发展，英国羊毛贸易的数量与重要性也将不断增长。选自《鲁特瑞尔诗篇》的这幅彩绘插图中，人们正在羊圈里给绵羊挤奶，两名女子则头顶着容器，正在离开。（图片来源：大英图书馆版权所有 / 布里奇曼图像）

工、磨坊工、铁匠、制革工和织布工。① 254

有一份值得注意的文献，其撰写于1215年之后那一代前后，其中描绘了13世纪时英国农民的生活。[255] 它原本是一封信，旨在教给学生写作的基本套路，但此信还揭示了当时人们对绝大多数英国人生活的看法。无疑，为了达到修辞效果，信里带有一丝夸大其词或者讽刺夸张的色彩。不过，其中仍然呈现出一种截然不同于《大宪章》(其条款是贵族、主教和骑士们制定的）中所述的生活，以及一个截然不同于《大宪章》中所述的世界。

“甲农写给乙农的信，谨致问候。”那封信如此开头。

> 尔已知晓，吾等领主之严酷、百夫长之狡猾、城镇长官之邪恶及土地之几于贫瘠，俱为无可估量之不利因素。吾等几无休息之时……吾等虽活，世间亦无一物，可让吾等精神为之一振……自由之人既恶粗俗之举，亦恶平民百姓；若无理性之灵魂，吾等定被视作其中之疯犬。于此之中，吾等须具吃苦耐劳之能；如若不再怨天尤人，吾等之不幸自当减少。吾等唯有一事，可为慰藉：吾等终将死去；人之既死，其役亦止。

那么，《大宪章》之后爆发的那场战争，对农民家庭又意味着什么呢？对他们而言，几个月的协商与努力，并不代表英国的司法制度发生了一种重大的转变。相反，约翰王及手下贵族之间的纷争意味着，这种苦难每隔一代人就会爆发一次。12世纪至13世纪初的英格兰，其实是一个比法兰西更加和平安

① 英国很多的姓氏都源自他们所从事的职业，比如此处的“面包师”（Baker）、“管家”（Butler）、“木匠”（Carpenter）、“厨师”（Cook）、“染匠”（Dyer）、“渔夫”（Fisher）、“搬运工”（Porter）、“磨坊工”（Miller）、“铁匠”（Smith）、“制革工”（Tanner）和“织布工”（Weaver）都是如此，但我们在翻译时一般从音译，分别译为“贝克”“巴特勒”“卡本特”“库克”“戴尔”“费舍尔”“波特”“米勒”“史密斯”“坦勒”和“维弗尔”。——译者注

宁的国度，因为其间英国进行的战争，主要都发生在法国。[256] 只不过，动乱一旦爆发，就会惊心动魄。

12 世纪的诺曼诗人罗伯特·怀斯（Robert Wace），曾经笔调沉重地描述了军队四下劫掠的时代是一种常见的战争经历。“彼等令优秀民众与大好河山陷于悲痛、罹遭伤害，无以复加，”他如此写道，不禁让我们想起士兵“焚烧房屋、摧毁市镇，追捕、殴打及杀害骑士、农奴、牧师、修士与修女……尔等当见，土地被毁、妇女受犯、男子为长矛所刺、摇篮中之婴孩被开膛、财产被夺、牛羊遭抢、高塔受毁、市镇被焚，比比皆是”。[257] 这可不只是一首基调阴郁的战争诗歌。《智慧篇》（*Book of Wisdom*）① 中有一句老话说：“强者所受之苦难亦重。”[258] 只不过，强者从来都不是独自承受苦难罢了。

1216 年元旦那天，传统上是一个赠送礼物的日子，约翰王的手下却袭击了埃塞克斯郡的考格斯霍尔修道院，抢走了 22 匹马。[259] 如此开始这一年，说明当时的形势相当严峻。此后，局势也并未好转。约翰王发泄怒火的第一个目标就是北方，尤其是那位黄头发的苏格兰王，因为后者曾经趁火打劫，利用约翰王所处的困境，与他的敌人达成了一项交易。在围攻罗彻斯特城堡期间，以尤斯塔奇·德·维希为首的北方贵族曾一致同意，承认亚历山大二世（Alexander Ⅱ）为英格兰北部诺森伯兰、威斯特摩兰和坎布里亚三郡的大领主。这种做法，公然违反了 1209 年签订的《诺勒姆条约》之规定。正是根据这份

① 《智慧篇》是当时《旧约》中的一篇，但在现代《圣经》的各个版本中通常都被略去了。——译者注

条约，亚历山大的父亲“雄狮王”威廉（William the Lion）被迫臣服于英格兰。1216 年 1 月中旬，约翰王挥师北上，目的则像他自己所说的那样，是要将“那条红色的苏格兰狐狸”赶出“其巢穴”。[260] 正如苏格兰人曾经在整个英格兰横冲直撞一样，如今约翰王手下的雇佣兵也一路烧杀掳掠，远至福斯河沿岸，一个村庄一个村庄地大肆劫掠。接下来，约翰王又掉头南下，对东安格利亚地区发动了猛攻。几个月以来，约翰王似乎一直都在为夺回自己至高无上的地位而战，想要逼迫战败之敌宣誓不再服从《大宪章》的约束。但随着春季到来，局势却开始逆转了。据马绍尔的传记记载，当时约翰王几乎已经破产。[261] 更糟糕的是，英吉利海峡对面传来的消息让约翰王的敌人大受鼓舞。磨蹭了几个月之后，法兰西的王位继承人“狮子”路易（Louis the Lion）终于决定跨海前来，与叛乱贵族一方携手作战了。

1216 年 5 月 21 日，路易登陆英格兰，抵达了肯特郡萨尼特岛上的桑威奇，身后还跟着一支大军。此时，约翰王又故态复萌，变成了一度被人们嘲笑为“软剑约翰”的那个人。由于上一次在普瓦图对阵路易的时候遭遇惨败，如今面对路易的进攻威胁，约翰王便再次打起了退堂鼓。1200 年至 1214 年期间，这种态度已经导致他丢失了大部分位于法国的领地，现在再持这种态度，就似乎很有可能让他彻底失去自己的王冠了。路易率军荡平肯特郡，进入了伦敦。此人到来的消息传开之后，原本坚持站在约翰王一方的人纷纷开始作鸟兽散。连一些原本在《大宪章》中被指定为国王谋士的人，比如沃伦伯爵和阿伦德尔伯爵，也弃国王的大业而去。王室的骑士当中，有 17 人偷偷跑掉了。可最让人伤心的，还是约翰王同父异母的弟弟威廉·朗格斯佩，此人竟然也投奔了路易。留在国王身边的人日

■ 马修·帕里斯所撰《大编年史》中的细部（此书撰于13世纪50年代），描绘了“狮子”路易亲王1216年抵达英格兰时的情形。当时，路易受叛乱贵族邀请，率军入侵英格兰，欲取约翰王而代之。他差点儿就成功了，只是在遭受了几场重大失利之后，路易却被人说服，接到一大笔好处费就回国去了。［图片来源：帕克图书馆（Parker Library）/ 基督圣体学院］

渐见少了；当然，背弃者中并不包括金雀花王朝忠心耿耿的典范威廉·马绍尔。［“（马绍尔）此君忠诚而心灵高尚，始终侍驾左右，陪王共克时艰，”马绍尔的传记作者曾经自豪地写道，“可谓初心不移是也……”[262]］在其他任何一个人看来，约翰王都注定会失败。即将登基为王的路易八世，已经掌控了英格兰的未来。

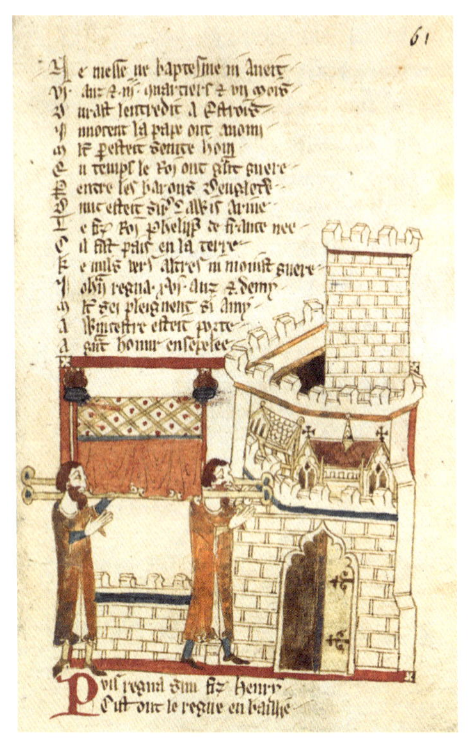

■ 约翰王的遗体被人抬至伍斯特大教堂安葬。选自 14 世纪罗伯特·怀斯著的《不列颠传奇》(*Roman de Brut*)加长版中的一幅彩绘细密画。(图片来源：大英图书馆董事会版权所有 / 布里奇曼图像)

路易的到来，让伦敦上下一片欢欣鼓舞。西部的威尔士人联合起来，反抗约翰王的军队；亚历山大二世则乘船前往多佛，去亲自谒见路易，确保了苏格兰人在英格兰北部的利益，并因此而重振信心。当年夏末，传来了英诺森三世 7 月 16 日于佩鲁贾去世、享年 56 岁的消息。约翰王失去了最后的一线希望。他继续率军在国内各地来回奔波，尽力镇压叛乱。只是到了如今，此种努力的结果开始显现，而他的好运也快到头了。

10 月 11 日，约翰王正率军经过比绍普林镇，此地如今叫作金斯林，位于沃什湾那个呈正方形的开阔河口南岸，有韦兰德、讷讷河与大乌斯三条河流注入此湾。这里有可能是个危险地带。约翰王绕过河口，朝沃什湾林肯郡那一侧的斯温斯黑德进发，但在辎重车队跟着前往的时候，他手下的仆从却对潮汐涨落的情况做出了错误的判断[①]。约翰王一行的许多大车、马匹和人员很快陷入了流沙之中。据考格斯霍尔的拉尔夫称，约翰王在这里"失去了那座供有圣物的礼拜堂，以及部分驮有各种家具之马匹"。文多弗的罗哲尔则称，约翰王的损失甚至更加惨重。据其所述，约翰王还损失了"珠宝、贵重器皿，及其尤为爱惜之诸多他物……无一步兵生还，将此次灾难之消息呈报于王"。[263] 至少，这种情况既会给约翰王带来不便，也会令其陷入尴尬之境地。不过，更糟糕的事情还在后头。

随着辎重沉入北海沿岸厚厚的流沙之中，约翰王自己的身体状况也日益糟糕起来。当时他才 48 岁，身体却很不好。此前一年，痛风曾经导致他步履蹒跚，如今他又患上了痢疾。据说，这是由于他吃了太多的桃子和喝了太多的苹果酒。没有了圣物，或者说没有了那座礼拜堂的作用，疾病便成了一件更加严重的事情，因为神灵的干预是当时治疗疾病时的一个重要组成部分，如今他请求神灵干预却要困难得多了。在接下来的数天里，约翰王的病情每况愈下，以至于约翰王也陷入了绝望之中，深信自己命不久矣。就在此时，他却出人意料地改变了心意，想要为自己赎罪，便批了一块地，要在赫特福德郡修建一座修道院，纪念他曾经令其活活饿死的玛蒂尔达·德·布里乌兹（Matilda de Briouze）及其长子。10 月 15 日，他曾可怜巴巴地给新任教皇洪诺留三世（Honorius Ⅲ）写信，乞求获得宽恕，并且希望上帝"以慈悲为怀，眷顾

① 13 世纪时，沃什湾的海岸线位于如今的海岸线所在之处以南。因此，曾经位于沃什湾沿岸的许多城镇（比如金斯林），现在都成了内陆城镇。——译者注

吾等，将吾等置于有福者之列”[264]。三天之后，他就躺在病床上，奄奄一息。10 月 18 日至 19 日那个晚上风雨大作，约翰王驾崩于纽瓦克。当时，威廉·马绍尔侍于君侧，他曾向自己的传记作者描绘说，其时的约翰王已经忏悔，在“伟大之掠夺者兼邪恶丑陋之死神紧紧攫住了他，再也不放他走”之前，替自己所犯的罪行而道了歉。[265]

约翰王为君 17 年零 6 个月，而其在世的日子，最终则是以悲惨与失败而告终。这位国王去世之时，耳畔雷声隆隆；他的王国或者王朝在其死后幸存下来的希望，也极其渺茫。昂古莱姆的伊莎贝拉为他所生的两个儿子年纪尚小，故危机四伏。当时亨利 9 岁，理查才 7 岁。[他们还生了 3 个女儿，即琼（Joan）、伊莎贝拉（Isabella）和埃莉诺（Eleanor），可女儿

■ 伍斯特大教堂的约翰王墓上，有一座他的雕像。据塞勒（Sellar）与耶特曼（Yeatman）在两人合著的《1066 及一切》（*1066 and All That*）中称，约翰王的“可怕统治”之所以在 1216 年结束，是因他“啖桃过量而无饮果酒”。
（图片来源：布里奇曼图像）

们的年纪更小。］1209 年，约翰王曾经要求手下贵族宣誓效忠，拥立当时才两岁的亨利为继位者，故从 1212 年起，这个儿子一直就在约翰王坚定不移的盟友、温彻斯特主教彼得·德罗什的指导之下学习。不过，这种情况似乎并不足以支撑金雀花王族的未来，并不足以在这个支离破碎的王国内重新确立政治稳定的局面。

约翰王死后，并未被安葬在他于登基之初兴建的博利厄修道院里，因为当时那座修道院仍处在敌人的控制之下。相反，他的内脏被取出，由克罗克斯顿修道院院长带走保存，遗体则由一队雇佣兵抬着，送到了伍斯特大教堂。他被安葬在这座修道院里的圣伍尔夫斯坦墓旁边。圣伍尔夫斯坦是 10 世纪的一位主教，以其所行的种种奇迹、修建了大量教堂及发动了反对奴隶贸易的运动而著称。[266] 约翰王的腿上和身上，盖着一件深红色的刺绣长袍；他的左手握着一把插在皮革剑鞘中的长剑，头上没戴王冠，而是裹着一顶修士戴的蒙头斗篷。[267] 此时，距 1214 年圣诞节他坐在差不多同一位置、欣赏一场个人表演的《基督得胜》曲还不到两年。形势变化之快，真是令人始料未及。约翰王驾崩 20 年之后，当编年史家马修·帕里斯回顾此人的灵魂之变迁时，他曾写下一句名言："英格兰遍布约翰王之劣行；地狱本污，却因约翰王而更浊。"[268] 只不过，就算是约翰王，无疑也没法让地狱的情况变得比他留在身后尘世的王国更加糟糕。

Introduction

1216年10月28日，约翰王的长子在格洛斯特修道院加冕登基，史称亨利三世（Henry Ⅲ）。见证加冕的，是一小群坚忍不拔、忠心耿耿的保皇派，为首的即是威廉·马绍尔。教皇派来了一位新的使节，名叫古亚拉·比奇耶里（Guala Bicchieri），此人也陪在亨利三世的身边。此时，路易手下的军队仍然控制着伦敦以及东南部。因此，国民是否会拥戴时年9岁的亨利三世为王都还远未可知，就更不用说他能否重新获得其父亲、伯父和祖父曾经拥有的强大权力了。除了对叛乱者和法国侵略者开战这种迫切的军事需要，此时至关重要的一点就在于，这位年幼国王身边的谋臣应当给敌人提供某种和解的理由，即做出某种姿态，让叛乱者相信：随着约翰王驾崩和长眠于地下，通往和平的最大障碍已经消除。

约翰王临终之时，曾经恳请身边的人确保马绍尔能够以其儿子之名摄政，统辖王国。这种安排并未引起争议。尽管马绍尔当时已近70高龄，此人却既是英格兰最受尊敬的人物之一，也是为数不多、至死不渝地忠于国王的人之一。他有些不太情愿地接受了摄政之职，可一旦上任，就开始把那些认为王室大业已经失败，故弃之而去的人吸引回来了。他得到了古亚拉的大力支持，后者将所有追随路易的人全都革出了教会。没有哪位主教会给一位被教会这个宗教团体除名的国王加冕。这样

■ 1216 年，年幼的亨利三世加冕登基。选自法国的一部手稿（作于约 1280—1300）。因约翰王拒绝遵守《大宪章》而引发的那场战争仍会继续，但这位倔强任性的君主的驾崩，却为双方的和解扫清了障碍。（图片来源：大英图书馆版权所有 / 布里奇曼图像）

做，为忠于王室的人争取了时间，也给他们带来了一丝希望。马绍尔则巧妙地处理着摄政时的棘手政局，慢慢开始把约翰王的敌人拉回来，去支持约翰王儿子的大业了。

王室给叛乱诸爵写信，承诺为任何一个愿意站在新任国王一边的人提供补偿与赔偿。更加重要的是，约翰王勉强与手下贵族之间达成的那份协议，没过多久就被重新派上了用场，成了一种润滑剂，将一些可能正在摇摆不定的人重新拉回了王室这一方的阵营。1216 年 11 月 12 日，《大宪章》以威廉·马绍尔与古亚拉·比奇耶里两人的名义，第一次重新颁布了。这是一种异常大胆的举措。要知道，已故的英诺森三世曾经谴责过这份宪章，声称它“永无效力”；这句话，几乎没有留下进行其他诠释的太多空间。约翰王也是在进行一场战争，反对《大宪章》所代表的一切时驾崩的。不过，此时英诺森教皇与约翰王两人都已作古，而新的形势要求人们有新的思维。值得称颂的是，马绍尔与古亚拉两人都很灵活，明白通过做出某些小而重要的修正（其中，包括了移除那条棘手的“保证”条款），《大宪章》就不一定会成为击倒金雀花王朝的一根大棒。相反，它还可以成为一种新的君主制度的基础。

虽说这部新的《大宪章》令人鼓舞，但效果并未立竿见影。从其中列举的见证人（包括英格兰的大多数主教，而且，此时除了马绍尔，还有另外三位伯爵）就可以看出，这份《大宪章》已经让几位人士改弦易辙了。然而，还有许多人在继续战斗。战争一直持续到了 1217 年，给双方都带来了更多的痛苦。马绍尔的传记作者称，他曾看到 100 具法国人的尸体躺在温彻斯特和罗姆西之间的地上，饥饿的野狗则在撕掉着他们身上的骨肉。[269] 不过，法国人的毅力与财力最终都开始削弱了。那一年的初春，路易离开了英格兰，去处理英吉利海峡对面的事务，去了 8 个星期。尽管后来他又回到了英格兰，但在他离去的这段时间里，叛军阵营里的变节者也越来越多。在他们看来，替一位尚未登基的法国亲王去对抗一位业已加冕且致力于改革的英国国王，开始显得越来越没有道理了。编年史家文多弗的罗哲尔认为，对许多叛乱者而言，转变阵营的唯一困难，最终不过就是被人看成叛徒而带来的那种羞耻感罢了。[270]

尽管叛军的狂热之情日渐消退，亨利三世身边臣民的信心日渐增长，但还要再过好几个月，这场战争的决定性时刻才会到来。那个决定性的时刻，就是 1217 年 5 月 20 日发生的林肯

■ 4 幅描绘狗的细密画，它们创作于 13 世纪初。狗是当时人们极为珍视的一种动物，可用于照看绵羊、猎鹿和猎兔，保护主人或者为主人报仇。（图片来源：大英图书馆版权所有 / 布里奇曼图像）

之战。当时，威廉·马绍尔率领一支兵力强大、武装精良的军队突袭了林肯城堡，击溃了驻守此地的叛军，并且俘虏了叛军中的许多领导人。对路易亲王而言，这是一场毁灭性的失败，令他元气大伤，从此一蹶不振。

在1217年8月的桑威奇海战中，休伯特·德·伯格又于肯特郡沿海消灭了一支法国舰队。于是，心灰意冷的路易亲王几乎马上就开始寻找机会下台阶，以便离开英格兰的时候不致太过丢人。9月20日，双方在朗伯斯签署了和平协议，路易亲王离开了英格兰，同时带走了一笔高达1万马克的巨额好处费（相当于英国王室1/4的岁入），以便安抚他那颗受伤的自尊心。他一离开，英国便在度过了两年精疲力竭的内战之后，开始让政府恢复正常的运转。约翰王在兰尼美德不情不愿地签署的那份宪章，又被颁布了一次。

此次跟《大宪章》一起颁布的，还有另一份文件，即《森林宪章》。后者推翻了金雀花王朝始于亨利二世时期的一种政策，就是将越来越多的土地划为森林，并且用繁冗的森林法体系进行管辖的政策。《森林宪章》削减了皇家森林的面积，并且严格限制了森林司法机关与官吏的职权。皇家森林的面积，应当与1154年亨利二世加冕登基那天的面积相同。自由民获准在森林里放猪觅食；他们可以在森林里修建磨坊、挖掘池沼和捡拾柴火，而不会遭到起诉。其中有一条规定："凡大主教、主教、伯男诸爵经由吾等之皇家森林者，皆可合法猎取御鹿一二，唯须森林吏在场并于此人监督之下方可获取。"还有一条则承诺说，"此后无人"会因偷猎麋鹿而丧命或遭受残肢之刑；只不过，若是未经允许私猎皇家之鹿，偷猎者仍会受到巨额罚款、被判入狱服刑1年零1天并逐出英格兰的处罚。[271] 正是从1217年起，《大宪章》才开始获得这个举世皆知的名称，

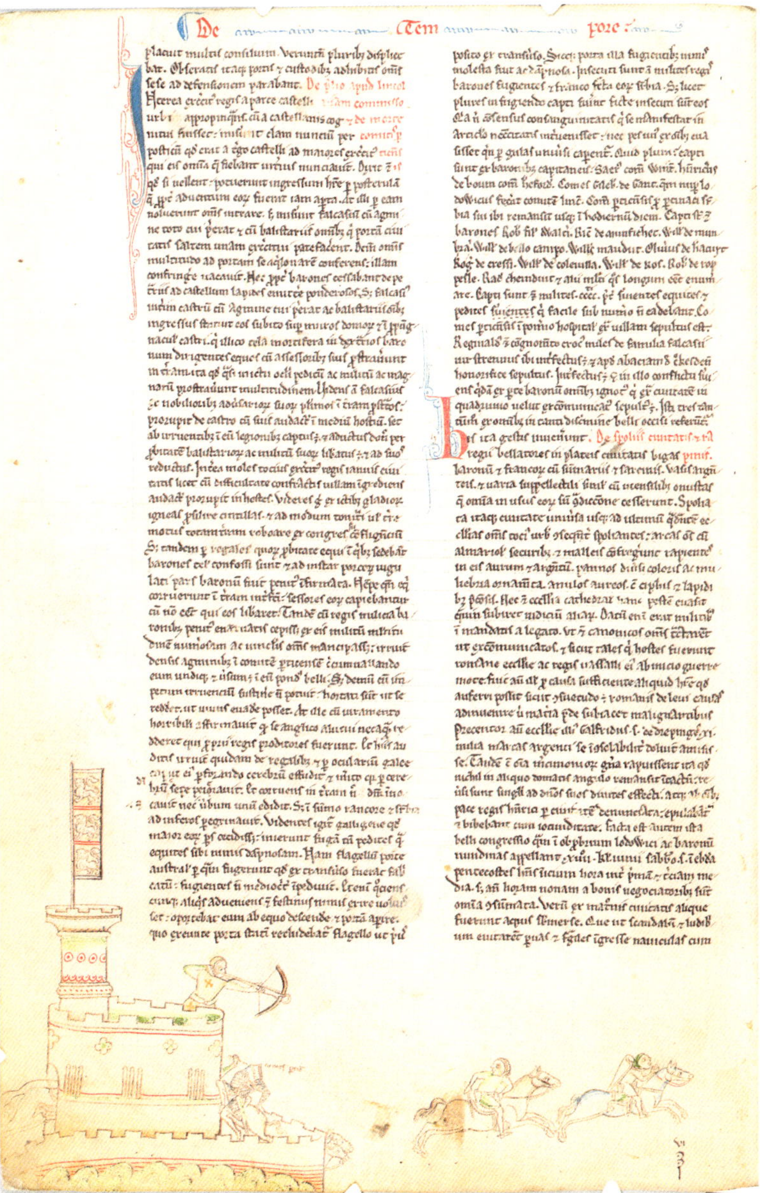

■ 马修·帕里斯著的《大编年史》（成书于 13 世纪 50 年代）中，描述了叛军领袖托马斯·德·珀尔奇（Thomas de Perche）在林肯之战中阵亡的情况。1217 年 5 月 20 日保皇派在林肯之战的大捷，属于第一次诸侯之战中最后阶段的一部分。此战期间，英格兰经历了两年的内战，还遭到了法国的入侵。（图片来源：帕克图书馆 / 剑桥基督圣体学院）

目的则是将它与《森林宪章》区分开来。

1216年与1217年两次重新颁布的《大宪章》中，含有一些与其最初文本并不相同的重要内容。针对外籍大臣的一些强硬措辞，曾在1215年发挥过重要作用，重新颁布时则被悄悄删掉了，因为此时年幼的亨利三世身边的人当中，许多人本身即为外籍，比如彼得·德罗什就是如此。规范采买权的条款进行了修订，关于寡妇的权利以及对王室与犹太人放贷者收回债务的程序方面，也都有了重大的调整。1217年的《大宪章》中还加入了一条规定，下令将最近这场战争中修建起来的城堡摧毁。新规定限制了郡长开庭审理案件的次数，而承诺对亨利二世与理查一世治下的历史滥权行为进行调查的条款，则被删掉了。

值得注意的是，1216年和1217年重新颁布的《大宪章》里，都没有制定所谓的“保障条款”。如何约束一位不受管束的国王，这个问题在中世纪及以后都将一直存在，但在1216年和1217年，这个问题却被搁置起来了。至于原因，部分就在于它那种公开鼓吹战争的方法为发动内战提供了正当的理由，却不会促进和平。然而，更加重要的，却是这样一个事实：在短短的两年里，《大宪章》的目的就出现了变化。虽然两次重新颁布都发生在内战期间，但此时的《大宪章》不再是国王的敌人强加给他的一份和平协议。如今，《大宪章》变成了支持国王的人提出的一份协议，旨在自动表明新政权要根据王国上下一致同意的原则来治理国家的决心。《大宪章》已经从一份勉强认可的妥协文件，变成了一项真心实意的保证。随着王室文书抄写出一份又一份副本，发送给英格兰各郡并在郡长法庭上当众宣读，这份宪章也具有了新的目标。

1219年5月，威廉·马绍尔辞世。弥留之际，他曾提醒年幼的亨利三世说，不要“步某位邪恶先王之后尘”。[272] 斯蒂芬·兰顿在新任教皇解除了他的停职处罚之后，于1218年回到了英格兰，并且一直工作到1228年7月去世，以确保《大宪章》始终有效。在亨利三世治下的其余时间里（事实上，是在13世纪余下的那段时间里），只要政局不稳或者出现政治危机，英国就会重新确认和颁布《大宪章》。

1225年，亨利三世满18岁之后，又将经过修订的《大宪章》重新颁布了一次。它由国王颁布，而据其中的序言称，那样做是“出于吾等自发之善意”（“spontanea et bona voluntate nostra”）。[273] 这种说法其实有点虚伪。1225年版《大宪章》中的第37条曾明确指出，上述宪章实际上是作为一桩政治交易的一个方面重新颁布的。国王答应遵守和维护王国的风俗习惯，而作为回报，“王国上下，已将其十五分之一的动产呈纳于朕”。换句话说，国王是在自由权利方面做出了让步，以换取赋税收入。

此种交易，将变成一种持久存在的做法。在整个13世纪和14世纪，英国政府将始终遵循一条原则：国王只有在同意平息民怨并对王国进行改革的条件下，才能行使对臣民征税的权利。在1225年版《大宪章》中，这种思想首次得到了明确的表达。（1225年版的《大宪章》，还以它在序言中将自由权利赋予“朕之王国上下”而著称。不过，有些具体条款仍然只限于“自由民”享有。）

后来，上述宪章又重新颁布了数次。1237年1月，两份宪章以捆绑和永久性的形式再次得到了确认，并且受到了第三份“小宪章”的保护。见证国王批准这份“小宪章”的人当中，还有几位老人，他们也是1215年兰尼美德的在场者。其中，再次批准了一项税收。到了此时，英国就开始出现一种有点像是神话的现象。每次修订和重新颁布之后，宪章都会广为流传。人们经常在法律案件中提及《大宪章》。贵族们也开始向手下的佃户颁布自由宪章，其形式与内容显然都是在模仿《大宪章》。

这份宪章，此时仍然受到了教会的特别保护。英格兰各地的教区教堂，就是用方言诵读《大宪章》的场所。1225 年和 1237 年两次颁布的《大宪章》都规定，违反者将被处以革除出教的惩罚。1253 年 5 月 13 日，《大宪章》与《森林宪章》再次在威斯敏斯特大教堂里得到了确认。其间，坎特伯雷大主教和 13 位主教共同对那些不遵守《大宪章》的人宣布了大家早已熟知的惩处措施。（当时被要求遵守判罚的圣徒中，包括了“忏悔者爱德华”和托马斯·贝克特；这两个人，都曾在对抗约翰王及金雀花王朝皇亲国戚的历史上发挥过各自的小小作用。）宣判之后，主教们全都扔掉手中点着的蜡烛，然后齐声

■ 在 1265 年 8 月 4 日的伊夫舍姆之战中，西蒙·德·孟福尔阵亡并遭分尸的情景。选自马修·帕里斯所撰的《罗彻斯特编年史》（*Chronica Roffense*）中的细部。对抗亨利三世的贵族势力在德·孟福尔的周围团结起来，使他成了希望国王重新确认《大宪章》并将更多权力交由一个贵族议会去行使的人士的领袖。

（图片来源：大英图书馆版权所有 / 布里奇曼图像）

说道："凡抨击此种判决者，皆当消腐于地狱。"国王亨利承诺捍卫《大宪章》中的所有条款，声称他作为"一位大丈夫、基督徒、骑士兼天选之王"，在这一点上责无旁贷。

在约翰王于兰尼美德颁布《大宪章》、随后英国陷入内战以及约翰王驾崩之后的那一个世纪里，《大宪章》很可能被人们抄写过上千次，有着各种各样的版本。现存于世的中世纪版本就有 100 多种，从保存于伦敦、索尔兹伯里和林肯郡三地的 1215 年《大宪章》官方誊抄本，到各大修道院和档案馆里保存的私制副本，不一而足。私制副本当中，有一份如今保存在多塞特郡的塞恩修道院里。那份副本书写优美，将 1217 年和 1225 年两种版本完美地结合起来了，其后直接附有《森林宪章》，使得它们仿佛是同一份协议中的组成部分似的。[274] 这些文献，并非只有古文物收藏家才感兴趣。前人经常会清晰明确地阐述《大宪章》的重要性。即便其中有些条款日益变得无关紧要和过时，人们也依然十分重视把《大宪章》当成一种筹码（特别是税收方面的筹码）的理念。

在 1242 年议会召开的一场会议上，亨利三世曾要求王国提供财政支持，来支付一支军队的费用，去远征法国。这场会议，是英国历史上最早有史料记载的议会会议之一。议会拒绝了国王的要求，理由是此前批准征取的税收并没有导致国内大治，"皆因国王颁征第 30 类税（即国王要求征取的税种）之后，既未恪守其自由之宪章，反自此以后压迫（臣民）尤甚"。[275] 亨利及其长子爱德华在 13 世纪 50 年代和 60 年代陷入一场对抗莱斯特伯爵西蒙·德·孟福尔的漫长战争之后，《大宪章》便再次成了双方政治角力的核心。1265 年上半年，德·孟福尔处于权力巅峰之时，他不但强迫亨利和爱德华发誓遵守他自己制定的宪法（它是德·孟福尔在前一年制定的），还要求国王重新确认了《大宪章》和《森林宪章》。从某种意义来看，这就使得《大宪章》回归到了它的最初状态，成了英国政治中一个激进的反叛派系试图通过恐吓手段，迫使国王做出承诺的武器。不过，1265 年德·孟福尔坚持重新确认两份宪章的做法，也说明了一点：仅仅是《大宪章》的名称，就对任何一个想要在英国政体中留下印迹的人具有极其重大的象征意义。德·孟福尔寻求的是合法性。披上《大宪章》的外衣，也就获得了这种合法性。[276]

亨利三世在位期间，平均差不多每隔四年，就会将《大宪章》重新确认或者重新颁布一次。而且，除了最初的拉丁文版本，用法文和英文颁布的《大宪章》也越来越多。它在诺曼底广为人知，变成了此地通过谈判达成自由权利宪章的典范。到了 1272 年亨利三世驾崩之时，《大宪章》已经变成了政治上的一种老生常谈。就算撇开其中精确入微的细节不谈，它的重要性也已深深铭刻进几乎每一个有文化的英国人的心中。不过，这份宪章最终且在某些方面最具权威性的版本，却并非出现在亨利三世治下，而是要到爱德华一世（1272—1307 在位）治下才会出现。

爱德华一世是一位身材高大、气势威严而黩武好战的国王。此人在位期间，虽说整体上比其父亲和祖父更成功，却依然深受一场场危机的困扰。其中，1297 年的形势最为严峻。当时，爱德华一世在威尔士和苏格兰发动了征战，在加斯科尼向法国内陆进击时又遭遇了抵抗，由此付出了巨大的代价，故受到了贵族与主教们的联合反对，后者一致发动叛乱，反抗他的暴虐统治与无休无止的资金需求。双方最终讨论达成的妥协措施中，就包括了 1297 年 10 月 10 日签署的《宪章确认书》（*Confirmation of the Charters*）。通过这份确认书，他们重新颁布了《大宪章》和《森林宪章》，还制定了其他一些让步措施和施行善政的保障措施。爱德华一世及其子嗣并未完全遵守这些规定，事实上，《大宪章》的历史，在很大程度上就是历任国王未能恪守其中条款的历史。尽管如此，到了13世纪末，这份在80年之前仅仅维持了数周时间的和平协议，在很多方面却已变成了英国整个法律与行政体系的基石。

1300年，爱德华一世最后一次确认并重新颁布了《大宪章》和《森林宪章》。[①]后来的中世纪诸王虽然又多次确认过这两份宪章中的条款，但《大宪章》却再也没有像1215年6月首次面世时那样，用同样正式的方式抄写和发送各地了。尽管如此，人们在议会请愿和私人立法中还是多次提起过这部宪章。它还提供了一种榜样，导致爱德华二世（Edward Ⅱ，1307—1327在位）和理查二世（Richard Ⅱ，1377—1399在位）治下都爆发了贵族的反抗运动。这两场反抗运动，都是试图通过法令和契约来制约国王，从而迫使国王通过与手下重臣合作来进行统治。时光荏苒，必然会让《大宪章》丧失其法律上的意义。不过，《大宪章》的影响及其传说却留存下来，流传至今。

① 2015年2月，人们在英国海滨城市桑威奇的档案中发现了一份1300年版的《大宪章》；当时，它被藏在一个维多利亚时代的剪贴本里。虽说受损严重，但如今它的估价仍然高达950万英镑（合1500万美元）左右。——译者注

■ 莱斯特郡 1868 年建的干草市场钟楼上，装饰有当地的四位名人，莱斯特伯爵西蒙·德·孟福尔（约 1208—1265）就是其中之一。德·孟福尔领导了一场反对约翰王之子亨利三世的运动；在此人的指导下，1265 年《大宪章》重新颁布了一次。它与英国议会传统之间的渊源，正是开始于这个时期。

［图片来源：用户 NotFrom Utrecht/ 维基共享（Wikimedia Commons）］

附录一　1215年《大宪章》原文

英格兰国王兼领爱尔兰领主、诺曼底与阿基坦公爵暨安茹伯爵约翰，受命于天，谨向诸位大主教、主教、修道院院长、伯爵、男爵、法官、护林吏、郡长、执行吏、军警吏、所有执达吏及忠臣顺民致候。

朕承坎特伯雷大主教兼全英格兰主教长与神圣罗马教会红衣主教斯蒂芬、都柏林大主教亨利、伦敦主教威廉、温彻斯特主教彼得、巴斯和格拉斯顿伯里主教约瑟林、林肯郡主教休、伍斯特主教沃尔特、考文垂主教威廉、罗彻斯特主教本尼迪克特、教皇陛下之副执事兼其密友潘道夫长老、英格兰圣殿骑士团总团长艾梅里克兄弟等可敬之神父，以及彭布罗克伯爵威廉·马绍尔、索尔兹伯里伯爵威廉、沃伦伯爵威廉、阿伦德尔伯爵威廉、苏格兰治安吏加洛韦的艾伦、沃林·菲茨格罗德、彼得·菲茨赫伯特、普瓦图总管休伯特·德·伯格、休·德·内维尔、马修·菲茨赫伯特、托马斯·巴塞特、艾伦·巴塞特、菲利普·达比尼、罗普斯利的罗伯特（Robert de Roppel）、约翰·马绍尔、约翰·菲茨休诸伟士与吾国其余忠顺臣民所谏，上应天意，为拯救吾等及吾等先辈后代之灵魂，为弘扬上帝之荣耀与神圣教会之昌隆，为利王国之改革，特昭告四海，咸使闻知：

1. 其一，据此宪章，吾等及后嗣已应许上帝并确认：英国教会当不受羁绊，享有全部之权利及完整之自由。吾等愿谨遵奉守，皆因有一不争之实：朕与诸爵不睦之前，实已依据宪章认可并确认英国教会视为至关重要与必需之自由选举，亦已获得吾主教皇英诺森三世之坚振；吾等皆当奉从，并愿吾等之子孙永以诚信守之。吾等及后嗣亦已认可：王国上下之自由民及其后嗣，皆享有下述诸项自由，并能以之约束吾等及吾等之子嗣，永矢不渝。

2. 凡伯、男诸爵或负有骑士义务之直属封臣者[①]身故，若身故之时其继承者已达成年且应纳承继税，当照旧章纳税之后方可继承其地产：伯爵之继承者交纳 100 英镑，即可继承伯爵之所有领地；男爵之继承者交纳 100 英镑，即可继承男爵之所有领地；骑士之继承者最多交纳 100 马克，即可继承骑士之所有封地；余者当据封地采邑之旧例，应少交者须少交。

3. 再则，凡前述诸人之继承者如未成年、尚受监护，当俟其成年后再行承继遗产，且无须交纳税款。

4. 监管前款所述未成年继承人之土地者，除自承继之土地中收取合理之岁入、合理之赋税与合理之力役外，不得多行需索，且取得收益之时不得耗损人丁与资财；受吾等所托监管此种土地、获取岁入并向吾等负责之郡长或其余人等，若对地产加以浪费与损毁，则吾等当向此人索偿，并将地产转由两位守法谨慎之采邑人士[②]监管，令其向吾等或吾等指定之人负责；凡经吾等授赐或售予而获得此种承继领地之监护权者若损毁或靡费之，当褫夺其监护之权，上述领地亦应转由两位守法谨慎之采邑人士监管，并据前述规定向吾等负责。

---

① 直属封臣（holding in chief），指直接从国王那里获得采邑的封臣，与“总佃户”（tenant-in-chief）相类似。——译者注

② 采邑人士（men of the fee），指与所述封地有关之人士。——译者注

5. 再则，经管承继之领地期间，监管者应自该项土地之收益中拨出专款，对附属之房屋、园地、鱼塘、池沼、磨坊及余物加以修缮；俟继承者成年，监管者当据农时所需及土地合理可持之收益，将土地及所置之犁铧、生长之庄稼悉数归还。

6. 继承者成婚当不受轻侮；唯缔结婚约之前，须告知本人之血亲近属。

7. 丈夫身故之后，孀寡当迅即获取其应得之嫁资与遗产，不受留难；孀寡应得之亡夫家财、嫁资及遗产等其夫身故前为夫妇共同保有之财物，俱无须缴纳任何赋税。其夫身故之后，孀寡可居留夫家 40 日，俟获应得之亡夫遗产。

8. 凡孀寡之自愿孀居者，不得迫其再婚；如保有吾等所赐之采邑，孀寡当做出保证，未获吾等之许可不得再婚；若保有其他领主之封地，则应获得其领主之首肯方可再婚。

9. 倘负债者之动产足以抵偿其债务，吾等及吾等之执行吏皆不得扣押土地、强取资财以抵偿任何债务；主负债者之资财若足以偿付其债务，则不

■《大宪章》如今已是一种价值高达数百万美元的遗物。2007 年，这件稀世珍品曾被拍卖；它是 1297 年版《大宪章》存世副本中的一份。最终，它由美国商人大卫·鲁宾斯坦（David Rubenstein）以 2130 万美元的竞价购得，后曾借给美国国家档案馆（US National Archives）公开展出。
［图片来源：阿历克斯·黄（Alex Wong）/ 盖蒂图片社］

得扣押担保者之财物。主负债者若拖欠未偿或无力偿还债务，当由担保者负责清偿。倘愿如此，担保者可获负债者之土地与租收，直至偿清代其所负之债务为止；负债者倘能证明其已偿清担保之额，则不在此限。

10. 凡向犹太人举债者，倘于偿清债务之前身故，而其继承者尚未成年，则无论债额多寡，均不应负有孳息；倘此项债务为吾等收取，则除契据所载之本金，吾等不得多取分毫。

11. 凡负有犹太人之债务者亡故，其妻仍应获得其应取之亡夫遗产，且不负偿债之责；亡夫若有未成年之子女，则应视亡者之遗产留备彼等所需之用度，剩余资财扣除应付领主之力役后，方可清偿债务。至于所负非犹太人之债务，亦当依据此规处置。

12. 非经王国公意许可，不得征收兵役免除税或其余额外

■《大宪章》已经流传到了世界各地。这是1297年版《大宪章》4份存世副本之一，由1952年澳大利亚政府从英国一所学校购得（价格：12500英镑）。如今，这份副本傲然陈列于堪培拉的议会大厦里。［图片来源：知识共享许可协议3.0/JJ. 哈里森（JJ Harrison）拍摄］

之贡赋，唯用于赎回吾等人身之赎金、册封吾等长子为骑士时之费用、吾等长女初嫁时之用度除外；但此种费用，当以征取合理之额外贡赋为限。伦敦城之贡赋，概以同等待之。

13. 伦敦城俱应享有其旧时之全部自由权利与自由习俗，水陆皆然。此外，吾等亦愿认可，其余诸城、区市、城镇、港口当享有全部之自由权利与自由习俗。

14. 除前述三类情形，倘吾等欲获王国公意许可与征取额外贡赋或兵役免除税，当先以吾等之诏书信函召集诸大主教、主教、修道院院长、伯爵与大贵族；此外，吾等亦应经由诸郡长与执行吏，遍召直接领有吾等之封地者，指定日期及地点，且至少应提前 40 日召集；吾等之诏书信函中，当载明召集之缘由。召集之后，征税之事当依出席者之公意于所定日期加以公议，不得以受召者未悉数到场而阻延。

15. 自此以往，吾等不得准许任何人向自由民征取额外贡赋，唯为赎回其本人、册封其长子为骑士及其长女初婚所需贡赋除外；为此所征之贡赋，亦须适度。

16. 任何人皆不得强制保有骑士领地或保有其他自由不动产者服额外之役。

17. 普通诉讼当于固定之地审理，不应由吾等之巡回法庭审理。

18. 凡属具结新近侵占、已故先人占有及最终推荐权[①]诸案，皆不应于案件所在郡县以外之法庭审理，且其法如下：由吾等（倘吾等不在国内，则由朕之首席政法官[②]）派遣法官两人，于每年 4 次分赴各个郡县，会同郡县法庭所选之骑士 4 人，

① 新近侵占、已故先人占有及最终推荐权，属于由中书省之令状首创的普通法律诉讼，全都与财产所有权有关。——译者注

② 首席政法官［（Chief）Justiciar］，王室负责法律和政治事务的主要大臣，实际上是首席大臣，有时也是摄政大臣。——译者注

于指定之日在郡县法庭举行前述之巡回审理。

19. 倘前述巡回审理于郡县法庭开庭之日未能举行，则应于当日出庭之骑士及自由佃农中酌留（所需之）充足人数，视案件性质之轻重，做出合宜之裁决。

20. 自由民犯轻罪者，不得课以罚金，唯须视罪行之性质者不在此列；犯有重罪者，则应视罪行之轻重课以罚金，唯须给留其生活所需；商贾犯罪，以同法处之，唯不得没收其货物；吾等所辖之农奴犯罪，亦依此法课以罚金，唯若吾等怜悯之，则不得罚没其所种之庄稼。凡属前述之罚金，非据诚实正直之邻人宣誓证明，不得执行。

21. 凡伯爵与男爵犯罪者，非经同级贵族审理，不得课以罚金，且须视其罪行之性质，酌情课罚。

22. 凡教士犯罪者，不得照前述诸法对其世俗之财产课以罚金，唯须视其罪行性质者不在此列，且不得据其教职薪俸之多寡课罚。

23. 不得逼迫市镇及个人修造跨河之桥梁，唯据习俗与权利负有修桥之责者，不在此列。

24. 朕之郡长、治安吏、验尸吏及其余执行吏，皆不得受理朕之诉讼。

25. 凡诸郡县、百人村、小邑及行政区，皆当据旧章缴纳田土税，[①]不增一毫，唯吾等之采邑庄园不在此列。

26. 凡持有吾等之世俗封地者身故，若治安吏或执行吏出示吾等向此亡故者传索其所欠债务之特许令状，则治安吏或执行吏当行使合法之权利，依守法人士之意见，据所欠债务之价值，将此亡者所持封地上之动产加以登记与扣押，以使无一财

① 百人村、小邑和行政区（hundreds, wapentakes and ridings），英国郡县的下级行政单位，源于盎格鲁－撒克逊时期；田土税（farms），对一定面积之土地每年所征的固定税款。——译者注

物得以移除；俟债务偿清，执行吏当让渡所余之资财，以执行此亡者之遗嘱；倘亡故者未欠吾等之债，则除为其妻儿子女酌留合理之份额，一切动产皆应依亡者所定之用途处置。

27. 凡未立遗嘱之自由民亡故，所遗动产应受教会之监督，由其近亲戚友分配，唯偿还亡者所欠债务之部分，不在此列。

28. 朕之治安吏或执行吏不得强取谷物或其他之动产，唯旋即以现金支付价款或与出售者商定延期付款者，不在此限。

29. 凡骑士愿亲执城堡之守卫勤务，或因正当理由不能亲自执行而委托可靠之人代执者，治安吏不得强索财物。骑士倘

■ 1895 年威廉·格里尔·哈里森（William Greer Harrison）的戏剧《兰尼美德》的宣传海报上，呈现出一派时代错误却令人愉快的喜悦之情；此剧由弗雷德里克·沃德（Frederick Warde）主演。在数百年的时间里，罗宾汉的传奇故事中逐渐增添了约翰王这一角色；这位国王既象征着暴政与压迫，也是罗宾汉的敌人。事实上，最早记述罗宾汉的书面故事中，时任国王名叫“爱德华”。后来，要到 16 世纪，约翰王才开始出现在这些故事中。
［图片来源：年报（Chronicle）/ 阿拉米图片库］

受吾等率领或被遣出征，则应据其兵役时间之长短，免除其守卫城堡之勤务。

30. 吾等之郡长、执行吏或其他官吏，不得擅取自由民之车马以作运输之用，唯经此自由民同意者，不在此限。

31. 吾等及吾等之执行吏，皆不得强取他人之木材以供城堡修筑及做他用，唯木材所属之人同意者，不在此列。

32. 吾等扣押既决重罪者土地之时限，不得超过1年零1日，逾后即应归还于此封地所属之领主。

33. 此后，凡泰晤士河、梅德韦河及全英格兰河流上所设之鱼堰，概须拆除，唯海滨不在此限。

34. 此后，不得因任何私产再行颁发所谓之“原令状”[①]，以免自由民丧失其获得法庭审理之资格。

35. 王土之内，凡葡萄酒、麦芽酒、谷物，皆应以伦敦夸脱衡之；染色布、土布、锁子甲布亦然，宽度以2厄尔为准。全国之度量衡，皆应统一。

36. 此后，不得因颁发验尸或验伤之检验令状而给予或索取任何财物；检验令状当申请即发，不得拒绝。

37. 凡以世袭租地、停役租地或货币租地[②]诸法而保有吾等之土地者，又或以兵役保有其他领主之采邑者，吾等不得以世袭租地、停役租地、货币租地为由，强行监管其继承者之土地或其原属他人采邑之土地。吾等亦不得获取前述世袭租地、停役租地、货币租地之保有权，唯前述世袭租地、停役租地、货币租地保有者负有兵役之义务除外。凡以贡纳刀剑、弓箭等而为吾等之小军曹且保有土地者，吾等亦不得强行监管其继承

---

① 原令状（Praecipe），指法院要求被告做某事或为不做某事进行理由申述而发出的令状，或者要求法庭官员颁布令状并说明此令状内容的一种书面命令。——译者注

② 世袭租地、停役租地或货币租地（fee-farm, socage or burgage），是封建土地保有制（即向国王支付地租或为国王服兵役，以换取土地所有权）的不同形式。——译者注

者之土地或其原属他人之土地。

38. 此后，倘未提出可信之证人证物，郡长不得仅凭本人之指控，将任何人诉至法庭。

39. 凡自由民，非经其同等地位者依法裁判或经国法审判，不得被逮捕、监禁、没收财产、剥夺法律保护权、流放或受他法之害，吾等亦不得加罪或遣人加罪于彼。

40. 吾等不得向任何人出售、拒绝或否认其应享之权利与司法公正。

41. 凡商贾者，倘能遵照旧时之公正习俗，皆当免除苛捐杂税，安全出入英格兰或在英格兰逗留与游历，唯战时来自敌国者不在此列。倘战时之初有来自敌国之商贾留于我国者，于吾等或朕之首席政法官获知本国商人在敌国所受待遇之前，当先行予以扣押，但不得损及彼等之人身与赀货；倘若本国商贾于敌国安全无虞，则敌国之商贾于本国者，亦将如此。

42. 此后凡效忠于吾等者，皆可于战时之短期内为王国之整体利益而合法经由水陆，安全出入王国；唯据王国之律法受到关押或已被褫夺法律之保护者，以及来自敌国之民与商贾不在此列。战时来自敌国之民与商贾，当以前法待之。

43. 凡保有诸如沃林福德、诺丁汉、布洛涅、兰开斯特诸勋爵之无嗣采邑[①]，或保有吾等及诸爵之无嗣采邑者身故，其继承者无须另缴贡赋，亦无须向吾等提供多于诸爵生前所定之力役；吾等保有之力役，当与诸爵生前领有该采邑时无异。

44. 此后，吾等不得以普通传票将居于森林以外之臣民召至森林法庭聆讯；唯有森林案件之被告或为森林区案件之被告担保者，不在此限。

---

① 无嗣采邑（escheat），即无子嗣继承的佃户归还给领主的土地。——译者注

45. 吾等所任之法官、治安吏、郡长或执行吏，须为熟知本国之律法且立志维护本国之律法者。

46. 凡持英格兰历代国君之特许状或据旧时世袭保有之制而建有修道院之男爵，当悉循旧例，于修道院空置之时担负监管之责。

47. 凡朕在位时划定之森林，及朕在位时所隔之河岸，皆应即刻恢复为普通林地与河岸。

48. 凡森林、猎场、森林吏、围场吏、郡长及其僚吏、河岸及护岸吏所持之陋规恶习，皆应废除；当从本郡县正直之士中推举骑士 12 人，俟其宣誓之后即驰赴各地详察，并于详察后之 40 日内彻底革除（上述陋规恶习）；唯其详情当先行奏知吾等，若吾等不在国内，则应先行禀知朕之首席政法官。

49. 凡英格兰臣民为确保和平与忠诚而呈贡于朕之所有人质与特许状，吾等当立即归还。

50. 朕当彻底解除杰拉德·达西戚族之职，令彼等此后于英格兰不再任职：恩加拉德·德·西戈涅（Engelard de Cigogné）、皮特·德·尚索（Peter de Chanceaux）、盖伊·德·尚索（Guy de Chanceaux）与安德鲁·德·尚索（Andrew de Chanceaux）、盖伊·德·西戈涅（Guy de Cigogné）、杰弗里·德·马提尼（Geoffrey de Martini）及其兄弟、腓力·马克（Philip Mark）及其兄弟、其侄杰弗里，以及杰拉德之所有追随者[①]。

51. 君臣复归于好之后，吾等应立即将携带马匹、武器前来危害英格兰之外籍骑士、弓弩兵、军曹及雇佣兵一概逐出王国。

52. 凡未经其同级者之合法裁决而为吾等褫夺土地、城

① 上述数人，就是《大宪章》中遭到点名谴责的人；外籍雇佣军头领杰拉德·达西及其戚族因效力于约翰王而曾在英格兰身居高位，且深受王室宠信。——译者注

堡、自由或合法权利者，吾等应立即归还之。此事倘有争执，当由后列保障条款中所定之25位男爵负责裁决。朕之父王亨利或朕之王兄理查在位之时，凡未经同级者之合法裁决而被吾等褫夺、今为吾等所有或为他人所有而理当由吾等保证之事物，当照此处置：十字军“东征”期间，吾等可暂缓办理，唯

■ 1850年出版的《图说英国历史》（*Pictures of English History*）中，描绘了世人对1215年6月兰尼美德事件的普遍印象。图中，约翰王在两位男爵的注视之下，乖乖地签署了《大宪章》，令人感觉仿佛看到的是另一个时代。在小学生所学的历史中，我们很难做到不用彩色插图去描绘历史事件。（图片来源：印刷物收集者 / 盖蒂图片社）

在吾等誓师“东征”前诉讼业已开始，或吾等之旨令正在接受调查者，不在此列；待吾等朝圣归来，又或因故未曾“东征”朝圣，则应迅即公正处理。

53. 至于朕之父王亨利、王兄理查所定之森林，何者当恢复为普通土地，何者当予以保留，至于吾等在其余采邑中所负之土地监管权，即吾等对他者因骑士之役而保有吾等之采邑所具之监管权，以及吾等对在他人采邑中所建，该采邑领主声称有权管辖之修道院所具之监管权，吾等亦当暂缓处置，并当以同等之方式公正处理。待吾等朝圣归来，又或因故未曾“东征”朝圣，则应迅即对上述诸项予以公正处理，以平怨情。

54. 凡女子所诉之命案，若死者非其夫君，则不得逮捕或监禁任何之人。

55. 凡吾等不行公正、有违王法所取之贡赋，以及不行公正、有违王法所课之罚款，皆应彻底免除，或由后列保障条款中所定之25位男爵裁决，或由其中之大部，携同前述之坎特伯雷大主教斯蒂芬（若能到场）及愿意商讨此事者，共同裁决，公正处理。倘坎特伯雷大教主斯蒂芬无法出席，裁决亦当依例进行；唯如上述25位男爵之一或数人为所裁案件之当事人，则彼等不应参与此案之裁决，而当以25位男爵推选并宣誓参与者代之。

56. 吾等倘于英格兰或威尔士两地，未经其同级者之合法裁决而侵占或褫夺威尔士人之土地、自由或其他财物，则应立即归还。此事倘有争执，当于“边区”（the March）经被侵占者或被褫夺者之同级人士裁决处置。凡属英格兰之产业，依英格兰之律法处置；凡属威尔士之产业，依威尔士之律法办理；凡属“边区”之产业，则依边区之律法处置。于吾等及吾等之产业，威尔士人当以同法待之。

57. 然则，未经其同级者合法裁决而为朕之父王亨利或朕之王兄理查所侵占或褫夺，今为吾等所有或为他人所有而应由吾等保证之所有财产，吾等将依十字军“东征”期间可延缓债务之一般规定处置，唯在吾等誓师“东征”前诉讼业已开始，或吾等之旨令正在接受查讯者，不在此限；待吾等朝圣归来，又或因故未曾“东征”朝圣，则应迅即据威尔士之律法及前述各地之律法，公正处理之。

58. 吾等当迅即归还罗埃林之子、威尔士人所纳之全部人质，以及为保障和平而呈贡之所有契据。

59. 至于苏格兰王亚历山大，吾等当归还其姊妹及质押之人、物，并据吾等对待英格兰其余诸爵之法，归还其自由与合法之权利，唯吾等据其父王威廉所签契约而保有者，不在此列。此事当于英格兰法庭中，经与亚历山大同等地位之贵族裁决。

60. 吾等于前述诸款中就吾国吾民所认可之一切习俗与自由，王国上下之臣民、诸贵族之手下，无论僧俗，咸当奉守。

61. 吾等批准前述之全部条款，旨在奉崇敬于上帝、纠王国于正道，旨在更好地解决吾等与诸爵之纷争，冀王国上下永葆太平，尽享上述之习俗与自由；为此，吾等复向彼等提供下述之保证：诸爵当从其愿，于王国中推举 25 位男爵；彼等皆当尽力遵守、维护吾等于本宪章中确认之和平与自由权利，并令王国上下一致遵守之、维护之。如此，倘吾等或吾等之政法官、执行吏或其余吏员以任何方式侵犯任何人之权利，或者违背上述和平或保证之条款，且其侵犯之举为上述 25 位男爵之 4 人所知，此 4 人可至吾等之前（如吾等不在王国之内，则至朕之政法官前）述陈此种侵犯之举，要求改正且不得延误。指出此种侵犯之举之 40 日内，如吾等（或吾等不在王国之内时，朕之政法官）未加改之，则此 4 位贵族当将此案提交其余男爵裁决；25 位男爵可联合王国上下，尽一切可能之法，向吾等施以约束与压力，如夺取吾等之城堡、土地、财产及其他方式，务使吾等据其裁决而改正之；唯吾等与朕之王后及子女之人身不得侵犯。吾等一经改正，诸爵当与吾等君臣修好、纲常如初。王国臣民皆可从其自愿，宣誓奉守前述 25 位男爵之号令，随之尽力向吾等施以压力；朕兹公开允准，任何人皆可从其自愿宣誓，且永不禁止任何人宣誓。王国臣民倘有不愿宣誓随此 25 男爵向吾等施加压力者，吾等当强令其宣誓加入。如 25 男爵中有身故、去国或因故无法履行前述之义务者，则前述 25 男爵中之余者当自行推举他人代之，令其以同于余人之法宣誓。25 男爵受托执事之时，倘 25 人悉数到场却意见不一，或有被召男爵不愿或不能到场，则过半数到场者所提之方案或所下之号令，当视为合法且具有约束力之决议，与 25 人全体出席所做之决议无异。前述 25 男爵皆誓言恪守前述之规定，且当尽力令余者奉守之。吾等亦不得亲自或经由他人，向任何臣民强索废止或损减上述诸条款与自由权利之承诺。即便吾等获此承诺，亦当视之无效，且吾等永不得亲自或经由他人加以利用。

62. 吾等及臣民于纷争期间彼此所生之敌意、愤怒与怨情，不论僧俗，吾等皆一笔勾销，予以宽恕赦宥之。再则，不论僧俗，自朕在位 16 年之“复活节”至和平确立之日止，凡臣民因君臣纷争而所犯之罪过，吾等亦已彻底勾销并赦宥之。再则，吾等已命坎特伯雷大主教斯蒂芬阁下、都柏林大主教亨利阁下及前述各位主教携同潘道夫长老制颁诰令，以做此种保证及前述各项之明证。

63. 吾等愿据此宪章，坚定昭告：英国教会当不受羁绊，凡王国臣民及其子嗣，当永远和平、自由、安宁、全面而彻底地享有吾等及吾等后嗣所认可之前述各项自由、权利与条款，无论何事、无论何地，皆当如此。吾等与诸爵皆已宣誓，定以忠信与善意奉守前述各项。亦有上述诸人及余者多人为证。朕在位 16 年之 6 月 15 日，于温莎与斯坦尼斯间草地兰尼美德，吾等亲书。

■“……温莎与斯坦尼斯之间一处名叫兰尼美德的草地”。1215 年 6 月，就是在这里的泰晤士河畔，约翰王与贵族们商定并最终批准颁布了《大宪章》。纪念此事的这座现代纪念碑，系美国律师协会（American Bar Association）委托修建，是《大宪章》在此后的 800 年间发挥了深远而广泛之影响的见证。（图片来源：通用图片组 / 盖蒂图片社）

附录二　1217 年《森林宪章》原文

英格兰国王、爱尔兰领主、诺曼底兼阿基坦公爵、安茹伯爵亨利受命于天，谨向诸大主教、主教、修道院院长、长老、伯爵、男爵、政法吏、森林吏、郡长、典狱吏、军警吏及所有执行吏与忠顺臣民致候。咸使闻知：为弘扬上帝之荣耀，为拯救吾等与吾等先辈及子孙后嗣之灵魂，为神圣教会之昌隆及吾等王国之革新，谨纳可敬之神父、圣马丁（St Martin）红衣主教兼罗马教廷使节古亚诺（Gualo）阁下，约克大主教沃尔特阁下，伦敦主教威廉与英格兰其余诸主教，彭布罗克伯爵、王国及吾等之守护者威廉·马绍尔，以及英格兰一众忠诚之伯爵、男爵所谏，吾等特批准此宪章并向吾等及后嗣确认，吾等之英格兰王国将奉守下述各项之自由，永矢不渝。

1. 其一，凡为朕之祖父亨利王所划定之森林，当由善良与守法之人照管；倘若亨利王曾将不属其合法所有之林定为皇家森林，至损及森林原所有者之合法权利，吾等当迅即恢复其原状。凡亨利王所定之皇家森林，若属其合法所有之林，则应予以保留；唯于此种皇家森林中，当为昔日业已习惯之臣民保有放牧之公共权利及其余权利。

2. 此后不得以普通传唤令，召居于森林之外者至吾等之森林政法吏前受审，唯受森林法庭所诉或为涉森林讼案者之担保人，不在此限。

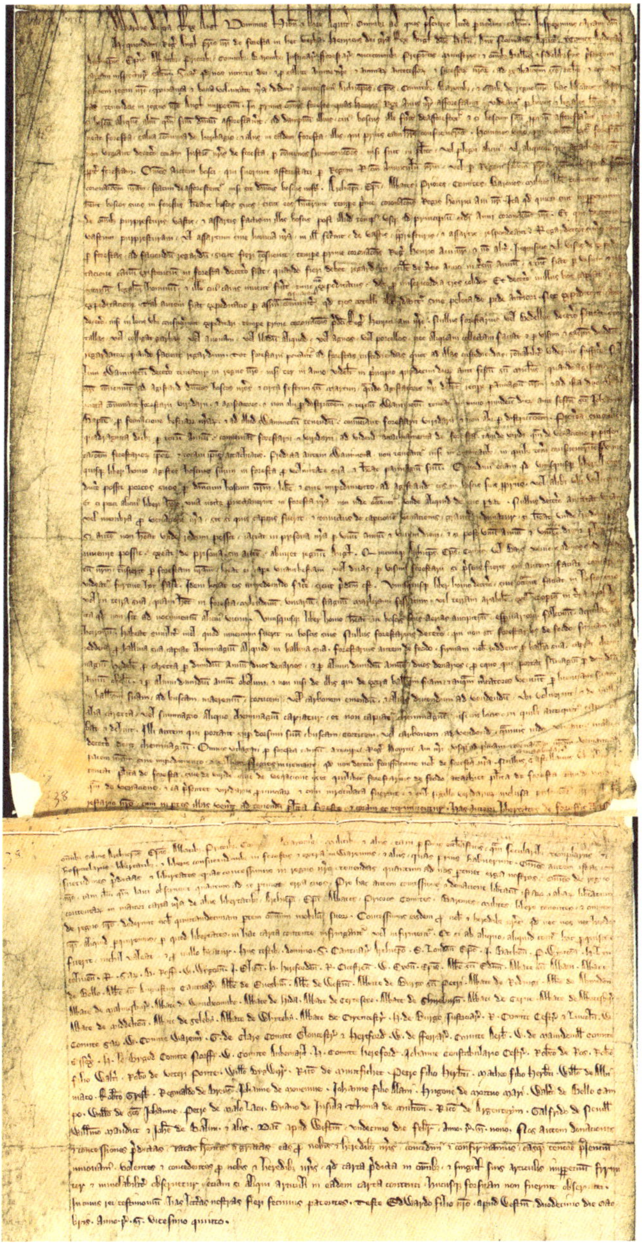

■1217年的《森林宪章》重新确定了自由民进入皇家森林的权利；此种权利，原本受到了诺曼时期与金雀花王朝初期的历任君主的侵害。在约翰王治下，全国约有1/3的面积属于皇家森林，而对森林犯罪行为征取的罚金，也成了国王岁入的一大来源。《森林宪章》禁止对森林犯罪（比如偷猎和猎鹿）者处以极刑，并且不得对在皇家森林中拥有林木者建造房屋、开垦新的耕地等行为进行罚款。
（图片来源：通用图片组／盖蒂图片社）

3. 凡朕之叔父理查王或朕之父亲约翰王于朕加冕登基前所划定之皇家森林，亦当迅即恢复其普通森林之性质，唯朕之私有森林不在此列。

4. 凡大主教、主教、修道院长、长老、伯爵、男爵、骑士及永久产业保有者，若于皇家森林中拥有林木，当一如朕之祖父亨利王加冕登基之时[①]，继续保有此种林木；由此至朕加冕登基之次年，彼等于其林中兴建之所有侵占产业、荒地及开垦之地[②]，皆当永不纳贡。然此后凡未经吾等许可即清理荒地、侵占公产或垦地耕作者，须为此种荒地、公产或开垦地而受到惩处。

5. 朕之林务吏当巡察皇家森林，确保皇家森林一如朕之祖父亨利王登基时之原貌，而未作他用。

6. 对林中犬类之去爪术[③]进行之调查或监管，须于日后理应巡察皇家森林之时，即每3年之第3年实施，且此术应于法定者而非他人之监管与见证下进行。凡彼时所养之犬依然有爪者，应支付3先令之罚金方可宽恕；此后凡自家之公牛有未去爪者，不得罚没公牛。此种去爪术，亦须据常用之法定标准进行，即须截去前足趾底肉球以外之3爪。此后诸犬无须再行去爪之术，唯自朕之祖父亨利王加冕登基时即有去爪习俗之地，不在此限。

7. 凡森林吏、教区执事者，此后皆不得经营苏格兰麦酒馆[④]，不得征取成捆之玉米、燕麦及任何谷物、羔羊或猪；非于12位林务吏之宣誓监管下，亦不得征取余物。林务吏巡察之

① 即1154年12月19日，星期天。——译者注

② 侵占产业（purpresture）指非法侵入后兴建的非法住宅。荒地（waste）指业已清理但未耕作，因而没有价值的土地。开垦之地（assart）指经过清理，以供耕作的土地。——译者注

③ 去爪术（declawing），或称截爪术（expeditation），指切去狗的利爪，使之无法逐鹿。——译者注

④ 苏格兰麦酒馆（scotale），指森林吏在皇家森林范围内设立的麦酒屋，其有可能让森林吏滥用职权来做交易。——译者注

时，应委任适量之森林吏负责照管皇家森林，人数则应以合理充足为宜。

8. 吾等王国之内，此后森林法庭[①]当以一年开庭3次为限：一为圣米迦勒节前15天，彼时当召集代饲牲畜者，于朕之（皇家）私有森林中代饲猪牛。二为圣马丁节前后，彼时朕之代饲牲畜者当获取代饲之薪酬。此二时召开之森林法庭，森林吏、护林吏及代饲牲畜者咸当出席，但不得强制其余人等参加。三为施洗者圣约翰节前15天，处置吾等母鹿所生幼鹿之事；佃户当与森林吏、护林吏会于此森林法庭之上，但不得强制其余人等前往。再者，一年之中，森林吏与护林吏应每隔40日即一同巡察林中之附属设施及麋鹿所用之青色草木[②]，且须由森林吏本人向有关之人士加以述陈。除业已惯于召开森林法庭之郡县，前述之森林法庭不得于他地开庭审案。

9. 凡自由民，皆可从己意于皇家森林中其自有之林地内代饲牲畜，并拥有其林内代饲权。[③]吾等亦准许，凡自由民皆可自由赶猪穿过吾等之私有森林，且可于其自有林地或从己意于他地代饲牲畜，不受限制。凡自由民，不得因所饲之猪于吾等之皇家森林中逗留一晚而有所损失。

10. 此后凡于皇家森林内猎取御鹿者，皆不可处以极刑或处以残肢之刑；唯经逮捕并被判犯有猎鹿之罪者，倘有支付能力，则当课以重罚，倘无支付能力，则当入狱1年1日。此后，凡能提供担保者皆可出狱，凡无担保者，则应逐出英格兰王国。

① 森林法庭（swainmote），是由森林吏担任法官、法庭执事负责聆讯、乡绅（swain）即在皇家森林中保有永久产业者组成陪审团来审理案件的法庭。——译者注

② 青色草木（vert），指林中的绿色植被，可为鹿类提供掩护或者供其食用。——译者注

③ 代饲放牧（agistment pasture），指收费代人饲养家畜。林内代饲权（pannage），指允许猪在林地内放养觅食的权利，林地所有者可据此收取费用。——译者注

11. 凡大主教、主教、伯男诸爵经由吾等之皇家森林者，皆可合法猎取御鹿一二，唯须森林吏在场并于此人监督之下方可猎取；倘森林吏不在当场，猎取者当吹响号角，以防盗猎之嫌。

12. 凡自由民，此后皆可于自有之林地或皇家森林中其自有之林地内兴建磨坊，而不得受到起诉；凡自由民，亦可于其自有之林地内兴建养兔场、挖掘池沼、泥灰坑、沟渠或将其变成耕地，唯须以不损邻人财物为限。

13. 凡自由民，皆应享有其自有林中之鹰隼、雀鹰、猎鹰、老鹰与苍鹭等所产之幼仔；其自有林中所产之蜂蜜，亦当如此。

14. 凡非世袭采邑之森林吏而向吾等支付贡赋并获取森林吏之执法权者，此后皆不得于其辖区内征取林中通行费①；凡属世袭采邑之森林吏、向吾等支付贡赋且获得执法职权者，则可征取林中通行费，其标准为：每辆马车上半年 2 便士、下半年 2 便士；每匹载货之驮马，上半年 1.5 便士、下半年 1.5 便士。凡经执行吏许可，以商贾之身份前往辖区之外购买林下灌木、木料、树皮、木炭，并从己意运往他地售卖者，亦非例外。不得向其余马车、货物征取林中通行费，且非旧时业已具有此种惯例之地，不得征取林中通行费。凡背负木材、树皮或木炭前去售卖者，乃以此为生，日后亦不应支付林中通行费。非于吾等之私有森林内，吾等之森林吏不得于他地征取林中通行费。

15. 凡自朕之祖父亨利王至朕加冕登基期间因有违皇家森林律法而被褫夺法律之保护者，皆当解除其不受法律保护之身份，无须经由法律诉讼；唯彼等须提供保人，确保此后不再擅

① 林中通行费（cheminage），指对森林中的过往人货征取的一种通行费。——译者注

自干犯吾等之森林。

16. 凡涉青色草木或御鹿之森林讼案，城堡堡主及其余人等皆不得审理；凡世袭采邑之森林吏，皆应将涉及青色草木或御鹿之森林案件呈交辖区之皇家林务吏，于记录入案并加盖皇家护林吏之大印后，当呈送于朕之首席林务吏，俟其巡察该地、审理森林讼案之时加以裁决。

凡此种种涉及森林之自由，朕皆赐予全国臣民及诸大主教、主教、修道院长、长老、伯爵、男爵、骑士及余者，不论僧俗；“圣殿骑士团”及“医院骑士团”于森林及森林以外、于野生鸟兽育猎特许地与他地之自由权利与自由习俗，悉循旧例。于朕在位之时，凡朕所赐之前述习俗与自由，王国上下，不论僧俗，悉当奉守。因此时朕无国玺在身，故本宪章由朕之可敬神父、圣马丁红衣主教兼罗马教廷使节古亚诺阁下，携彭布罗克伯爵、吾等及王国之守护者威廉·马绍尔二人加盖其印章。有前述诸士及余者之众为证。朕在位二年 11 月 6 日，前述之教廷使节古亚诺阁下及威廉·马绍尔于伦敦圣保罗大教堂亲书。

致　谢

首先必须感谢我的出版经纪人乔治娜·卡佩尔（Georgina Capel），感谢她的非凡才华与无私支持。安东尼·奇塔姆（Anthony Cheetham）率先提出了撰写本书的建议，我必须感谢他为我提供了（又一个）极佳的创作点子。感谢“宙斯之首出版公司”（Head of Zeus）的理查德·米尔班克（Richard Milbank）和埃莉诺·瑞斯（Eleanor Rees），他们不仅完善了我的初稿，还对最终的手稿进行了润色；乔治娜·布莱克维尔（Georgina Blackwell）则在搜集整理本书插图的过程中，为我提供了大力的帮助。身在美国的编辑乔伊·德·梅尼尔（Joy de Menil）审阅的是本书的另一个版本，是她孜孜不倦地对其中的许多章节进行了巧妙的润色。伦敦的国家档案馆、华盛顿特区（Washington DC）的美国国家档案馆、大英图书馆及伦敦图书馆（London Library）里的工作人员，曾大力向我施以援手。在我撰写本书的过程中，许多才华横溢的学者也无私地为我耗费了他们的时间，提供了他们的想法和评论。尤其要感谢大英图书馆的朱丽安·哈里森（Julian Harrison）和克莱尔·布里博士（Dr Claire Breay），国家档案馆的尼克·巴雷特博士（Dr Nick Barratt），牛津大学（University of Oxford）的伊丽莎白·爱娃·里奇教授（Professor Elizabeth Eva Leach），牛津大学林肯学院（Lincoln College, Oxford）的埃莉诺·吉拉沃德博士（Dr Eleanor Giraud），伦敦大学玛丽女王学院（Queen Mary University of London）的米利·鲁宾教授（Professor Miri Rubin）和托马斯·阿斯布里奇博士（Dr Thomas Asbridge），伦敦大学国王学院（King's College London）的大卫·卡本特教授（Professor David Carpenter），坎特伯雷基督大学（Canterbury Christ Church University）的路易斯·威尔金森教授（Professor Louise Wilkinson）、凯特·怀尔斯博士（Dr Kate Wiles）及海伦·卡斯托尔博士（Dr Helen Castor）。玛尔塔·马索（Marta Musso）和奇娅拉·赞福里尼（Chiara Zanforlini）二人也在研究方面为我提供了帮助，特此致谢。

最后，最应感谢的就是我的三个女儿：乔（Jo）、维奥莱特（Violet）和艾薇·琼斯（Ivy Jones）。吾之永爱，一如既往。

参考文献

主要文献

E. 艾姆特（E. Amt）和 S. D. 丘奇（S. D. Church）（编著与翻译），《国库对话与王室之支出》（*Dialogus de Scaccario and Constitutio Domus Regis*），新版，牛津，2007。

J.T. 阿普比（J. T. Appleby）（编著），《德维斯的理查德著英国国王理查一世时期之编年史》（*The Chronicle of Richard of Devizes of the Time of King Richard the First*），伦敦，1963。

V.G. 贝里（V. G. Berry）（编著和翻译），《德伊的奥多：路易七世的“东征”之旅》（*Odo of Deuil, De profectione Ludovici VII in Orientem*），纽约，1948。

J. 伯德（J. Bird），E. 彼得斯（E. Peters）和 J. M. 鲍威尔（J. M. Powell），《十字军“东征”与基督王国：英诺森三世至阿卡陷落（1187—1291）期间译本中的注释性文献》[*Crusade and Christendom: Annotated Documents In Translation from Innocent III to the Fall of Acre*（1187—1291）]，费城，2013。

J.S. 布鲁尔（J. S. Brewer），J. F. 迪莫克（J. F. Dimock）和 G. F. 沃纳（G. F. Warner）（编著），《威尔士的杰拉尔德：歌剧》（*Giraldus Cambrensis, Opera*），伦敦，1879—1880。

M. 卡林（M. Carlin）和 D. 克劳奇（D. Crouch），《中世纪生活佚失之文献》（*Lost Letters of Medieval Life*），费城，2013。

P. 查普莱斯（P. Chaplais）（编著），《英国国家档案局保存之外交文献》（*Diplomatic Documents Preserved in the Public Record Office*），伦敦，1964。

C.R. 切尼（C. R. Cheney）和 W. H. 森普尔（W. H. Semple）（编著），《教皇英诺森三世关于英国的书信选集（1198—1216）》[*Selected Letters of Pope Innocent III Concerning England*（1198—1216）]，伦敦，1953。

H.M. 丘（H. M. Chew）和 M. 威因鲍姆（M. Weinbaum）（编著），《1244年的伦敦巡回法庭》（*The London Eyre of* 1244），伦敦，1970。

W. 克劳（W. Craw），《约翰赖兰德图书馆法语手稿 56 号版〈诺曼底与盎格鲁史〉》（*An Edition of the Histoire des ducs de Normandie et rois d'Angleterre contained in the French MS.56 of the John Rylands Library*），格拉斯哥大学（University of Glasgow）博士论文，1999。

R. 达灵顿（R. Darlington）（编著），《马姆斯伯里的威廉所著的〈伍尔夫斯坦传〉：其中增补了存世之简本，以及圣伍尔夫斯坦之奇迹与译文》（*The Vita Wulfstani of William of Malmesbury: to which are added the extant abridgements of this work and the miracles and translation of St Wulfstan*），伦敦，1928。

D.C. 道格拉斯（D. C. Douglas）等（编著），《英国历史文献第二卷（1042—1189）》（*English Historical Documents* Ⅱ 1042—1189），第二版，伦敦，1981。

D.C. 道格拉斯等（编著），《英国历史文献第三卷（1189—1327）》（*English Historical Documents* Ⅲ 1189—1327），伦敦，1975。

L.J. 唐纳（L. J. Downer）（编著与翻译），《亨利一世之要法》（*Leges Henrici Primi*），牛津，1972。

N.E. 杜宾（N. E. Dubin），《故事诗》（*The Fabliaux*），纽约 / 伦敦，2013。

J. 费尔韦瑟（J. Fairweather）（编著与翻译），《埃利经：埃利岛的历史》（*Liber Eliensis: A History of the Isle of Ely*），伍德布里奇，2005。

N. 法洛斯（N. Fallows）（翻译），《拉蒙 · 鲁尔所著的〈骑士之书〉》（*The Book of The Order of Chivalry by Ramon Llull*），伍德布里奇 / 罗彻斯特，2013。

弗拉维乌斯 · 维吉休斯 · 雷纳图斯，《论军事》（*Concerning Military Affairs*），德里菲尔德（Driffield），2012。

C.T. 弗劳尔（C. T. Flower）等（编著），《理查一世与约翰王统治时期王室法庭之卷宗》（*Curia Regis Rolls of the Reigns of Richard I and John*），共 20 卷，伦敦，1922。

G.M. 加蒙兹韦（G. M. Garmonsway）（编著与翻译），《盎格鲁 – 撒克逊编年史》（*The Anglo-Saxon Chronicle*），第二版，伦敦，1972。

威尔士的杰拉尔德，《威尔士行记》（*The Journey through Wales*），哈默兹沃斯（Harmondsworth），1976。

J.A. 吉尔斯（J. A. Giles）（编著与翻译），《马姆斯伯里的威廉所著〈英格兰诸王编年史〉》（*William of Malmesbury's Chronicle of the Kings of England*），伦敦，1847。

J.A. 吉尔斯（编著与翻译），《文多弗的罗哲尔所著〈历史之花〉》（*Roger of Wendover's Flowers of History*），共 2 卷，伦敦，1849。

J.A. 吉尔斯（编著与翻译），《马修 · 帕里斯所著的〈英格兰史〉》

(*Matthew Paris's English History*)，共 3 卷，伦敦，1852—1854。

E. 戈尔德施密特（E. Goldschmidt）（编著），《贝拉沃克斯的博洽：胡子辩证》(*Burchardus de Bellevaux: Apologia de Barbis*)，剑桥，1935。

M.H. 格林（M. H. Green）（编著），《特罗图拉：中世纪妇女医学简编》(*The Trotula: A Medieval Compendium of Women's Medicine*)，费城，2001。

T.D. 哈迪（T. D. Hardy）（编著），《伦敦塔保存之令状卷轴考》(*Rotuli litterarum clausarum in Turri londinensi asservati*)，共 2 卷，伦敦，1833—1834。

T.D. 哈迪（T. D. Hardy）（编著），《伦敦塔保存之公函卷轴考》(*Rotuli litterarum patentium in Turri londinensi asservati*)，伦敦，1835。

T.D. 哈迪（T. D. Hardy）（编著），《伦敦塔之公函卷轴述》(A *Description of the Patent Rolls in the Tower of London*)，伦敦，1835。

T.D. 哈迪（T. D. Hardy）（编著），《伦敦塔存世之特许状卷轴考，第一卷，1199—1216》(*Rotuli chartarum in Turri londinensi asservati, vol.* Ⅰ, 1199—1216)，伦敦，1837。

A.J. 霍顿（A. J. Holden），S. 格列高利（S. Gregory）和 D. 克劳奇（D. Crouch）（编著与翻译），《威廉・马绍尔传》(*History of William Marshal*)，共 3 卷，牛津，2002—2006。

A. 霍尔特（A. Holt）和 J. 马尔顿（J. Muldoon），《十字军“东征”中的相互矛盾之见》(*Competing Voices from the Crusades*)，牛津/西港（Westport），2008。

M.R. 詹姆斯（编著与翻译），C. N. 布鲁克和 R. A. B. 迈诺斯（修订），《沃尔特・曼普：朝臣琐事》[(*revised*)，*Walter Map: De nugis curialium: Courtiers' Trifles*]，牛津，1983。

H.R. 卢亚德（H. R. Luard）（编著），《修道院年鉴》(*Annales monastici*)，共 5 卷，伦敦，1864—1869。

H.R. 卢亚德（编著），《圣奥尔本斯的修道士马修・帕里斯：大编年史》(*Matthaei Parisiensis, monachi Sancti Albani: Chronica majora*)，共 7 卷，伦敦，1872—1873。

H.R. 卢亚德（编著），《马修・帕里斯：历史之花》(*Matthew Paris:Flores historiarum*)，伦敦，1890。

F. 米切尔（F. Michel）（编著），《诺曼底公爵与英格兰国王史》(*Histoire des ducs de Normandie et des rois d'Angleterre*)，巴黎，1840。

T.H. 奥尔格伦（T. H. Ohlgren）（编著），《中世纪亡命之徒的故事：现代英语中的 12 个故事》(*Medieval Outlaw Tales: Twelve Tales in Modern English*)，修订版，西拉法叶（West Lafayette），2005。

H.T. 莱利（H. T. Riley）（编著），《罗哲尔・德・霍夫登编年史：英国及欧洲其余诸国自公元 732 年至公元 1201 年之历史》(*The Annals of Roger de Hoveden: Comprising the History of England, and of Other Countries of Europe from AD* 732 *to AD* 1201)，共 2 卷，伦敦，1853。

H.T. 莱利（编著)，《伦敦历代市长与郡长志：1188—1274》(*Chronicles of the Mayors and Sheriffs of London*：1188—1274)，伦敦，1863。

J.C. 罗伯逊（J. C. Robertson）(编著)，《〈托马斯 · 贝克特传〉之资料》(*Materials for the History of Thomas Becket*)，卷轴系列（Rolls Series)，1875—1885。

H. 罗斯韦尔（H. Rothwell)，《英国历史文献第三卷，1189—1327》(*English Historical Documents III* 1189—1327)，新版，伦敦 / 纽约，1996。

T. 赖默尔（T. Rymer）(编著)，《条约、协定、公文及所有一般性官方文件集》(*Foedera, conventiones, literae, et cujuscunque generis acta publica*)，第 I.i. 卷，海牙（The Hague)，1745。

J. 史蒂文森（J. Stevenson）(编著)，《梅尔罗斯编年史》(*Chronica de Mailros*)，爱丁堡，1835。

J. 史蒂文森（编著与翻译)，《英国的教会历史学家（宗教改革运动之前系列)》[*The Church Historians of England* (*Pre-Reformation Series*)]，共 5 卷，伦敦，1853。

J. 史蒂文森（编著与翻译)，《威尔士的杰拉尔德：论君主之教导》(*Gerald of Wales: On the Instruction of Princes*)，伦敦，1858。

J. 史蒂文森（编著)，《考格斯霍尔的拉尔夫所著的英格兰编年史》(*Radulphi de Coggeshall Chronicon Anglicanum*)，伦敦，1875。

W. 斯塔布斯（W. Stubbs）(编著)，《坎特伯雷的杰维斯之历史著作》(*The Historical Works of Gervase of Canterbury*)，共 2 卷，伦敦，1872—1873。

R.M. 汤姆森（R. M. Thomson）(编著)，《圣埃德蒙兹伯里修道院院长兼后来之埃利主教休遴选纪事》(*The Chronicle of The Election of Hugh Abbot of Bury St Edmunds and Later Bishop of Ely*)，牛津，1974。

L. 索普（L. Thorpe）(编著与翻译)，《蒙茅斯的杰弗里：不列颠诸王传》(*Geoffrey of Monmouth*：*The History of the Kings of Britain*)，伦敦，1966。

D.A. 特雷尔（D.A.Traill）(编著与翻译)，《沙蒂隆的沃尔特之短诗集：圣诞赞美诗、恋爱抒情诗与道德讽刺诗》(*Walter of Châtillon*：*The Shorter Poems*：*Christmas hymns, love lyrics, and moral-satirical verse*)，牛津，2013。

M. 泰森（M. Tyson）(编著)，《南华克与默顿修道院纪事》，见《萨里郡考古集 36》(*Surrey Archaeological Collections* 36)，吉尔福德（Guildford)，1925。

J. 厄普顿 – 沃德（J. Upton–Ward)，《圣殿骑士团之统治》(*The Rule of*

the Templars），伍德布里奇，1992。

P. 沃尔什（P. Walsh）和 M. 肯尼迪（M. Kennedy）（编著与翻译），《纽堡的威廉：英格兰事务史》（*William of Newburgh: The History of English Affairs*），共 2 卷，沃明斯特（Warminster），1998—2007。

次要文献

R. 艾伦·布朗（R. Allen Brown），《艾伦·布朗探秘英国城堡》（*Allen Brown's English Castles*），新版，伍德布里奇，2004。

T. 贝克（T. Baker），《中世纪的伦敦》（*Medieval London*），伦敦，1970。

C. M. 巴伦（C. M. Barron），《中世纪末期伦敦之政府与人民，1200—1500》（*London in the Later Middle Ages: Government and People*, 1200—1500），牛津，2004。

R. 巴特莱特（R. Bartlett），《诺曼与安茹诸王治下之英格兰，1075—1225》（*England under the Norman and Angevin Kings* 1075—1225），牛津，2000。

W. 贝纳姆（W. Benham），《古老的圣保罗大教堂》（*Old St Paul's Cathedral*），伦敦，1902。

D. A. 伯奇（D. A. Birch），《中世纪的罗马朝圣》（*Pilgrimage to Rome in the Middle Ages*），伍德布里奇，2000。

J. 布拉德伯里，《中世纪的围城战》（*The Medieval Siege*），伍德布里奇，1992。

J. 布拉德伯里，《法兰西国王腓力·奥古斯都传（1180—1223）》（*Philip Augustus: King of France* 1180—1223），伦敦，1998。

C. 布里（C. Breay）和 J. 哈里森（J. Harrison），《〈大宪章〉：法律、自由与遗产》（*Magna Carta: Law, Liberty, Legacy*），伦敦，2015。

J. 伯克（J. Burke），《中世纪英国城堡中的生活》（*Life in the Castle in Medieval England*），伦敦，1978。

J. 坎宁（J. Canning）和 O. G. 奥克瑟尔（O. G. Oexle）（编著），《中世纪的政治思想与权力现实》（*Political Thought and the Realities of Power in the Middle Ages*），哥廷根（Göttingen），1998。

M. 卡林，《中世纪的南华克》（*Medieval Southwark*），伦敦，1996。

D. A. 卡本特，《大宪章》（*Magna Carta*），伦敦，2015。

D. A. 卡本特，《亨利三世之治》（*The Reign of Henry III*），伦敦 / 纽约，1996。

《英格兰与威尔士之城堡》（*Castles of England and Wales*），共 6 卷，伦

敦，1929—1970。

P. 查普莱斯，《中世纪英国之外交惯例》（*English Diplomatic Practice in the Middle Ages*），伦敦，2003。

S. D. 丘奇（编著），《约翰王：一种新的诠释》（*King John: New Interpretations*），伍德布里奇，1999。

S. D. 丘奇，《约翰王：英格兰、〈大宪章〉与暴君的形成》（*King John: England, Magna Carta and the Making of a Tyrant*），伦敦，2015。

P. D. 克拉克（P. D. Clarke），《13 世纪的禁行圣事令：一个集体有罪的问题》（*The Interdict in the Thirteenth Century: A Question of Collective Guilt*），牛津，2007。

H. M. 柯尔文（H. M. Colvin）（编著），《国王作品史》（*The History of the King's Works*），第 1 卷和第 2 卷，伦敦，1963。

D. 克劳奇，《1070—1272 的英国贵族：一场社会变革》（*The English Aristocracy* 1070—1272：*A Social Transformation*），纽黑文（New Haven）/ 伦敦，2011。

A. 杜德森（A. Dodson），《大不列颠的皇家陵墓：历史图册》（*The Royal Tombs of Great Britain: An Illustrated History*），伦敦，2004。

G. 达比（G. Duby），《布汶传奇：中世纪的战争、宗教与文化》（*The Legend of Bouvines: War, Religion and Culture in the Middle Ages*），剑桥，1990。

C. 戴尔（C. Dyer），《中世纪英格兰的日常生活》（*Everyday Life in Medieval England*），新版，伦敦 / 纽约，2000。

H. J. 菲塞（H. J. Feasey），《英国古时的圣周礼仪》（*Ancient English Holy Week Ceremonial*），伦敦，1897。

R. C. 芬努凯恩（R. C. Finucane），《信仰战士：战争中的十字军与穆斯林》（*Soldiers of the Faith*：*Crusaders and Moslems at War*），伦敦，1983。

J. 弗里德（J. Fried）和 P. 刘易斯（P. Lewis）（翻译），《中世纪》（*The Middle Ages*），剑桥 / 伦敦，2015。

P. J. P. 戈德堡（P. J. P. Goldberg）和 F. 里迪（F. Riddy）（编著），《中世纪的青年》（*Youth in the Middle Ages*），约克，2004。

C. 格雷维特（C. Gravett），《诺曼时期的石头城堡（2）：欧洲（950—1204）》[*Norman Stone Castles*（2）：*Europe* 950—1204]，牛津，2004。

V. 格林（V. Green），《1797 年 7 月 17 日于伍斯特大教堂约翰王之遗体发现记，据真实的往来信函整理，附有插图与备注》（*An Account of the Discovery of the Body of King John in the Cathedral Church of Worcester, July* 17, 1797, *From Authentic Communications, With Illustrations and Remarks*），伦敦 / 伍斯特，1797。

R. 格里菲斯－琼斯（R. Griffith-Jones）和 D. 帕克（D. Park）（编著），《伦敦的圣殿教堂：历史、艺术与建筑》（*The Temple Church in London: History, Art and Architecture*），伍德布里奇，2010。

M. 海格（M. Haig），《圣殿骑士：历史与神话》（*The Templars: History and Myth*），伦敦，2008。

C. 哈珀－比尔（C. Harper-Bill）和 N. 文森特（N. Vincent）（编著），《亨利二世：新的诠释》（*Henry II: New Interpretations*），伍德布里奇，2007。

D. 哈里森（D. Harrison），《中世纪英格兰的桥梁：交通与社会，400—1800》（*The Bridges of Medieval England: Transport and Society*, 400—1800），牛津，2004。

J. H. 哈维（J. H. Harvey），《中世纪的建筑师》（*The Medieval Architect*），韦兰德（Wayland），1972。

D. 海利（D. Hiley），《西方的单声圣歌：手册》（*Western Plainchant: A Handbook*），牛津，1993。

B. P. 欣德尔（B. P. Hindle），《中世纪的大小道路》（*Medieval Roads and Tracks*），里斯伯勒王子城（Princes Risborough），1998。

J. C. 霍尔特（J. C. Holt），《北方人：对约翰王统治时期的研究》（*The Northerners: A Study in the Reign of King John*），牛津，1961。

J. C. 霍尔特，《大宪章》（*Magna Carta 2nd edn*）第二版，剑桥，1992。

N. 郝斯丽（N. Housley），《为十字架而战》（*Fighting for the Cross*），纽黑文 / 伦敦，2008。

R. 休斯（R. Hughes），《罗马》（*Rome*），伦敦，2011。

R. W. 亨特（R. W. Hunt）和 M. 吉布森（M. Gibson），《学校与修道院：亚历山大·尼库亚姆传及其著作（1157—1217）》[*The Schools and the Cloister: The Life and Writings of Alexander Nequam*（1157—1217）]，牛津，1984。

R. 赫顿（R. Hutton），《太阳的位置：英国宗教年的历史》（*The Stations of the Sun: A History of the Ritual Year in Britain*），牛津，1996。

A. 乔布森（A. Jobson）（编著），《13 世纪的英国政体》（*English Government in the Thirteenth Century*），马特尔沙姆（Martlesham），2004。

D. 琼斯（D. Jones），《〈大宪章〉：〈大宪章〉的形成与遗产》（*Magna Carta: The Making and Legacy of the Great Charter*），伦敦，2014。

P. M. 琼斯（P. M. Jones），《彩绘手稿中的中世纪医学》（*Medieval Medicine in Illuminated Manuscripts*），伦敦，1998。

E. M. 乔普（E. M. Jope）（编著），《建筑史研究：认可 B. H. 圣·J. 奥尼尔所做贡献的论文》（*Studies in Building History: Essays in Recognition of the Work of B. H. St J. O'Neil*），伦敦，1961。

E. H. 康托洛维茨（E. H. Kantorowicz），《君王颂：礼拜呼颂与中世纪君王崇拜之研究》（*Laudes regiae: A Study in Liturgical Acclamations and Mediaeval Ruler Worship*），伯克利（Berkeley），1958。

M. 基恩（M. Keen），《中世纪的战争：一段历史》（*Medieval Warfare: A History*），牛津，1999。

D. 吉恩（D. Keene），《中世纪的温彻斯特研究》（*Survey of Medieval Winchester*），共 2 卷，牛津，1985。

H. 克莱梅蒂娜（H. Klemettilä），《中世纪晚期的动物与猎人》（*Animals and Hunters in the Late Middle Ages*），纽约 / 阿宾顿（Abingdon），2015。

M. W. 拉巴格（M. W. Labarge），《13 世纪的一个贵族家庭》（*A Baronial Household of the Thirteenth Century*），布莱顿（Brighton），1965。

M. D. 洛贝尔（M. D. Lobel），《历史城镇地图集：从史前时期至 1520 年左右的伦敦城》（*Historic Towns Atlas: The City of London from Prehistoric Times to c.1520*），Ⅲ，牛津，1989。

J. S. 洛恩加德（J. S. Loengard）（编著），《〈大宪章〉与约翰王治下的英格兰》（*Magna Carta and the England of King John*），伍德布里奇，2010。

D. 麦克卡尔洛奇（D. MacCulloch），《基督教史》（*A History of Christianity*），伦敦，2009。

H. E. 马尔登（H. E. Malden）（编著），《〈大宪章〉纪念论文集》（*Magna Carta Commemoration Essays*），伦敦，1917。

S. 麦克格列（S. McGrail），《世界之船：从石器时代至中世纪》（*Boats of the World: From the Stone Age to Medieval Times*），牛津，2004。

F. 麦克林恩（F. McLynn），《狮心与失地：理查王、约翰王与征战》（*Lionheart and Lackland: King Richard, King John and the Wars of Conquest*），伦敦，2007。

S. 麦克舍弗雷（S. McSheffrey），《中世纪晚期伦敦的婚姻、性与公民文化》（*Marriage, Sex and Civic Culture in Late Medieval London*），费城，2006。

J. C. 莫尔（J. C. Moore），《教皇英诺森三世：肃清与扶植》（*Pope Innocent III: To Root Up and Plant*），莱顿（Leiden），2003。

J. J. 诺维奇（J. J. Norwich），《教皇传》（*The Popes: A History*），伦敦，2011。

N. 奥姆（N. Orme），《中世纪的儿童》（*Medieval Children*），纽黑文 / 伦敦，2001。

N. 奥姆，《中世纪的学校》（*Medieval Schools*），纽黑文 / 伦敦，2006。

F. 皮蓬尼尔（F. Piponnier）和 P. 马内（P. Mane），《中世纪的服饰》（*Dress in the Middle Ages*），由 C. 比米什（C. Beamish）翻译，纽黑文 / 伦

敦，1997。

A. L. 普尔（A. L. Poole），《从〈英国土地志〉到〈大宪章〉，1087—1216》（*From Domesday Book to Magna Carta* 1087—1216），牛津/纽约，1951。

D. 波斯托尔斯（D. Postles），《英国人的起名，约 1100—1350》（*Naming the People of England, c.*1100—1350），纽卡斯尔（Newcastle），2006。

E. 鲍尔（E. Power）和 M. M. 波斯坦（M. M. Postan）（编著），《中世纪的女性》（*Medieval Women*），剑桥，1975。

P. 珀顿（P. Purton），《中世纪晚期之围城史》（*A History of the Late Medieval Siege*），伍德布里奇，2010。

S. J. 里德亚德（S. J. Ridyard），《中世纪的十字军"东征"》（*The Medieval Crusade*），伍德布里奇，2004。

J. 罗宾逊（J. Robinson），《中世纪艺术之杰作》（*Masterpieces of Medieval Art*），伦敦，2008。

C. J. 罗杰斯（C. J. Rogers）（编著），《牛津中世纪战争与军事技术百科全书》（*The Oxford Encyclopedia of Medieval Warfare and Military Technology*），共 3 卷，牛津，2010。

M. 鲁宾（M. Rubin），《基督圣体：中世纪文化中的圣餐礼》（*Corpus Christi: The Eucharist in Late Medieval Culture*），剑桥，1991。

E. 山度士（E. Sandoz），《自由之根：〈大宪章〉古时之宪法与英美法治之传统》（*The Roots of Liberty: Magna Carta, Ancient Constitution and the Anglo-American Tradition of Rule of Law*），哥伦比亚（Columbia），1993。

N. 扫罗（N. Saul）（编著），《牛津图解中世纪英国史》（*The Oxford Illustrated History of Medieval England*），牛津，1997。

J. 斯科菲尔德（J. Schofield），《1100—1600 的伦敦：都城考古》（*London* 1100—1600: *The Archaeology of a Capital City*），谢菲尔德（Sheffield），2011。

P. R. 斯科菲尔德（P. R. Schofield）（编著），《中世纪的印章及其背景》（*Seals and Their Context in the Middle Ages*），牛津，2015。

D. 塞金森（D. Serjeantson）和 H. 里斯（H. Rees），《中世纪温彻斯特的饮食、工艺与身份》（*Food, Craft and Status in Medieval Winchester*），温彻斯特，2009。

D. 斯塔基（D. Starkey），《〈大宪章〉宪章背后的真实故事》（*Magna Carta: The True Story behind the Charter*），伦敦，2015。

M. 斯特里克兰（M. Strickland）（编著），《盎格鲁-诺曼战争：盎格鲁-撒克逊和盎格鲁-诺曼晚期的军事组织与战争之研究》（*Anglo-Norman Warfare: Studies in Late Anglo-Saxon and Anglo-Norman Military Organization and Warfare*），伍德布里奇，1992。

E. 特里哈恩（E. Treharne），《饕餮当惩：早期英国宗教训诫中的醉汉与饮食紊乱者》（*Gluttons for Punishment: The Drunk and Disorderly in Early English Homilies*），布里克沃斯（Brixworth），2007。

N. 文森特（N. Vincent），《彼得·德罗什：英国政治中的异类（1205—1238）》（*Peter des Roches: An Alien in English Politics* 1205—1238），剑桥，1996。

N. 文森特（编著），《〈大宪章〉自由之基础（1215—2015）》（*Magna Carta: The Foundation of Freedom* 1215—2015），伦敦，2014。

F. 沃利斯（F. Wallis），《中世纪医学之读物》（*Medieval Medicine: A Reader*），多伦多（Toronto），2010。

W. L. 沃伦（W. L. Warren），《亨利二世》（*Henry II*），新版，纽黑文/伦敦，2000。

W. L. 沃伦（W. L. Warren），《约翰王》（*King John*），新版，纽黑文/伦敦，1997。

F. X. 韦泽（F. X. Weiser），《基督教节日与习俗手册》（*Handbook of Christian Feasts and Customs*），纽约，1958。

R. 耶茨，《圣埃德蒙兹伯里修道院的历史与文物》，伦敦，1843。

参考论文

J. W. 鲍德温（J. W. Baldwin），《未来的坎特伯雷大主教斯蒂芬·兰顿大师：巴黎的学校与〈大宪章〉》（*Master Stephen Langton, Future Archbishop of Canterbury: The Paris Schools and Magna Carta*），见《英国历史评论》（*English Historical Review*）第123期，2008。

N. 巴雷特（N. Barratt），《约翰王之岁入》（*The Revenue of King John*），见《英国历史评论》第111期，1996。

N. 巴雷特，《英国理查一世之岁入》（*The English Revenues of Richard I*），见《英国历史评论》第116期，2001。

R. S. 布拉德利（R. S. Bradley），M. K. 休斯（M. K. Hughes）和H. F. 迪亚兹（H. F. Diaz），《中世纪的气候》（*Climate in Medieval Time*），见《科学》（Science），2003。

S. 布劳德伯利，B. M. S. 坎贝尔和B. 范·鲁文，《英国中世纪的人口：时间序列与断面证据之融合》，见网站qub.ac.uk，2010。

D. A. 卡本特（D. A. Carpenter），《兰顿大主教与〈大宪章〉：他的贡献、疑虑与虚伪》（*Archbishop Langton and Magna Carta: His Contribution, His Doubts and His Hypocrisy*），见《英国历史评论》第126期，2011。

S. D. 丘奇，《约翰王的最终遗嘱及其统治的最后岁月》（*King John's Last Testament and the Last Days of His Reign*），见《英国历史评论》第 125 期，2010。

J. 克罗克福德（J. Crockford），《反复易手与长久把持的王权：约翰王与亨利三世的心路历程》（*Peripatetic and Sedentary Kingship: The Itineraries of John and Henry III*），见《13 世纪历史》（Thirteenth Century History）第 13 期，2011。

J. 基林厄姆（J. Gillingham），《从平民政治到文明：英国中世纪和近代早期的礼仪规范》（*From Civilitas to Civility*：*Codes of Manners in Medieval and Early Modern England*），见《皇家历史学会学报》（*Transactions of the Royal Historical Society*），2002。

P. V. 汉森（P. V. Hansen），《重建一台中世纪的投石机》（*Reconstructing a Medieval Trebuchet*），见《军事史古今图解》（*Military History Illustrated Past and Present*）第 27 期，1990。

T. K. 基夫（T. K. Keefe），《亨利二世与伯爵们：财政署卷宗之佐证》（*King Henry II and the Earls*：*The Pipe Roll Evidence*），见《阿尔比恩》（Albion）第 13 期，1981。

M. H. 克尔（M. H. Kerr），R. D. 福赛斯（R. D. Forsyth）和 M. J. 普莱利（M. J. Plyley），《冰水与烙铁：英国的神断法》（*Cold Water and Hot Iron*：*Trial by Ordeal in England*），见《跨学科历史杂志》（*Journal of Interdisciplinary History*）第 22 期，1992。

C. 莱文（C. Levin），《明君：约翰王与都铎王朝初期的宣传》（*A Good Prince*：*King John and Early Tudor Propaganda*），见《16 世纪杂志》（Sixteenth Century Journal）第 11 期，1980。

J. 马斯切尔（J. Masschaele），《英国中世纪的交通成本》（*Transport Costs in Medieval England*），见《经济史评论》（*Economic History Review*）第 46 期，1993。

T. 莫尔（T. Moore），《1204 年诺曼底之失陷与“诺曼人领地”的创生》（*The Loss of Normandy and the Invention of Terre Normannorum*, 1204），见《英国历史评论》第 125 期，2010。

K. 彭宁顿（K. Pennington），《12 世纪加入十字军之仪式》（*The Rite for Taking the Cross in the Twelfth Century*），见于《传统杂志》（Traditio）第 30 期，1974。

C. M. 罗素，《既不被蛊惑，也不被欺骗：腓力·奥古斯都所谓的阳痿与英诺森三世的回应》（*Neither Bewitched nor Beguiled*：*Philip Augustus's Alleged Impotence and Innocent III's Response'*），见于《窥镜》杂志第 89 期，2014。

E. 斯坦纳（E. Steiner），《英国中世纪晚期的起名与寓言》（*Naming and Allegory in Late Medieval England*），见于《英德文献学杂志》（*Journal of*

English and German Philology）第 106 期，2007。

H. M. 托马斯（H. M. Thomas），《托马斯·贝克特的耻辱、刚毅与遇刺身亡》（*Shame, Masculinity and the Death of Thomas Becket*），见于《窥镜》杂志第 87 期，2012。

注　释

1. 参见 A. J. 霍顿，S. 格列高利和 D. 克劳奇编著与翻译的《威廉·马绍尔传》（牛津，2002—2006）第 2 卷，第 253 页。

2. 同上，第 254—255 页。

3. 参见 1215 年《大宪章》，第 61 条。

4. 参见 D. C. 道格拉斯等编著的《英国历史文献第三卷（1189—1327）》（伦敦 / 纽约，1975），第 324—326 页。

5. 参见 1215 年《大宪章》，第 63 条。

6. 用于支付的款项，是 1215 年 1 月 19 日据国王的个人命令从王室财产中筹集的。参见 T. D. 哈迪编著的《伦敦塔保存之令状卷轴考》（伦敦，1833）第 1 卷，第 183 页。凡为国王诵唱此曲者，国王通常都要支付 25 先令，或称司祭费。参见 E. H. 康托洛维茨的《君王颂：礼拜呼颂与中世纪君王崇拜之研究》（伯克利，1958），第 173 页。

7. 伍斯特的这首《赞美诗》配有乐谱，载于康托洛维茨的《君王颂》，第 217—219 页。

8. 参见 T. D. 哈迪的《伦敦塔之公函卷轴述》（伦敦，1835），"约翰王之行程"。

9. 参见威尔士的杰拉尔德的《威尔士行记》（哈默兹沃斯，1976），第 234—243 页。

10. 据威尔士的杰拉尔德所载，此话是亨利二世在写给君士坦丁堡皇帝曼努埃尔·康尼努斯（Manuel Comnenus）的信中所说。参见威尔士的杰拉尔德的《威尔士行记》，第 234 页。

11. 同上，第 199—200 页，第 87—88 页。

12. 参见 D. A. 特雷尔编著与翻译的《沙蒂隆的沃尔特之短诗集：圣诞赞美诗、恋爱抒情诗与道德讽刺诗》（牛津，2013），第 84—85 页。

13. 参见 T. D. 哈迪编著的《伦敦塔保存之令状卷轴考》第 1 卷，第 139 页。

14. 参见 S. 安布勒（S. Ambler）发表于“《大宪章》研究项目”博客上的博文《约翰王宫廷中的圣诞节》（*Christmas at the Court of King John*）。

15. 这些食谱，都源自 14 世纪和 15 世纪一些厨师所撰的手稿；现代出版了许多有用的中世纪食谱集，并视 21 世纪的情况加以完善，其中之一就是 M. 布莱克（M. Black）所著的《中世纪食谱》（*The Medieval Cookbook*，伦敦，1992）。

16. 参见哈迪编著的《伦敦塔保存之令状卷轴考》，引于 N. C. 文森特（N. C. Vincent）的《约翰王之日记与行程》（*King John's Diary and Itinerary*）一文，见“《大宪章》研究项目”。

17. 一个月之后，休·德·内维尔便从王室财政署要回了他带到伍斯特用于这场圣诞盛宴的那 90 头牲畜的钱。参见哈迪编著的《伦敦塔保存之令状卷轴考》第 1 卷，第 184 页。

18. 比如，我们可以看一看 1215 年王室所下的一些御旨，其命人将一桶桶的红葡萄酒和白葡萄酒送往王国各地，从位于泰晤士河谷的沃林福德到位于约克郡的韦克菲尔德。参见哈迪编著的《伦敦塔保存之令状卷轴考》第 1 卷，第 185 页。

19. 例如，参见 D. 吉恩的《中世纪的温彻斯特研究》（牛津，1985）中所载的考古发现，第 1 卷，第 53 页。

20. 参见《伍斯特市：简介与区镇》（*The city of Worcester*：*Introduction and Borough*），见《伍斯特县志》（*A History of the County of Worcester*）第 4 卷（伦敦，1924），第 376—390 页，及第 50 号脚注。

21. 参见 R. 达灵顿的《马姆斯伯里的威廉所著的〈伍尔夫斯坦传〉：其中增补了存世之简本，以及圣伍尔夫斯坦之奇迹与译文》（伦敦，1928），第 35—43 页。

22. 参见 H. T. 莱利编著的《罗哲尔·德·霍夫登编年史：英国及欧洲其余诸国自公元 732 年至公元 1201 年之历史》（伦敦，1853）第 1 卷，第 256 页。

23. 参见 S. 布劳德伯利，B. M. S. 坎贝尔和 B. 范·鲁文的《英国中世纪的人口：时间序列与断面证据之融合》，见网站 qub.ac.uk（2010 年），22。R. 巴特莱特的《诺曼与安茹诸王治下之英格兰，1075—1225》（牛津，2000）中对较古老作品的研究，第 290—296 页。

24. 引于 A. L. 普尔所著《从〈英国土地志〉到〈大宪章〉，1087—1216》（牛津 / 纽约，1951），第 36 页。

25. 参见 W. 斯塔布斯编著的《考文垂的沃尔特之历史文集》（*Memoriale fratris Walteri de Coventria*，伦敦，1872），第 2 卷，第 142 页。

26. 参见 W. 斯塔布斯编著的《坎特伯雷的杰维斯之历史著作》（伦敦，1872—1873），第 2 卷，第 92 页。

27. 参见 J. A. 吉尔斯编著与翻译的《文多弗的罗哲尔所著〈历史之花〉》(伦敦，1849)，第 2 卷，第 304 页。

28. 参见 E. 戈尔德施密特编著的《贝拉沃克斯的博洽：胡子辩证》(剑桥，1935)。

29. 关于中世纪的道路，B. P. 欣德尔《中世纪的大小道路》(牛津，2008)。古罗马时期留存下来的道路，D. 哈里森的《中世纪英格兰的桥梁》(牛津，2004)，第 48—52 页。

30. 参见 M. R. 詹姆斯编著与翻译 C. N. 布鲁克和 R. A. B. 迈诺斯修订的《沃尔特·曼普：朝臣琐事》(牛津，1983)，第 370—371 页。

31. 参见 V. 格林的《1797 年 7 月 17 日于伍斯特大教堂约翰王之遗体发现记，据真实的往来信函整理，附有插图与备注》(伦敦 / 伍斯特，1797)，第 4 页。出土的中世纪男性骸骨，平均身高为 5 英尺 7.25 英寸；参见 J. 斯科菲尔德的《1100—1600 的伦敦：都城考古》(谢菲尔德，2011)，第 199 页。

32. 参见哈迪的《伦敦塔之公函卷轴述》，第 60 页。

33. 参见 J. T. 阿普比编著的《德维斯的理查德著英国国王理查一世时期之编年史》(伦敦，1963)，第 32 页和第 20 页。

34. 参见霍顿等编著的《威廉·马绍尔传》第 1 卷，第 384—385 页及第 449 页。

35. 参见 R. M. 汤姆森编著的《圣埃德蒙兹修道院院长兼后来之埃利主教休遴选纪事》(牛津，1974)，第 171 页。

36. 参见大英图书馆手稿 BL MS Cotton Claudius DII 第 116 页，其中的图片源自 14 世纪。

37. 参见哈迪编著的《伦敦塔保存之令状卷轴考》第 1 卷，第 184 页。

38. 臭名昭著的是，约翰王的行装车队于他 1216 年驾崩之前不久，就在距东安格利亚沃什附近的韦尔斯崔姆（Wellstream）丢失了。为便于勘验编年史家对此事（及约翰王那支行装车队本身）的记载，请参见 W. L. 沃伦所著的《约翰王》(新版，纽黑文，1997)，第 278 页。

39. 参见 J. 马斯切尔的《英国中世纪的交通成本》一文，见《经济史评论》第 46 期（1993），第 270 页。

40. 参见 J. 马斯切尔在 J. S. 洛恩加德编著的《〈大宪章〉与约翰王治下的英格兰》(伍德布里奇，2010）一书中的讨论，第 162—163 页；哈迪编著的《伦敦塔保存之令状卷轴考》第 1 卷第 183 页记载，约翰王曾订购一辆“装有优质铁轮胎”的马车供王后所用，亦证实了这一点。

41. 参见詹姆斯、布鲁克和迈诺斯的《沃尔特·曼普》，第 103 页和第 477 页。

42. 尼古拉斯·文森特（Nicholas Vincent）提出应为“贵廷”（Guiting），

从而纠正 T. A. 哈迪之前所载的行程表，因为北安普敦郡人以前会把“贵廷”读成“格丁顿”（Geddington）。参见文森特的《约翰王之日记与行程》。

43. 参见哈迪编著的《伦敦塔保存之令状卷轴考》第 1 卷，第 182 页。此时的挪威国王是英奇·哈罗德森（Inge Bårdsson），亦称英奇二世（Inge Ⅱ）。

44. 参见 J. 厄普顿－沃德的《圣殿骑士团之统治》（伍德布里奇，1992），第 25 页、30 页、32 页和 36 页。

45. 参见 R. 格里菲斯－琼斯和 D. 帕克编著的《伦敦的圣殿教堂：历史、艺术与建筑》（伍德布里奇，2010），第 4 页。

46. 同上，第 10 页。

47. 参见 T. D. 哈迪编著的《伦敦塔存世之特许状卷轴考》（伦敦，1837），第 1 卷，第 203—204 页。

48. 布列塔尼人威廉的记载，在网上可以找到业已翻译的英文，还有其他众多当代与近代专家的作品可参考。欲知以原始资料为基础对此战的详细记载，亦可参见 J. 布拉德伯里的《法兰西国王腓力·奥古斯都传（1180—1223）》（伦敦，1998）及 G. 达比的《布汶传奇：中世纪的战争、宗教与文化》（剑桥，1990）。

49. 参见《马尔谢讷修道院的布汶之战报告》（*Relatio Marchianesis de Pugna Bouvinis*）。

50. 参见霍顿等编著的《威廉·马绍尔传》第 2 卷，第 242—243 页。这在理论上只能算是谣传，因为马绍尔并未参加布汶之战。尽管如此，这一评价仍然精辟、准确。

51. 同上。

52. 同上，第 41 页。

53. 关于约翰王在世时之名声，有一种经过深思熟虑的论点，参见 S. D. 丘奇编著的《约翰王：一种新的诠释》（伍德布里奇，1999）一书中，J. 基林厄姆的《无后见之明的史学家》（*Historians without Hindsight*）一文，第 3—26 页。

54. 例如，可参见哈迪编著的《伦敦塔保存之令状卷轴考》第 1 卷第 186 页，上面列有约翰王于 1215 年 2 月 1 日向都柏林大主教亨利下达的一长串圣旨。

55. 此信被抄入了史称《财政署黑皮书》（*Black Book of the Exchequer*，国家档案馆，E164/12）、以拉丁文印行的文献中，其英语版见洛恩加德的《大宪章》一书，第 168—179 页。

56. 参见 J.A. 吉尔斯编著的《文多弗的罗哲尔所著〈历史之花〉》第 2 卷，第 303—304 页。

57. 参见 D. C. 道格拉斯等编著的《英国历史文献第二卷（1189—1327）》（第二版，伦敦，1981），第 432—434 页。

58. 关于圣埃德蒙兹伯里这次会晤，文森特的《约翰王之日记与行程》一文对文多弗所述“完全无事实根据地对伯里一场贵族会议进行的记载”表示强烈怀疑。但 D. A. 卡本特的《大宪章》（伦敦，2015）第 292 页却提出了强有力的理由，认为此次会晤发生于是年 10 月 19 日。

59. 参见斯塔布斯编著的《考文垂的沃尔特之历史文集》第 2 卷，第 218 页。

60. 参见 T. D. 哈迪编著的《伦敦塔保存之公函卷轴考》（伦敦，1835），第 126 页；但我们应当注意 N. C. 文森特在“《大宪章》研究项目”的《1215 年 1 月之新堂会议》（*The Conference at the New Temple, January* 1215）一文中所做的重要修正。

61. 参见 H. M. 柯尔文编著的《国王作品史》（伦敦，1963）第 1 卷，第 80 页。

62. 参见安布勒的博文《约翰王宫廷中的圣诞节》。

63. 参见 F. 米切尔编著的《诺曼底公爵与英格兰国王史》（巴黎，1840），第 105 页。

64. 参见 D. 塞金森和 H. 里斯的《中世纪温彻斯特的饮食、工艺与身份》（温彻斯特，2009），第 167 页。

65. 参见哈迪的《伦敦塔之公函卷轴述》，第 67 页。

66. 参见道格拉斯等编著的《英国历史文献第三卷》，第 823 页。

67. 参见巴特莱特的《诺曼与安茹诸王治下之英格兰》，第 579—580 页。

68. 参见 E. 特里哈恩的《饕餮当惩：早期英国宗教训诫中的醉汉与饮食紊乱者》（布里克沃斯，2007），第 19 页；阿普比的《德维斯的理查德之编年史》，第 75 页。

69. 参见 J.A. 吉尔斯编著与翻译的《马姆斯伯里的威廉所著〈英格兰诸王编年史〉》（伦敦，1847）。

70. 参见 J. 费尔韦瑟编著与翻译的《埃利经：埃利岛的历史》（伍德布里奇，2005）。

71. 参见道格拉斯等编著的《英国历史文献第三卷》，第 828 页。

72. 马修·帕里斯所绘的这幅精美地图（存于大英图书馆手稿皇家 14c vii f2v–2r 号）如今已经数码化。至于人们对这条路线以及前往罗马的其余路线进行的讨论，参见 D. A. 伯奇的《中世纪的罗马朝圣》（伍德布里奇，2000），第 42—55 页。

73. 参见 P. 查普莱斯的《中世纪英国之外交惯例》（伦敦，2003），第 28 页，由 N. C. 文森特翻译于“《大宪章》研究项目”的《1215 年之新堂会议》

一文中。

74. 参见但丁·阿利吉耶里的《天堂》(*Paradiso*) 第 31 章，第 35—36 行。

75. 此处译文选自 J. 史蒂文森编著与翻译的《威尔士的杰拉尔德：论君主之教导》(伦敦，1858)，第 106 页。

76. 参见 N. E. 杜宾翻译的《故事诗》(纽约 / 伦敦，2013)，第 937—941 页和第 929—931 页。

77. 参见巴特莱特的《诺曼与安茹诸王治下之英格兰》，第 435 页。

78. 参见道格拉斯等编著的《英国历史文献第三卷》，第 751—752 页。

79. 参见丘奇的《约翰王》，第 163—164 页，引自《财政署卷宗》第 14 卷"约翰"，第 44—45 页。

80. 参见 C. R. 切尼和 W. H. 森普尔编著的《教皇英诺森三世关于英国的书信选集 (1198—1216)》(伦敦，1953)，第 149—151 页。

81. 参见 K. 哈维 (K. Harvey) 为"《大宪章》研究项目"撰写的《选举自由之宪章》(*The Freedom of Election Charter*) 一文。

82. 参见查普莱斯的《中世纪英国之外交惯例》，第 28—29 页。

83. 同上。

84. 参见史蒂文森的《威尔士的杰拉尔德：论君主之教导》，第 63 页。

85. 据阿拉伯历史学家拜亥艾丁 (Beha ed-Din) 及《萨拉丁圣地之陷落》(*De expugatione terrae sanctae per Saladinium*) 一诗的匿名基督徒作者所述。两者都登载并翻译在 A. 霍尔特和 J. 马尔顿的《十字军"东征"中的相互矛盾之见》(牛津 / 西港，2008) 中，第 114—118 页。

86. 参见 A. J. 安德莉亚 (A. J. Andrea) 的《英诺森三世、第四次十字军"东征"与即将到来的天启》(Innocent Ⅲ, the Fourth Crusade and the Coming Apocalypse) 一文，见 S. J. 里德亚德的《中世纪的十字军"东征"》(伍德布里奇，2004)，第 105 页。

87. 参见斯塔布斯编著的《考文垂的沃尔特之历史文集》第 2 卷，第 219 页。

88. V. G. 贝里编著和翻译的《德伊的奥多：路易七世的"东征"之旅》(纽约，1948)，第 14—19 页。

89. 参见 R. C. 芬努凯恩的《信仰战士：战争中的十字军与穆斯林》(伦敦，1983)，第 42 页。

90. 参见N. 郝斯丽的《为十字架而战》(纽黑文/伦敦，2008)，第53页。

91. 参见 K. 彭宁顿的《12 世纪加入十字军之仪式》一文，见《传统杂志》第 30 期 (1974)；译于 J. 伯德、E. 彼得斯和 J. M. 鲍威尔的《十字军"东征"与基督王国：英诺森三世至阿卡陷落 (1187—1291) 期间译本中的注释性文献》(费城，2013)。

92. 参见哈迪编著的《伦敦塔保存之令状卷轴考》第1卷，第188—192页。

93. 同上，第184—185页、第189页与第191页。

94. 同上，第191页。

95. 参见詹姆斯、布鲁克和迈诺斯的《沃尔特·曼普》，第12—13页。

96. 这一主题有一个不错的起点，就是J. 弗里德的《中世纪》(剑桥/伦敦，2015)，第328—373页。

97. 参见M. H. 格林编著的《特罗图拉：中世纪妇女医学简编》(费城，2001)中引用阿尔法努斯的话，第9页。

98. 参见P. M. 琼斯的《彩绘手稿中的中世纪医学》(伦敦，1998)，第62页。

99. 参见大英图书馆斯隆手稿1977 f.2号(BL Sloane MS 1977 f.2)，亦请参见F. 沃利斯的《中世纪医学之读物》(多伦多，2010)，第181—185页。

100. 参见格林的《特罗图拉》，第123页。

101. 同上，第168—169页。

102. 参见H. J. 菲塞的《英国古时的圣周礼仪》(伦敦，1897)中各处；R. 赫顿的《太阳的位置：英国宗教年的历史》(牛津，1996)，第182—197页。

103. 参见菲塞的《英国古时的圣周礼仪》，第114—115页。

104. 参见哈迪编著的《伦敦塔保存之令状卷轴考》第1卷，第196页。

105. 同上，第195页。

106. 同上。

107. 参见切尼和森普尔编著的《教皇英诺森三世书信选集》，第194—195页。

108. 同上，第196页。

109. 参见卡本特的《大宪章》，第298页。

110. 参见N. 法洛斯翻译的《拉蒙·鲁尔所著的〈骑士之书〉》(伍德布里奇/罗彻斯特，2013)，第44—55页。

111. 其现代译本，参见L. 索普编著与翻译的《蒙茅斯的杰弗里：不列颠诸王传》(伦敦，1966)。

112. 参见M. W. 拉巴格的《13世纪的一个贵族家庭》(布莱顿，1965)，第78—79页、第111页与第175页。

113. 我们可以在大英博物馆里看到一种造型可爱的典型水罐，收藏编号P&E 1853,0315.1；J. 罗宾逊的《中世纪艺术之杰作》(伦敦，2008)中有其照片并进行了描述，第240—241页。

114. 参见斯塔布斯编著的《考文垂的沃尔特之历史文集》第2卷，第

219 页。

115. 参见 F. 米切尔编著的《诺曼底公爵与英格兰国王史》，第 145 页。至于北方人命名时更普遍的情况，请参见 J. C. 霍尔特的《北方人》（牛津，1961），第 8—16 页。

116. 参见米切尔编著的《诺曼底公爵与英格兰国王史》，第 115 页。

117. 参见巴特莱特的《诺曼与安茹诸王治下之英格兰》，第 213 页。

118. 参见米切尔编著的《诺曼底公爵与英格兰国王史》，第 119 页。

119. 参见吉尔斯编著的《文多弗的罗哲尔所著〈历史之花〉》第 2 卷，第 305 页。

120. 参见霍顿等编著的《威廉·马绍尔传》。

121. 同上，第 2 卷，第 63 页、第 65 页和第 121 页。

122. 同上，第 1 卷，第 285 页。

123. 同上，第 1 卷，第 83—95 页。

124. 参见吉尔斯编著的《文多弗的罗哲尔所著〈历史之花〉》第 2 卷，第 306 页。

125.《无名宪章》如今保存在巴黎的法国国家档案馆（Archives Nationales）里，档案编号 J. 655。J. C. 霍尔特的《大宪章》（第二版，剑桥，1992）中以拉丁语登载并进行了讨论，见第 418 页—428 页，其出处可以追溯到 1215 年 1 月至 6 月。约翰王那些所谓让步措施的译本，见 H. 罗斯韦尔编著的《英国历史文献第三卷，1189—1327》（伦敦 / 纽约，1996），第 310—311 页。大卫·卡本特认为，《无名宪章》是在当年 1 月的“新堂会议”与 5 月 17 日伦敦陷落期间制定的，且他倾向于其间较早的日期。参见卡本特的《大宪章》，第 314 页。

126. 参见道格拉斯等编著的《英国历史文献第二卷》，第 432—434 页。

127. 参见吉尔斯编著的《文多弗的罗哲尔所著〈历史之花〉》第 2 卷，第 306 页。

128. 约翰王在次月写给教皇的一封信中，说明了自己的和解提议；此信载于 T. 赖默尔编著的《条约、协定、公文及所有一般性官方文件集》第 I.i. 卷（海牙，1745），第 66—67 页。

129. 参见切尼和森普尔编著的《教皇英诺森三世书信选集》，第 214—215 页。

130. 参见 M. 泰森的《南华克与默顿修道院纪事》，见《萨里郡考古集 36》（1925），第 49 页。

131. 这两道诰令的拉丁文，都载于霍尔特的《大宪章》中，第 492—493 页。

132. 参见哈迪编著的《伦敦塔保存之令状卷轴考》第 1 卷，第 204 页。

133. 参见 C. T. 弗劳尔等编著的《理查一世与约翰王统治时期王室法庭之卷宗》第 7 卷（1935），第 247 页。

134. 参见 M. H. 克尔、R. D. 福赛斯和 M. J. 普莱利的《冰水与烙铁：英国的神断法》，见《跨学科历史杂志》第 22 期，第 582—583 页。

135. 同上。由于脂肪比肌肉和骨骼更容易漂浮起来，因此身体脂肪对人体的漂浮能力有着很大的影响。

136. 参见哈迪的《伦敦塔之公函卷轴述》，第 101—102 页。

137. 参见 T. H. 奥尔格伦编著的《中世纪亡命之徒的故事：现代英语中的 12 个故事》（修订版，西拉法叶，2005），第 147 页。

138. 同上，第 197 页和第 212 页。

139. 参见斯塔布斯编著的《考文垂的沃尔特之历史文集》第 2 卷，第 219 页。

140. 参见吉尔斯编著的《文多弗的罗哲尔所著〈历史之花〉》第 2 卷，第 307 页。

141. 关于北安普敦城堡的情况，参见柯尔文编著的《国王作品史》第 2 卷，第 750—753 页，以及 W. 佩吉（W. Page）编著的《北安普敦自治市：情况描述》（*The Borough of Northampton: Description*），见于《北安普敦县志：第三卷》（*A History of the County of Northampton: Volume* 3，1930），第 30—40 页。

142. 参见文森特的《约翰王之日记与行程：2 月 15 日至 24 日》，“《大宪章》研究项目”，引自 N. C. 文森特的《亨利二世及其宫廷之印玺》（*The Seals of King Henry II and His Court*），见 P. R. 斯科菲尔德编著的《中世纪的印章及其背景》（牛津，2015），第 7—33 页，尤其是其中第 17 页上的图 2、图 11 和图 19。

143. 参见哈迪编著的《伦敦塔保存之公函卷轴考》，第 129 页。

144.《大宪章》中的第 50 条将把杰弗里·德·马尔蒂尼列入杰拉德·达西的亲戚，逐出英格兰。其余人等还包括：恩加拉德·德·西戈涅与盖伊·德·西戈涅、皮特·德·博尚、盖伊·德·尚索与安德鲁·德·尚索、德·马提尼兄弟、腓力·马克及其兄弟，还有此人一个叫作杰弗里的侄子。

145. 参见吉尔斯编著的《文多弗的罗哲尔所著〈历史之花〉》第 2 卷，第 307 页。威廉·德·博尚是因为藐视约翰王而被教皇英诺森三世逐出教会的叛乱者之一。

146. 同上，第 307 页。

147. 参见霍顿等编著的《威廉·马绍尔传》第 2 卷，第 255 页。

148. 文多弗认为当时是 5 月 24 日礼拜天，这是错误的。

149. 参见吉尔斯编著的《文多弗的罗哲尔所著〈历史之花〉》第 2 卷，

第 307 页。亦请参见斯塔布斯编著的《考文垂的沃尔特之历史文集》第 2 卷，第 220 页。

150. 参见 C. 戴尔的《经济与社会》(*The Economy and Society*)，见 N. 扫罗编著的《牛津图解中世纪英国史》(牛津，1997)，第 155 页。

151. 参见霍顿等编著的《威廉 · 马绍尔传》第 1 卷，第 482—483 页。

152. 菲茨斯蒂芬对伦敦的描述载于《英国历史文献第二卷》中，略有删节，但完整载于 J. C. 罗伯逊的《〈托马斯 · 贝克特传〉之资料》(卷轴系列，1875—1885)，第 3 卷，第 2—13 页。

153. 参见 T. 贝克的《中世纪的伦敦》(伦敦，1970)，第 163—167 页。

154. 参见奥尔格伦编著的《中世纪亡命之徒的故事》，第 144 页。

155. 参见索普编著的《蒙茅斯的杰弗里：不列颠诸王传》，第 262 页。

156. 参见哈迪的《伦敦塔之公函卷轴述》，第 67—68 页。

157. 参见 J. 斯科菲尔德的《1100—1600 的伦敦：都城考古》(谢菲尔德，2011)，第 159—162 页。

158. 同上，第 109 页。

159. 参见 M. D. 洛贝尔的《历史城镇地图集：从史前时期至 1520 年左右的伦敦城》第 3 卷，第 31 页。

160. 参见阿普比编著的《德维斯的理查德之编年史》，第 64—67 页。

161. 参见 H. T. 莱利编著的《伦敦历代市长与郡长志：1188—1274》(伦敦，1863)，第 179—187 页。

162. 同上，第 1—8 页。

163. 这份条例的译文，载于罗斯韦尔编著的《英国历史文献第三卷》，第 849—854 页。

164. 参见巴特莱特的《诺曼与安茹诸王治下之英格兰》，第 345 页。

165. 参见 H. M. 丘和 M. 威因鲍姆编著的《1244 年的伦敦巡回法庭》(伦敦，1970)，第 40 项和第 180 项。

166. 同上，第 121 项、第 28 项、第 85 项、第 57 项和第 71 项。

167. 参见斯塔布斯编著的《考文垂的沃尔特之历史文集》第 2 卷，第 220 页。

168. 欲简要概述伦敦与诺曼王朝及金雀花王朝诸王之间的关系，请参见巴特莱特的《诺曼与安茹诸王治下之英格兰》，第 342—344 页。

169. 参见吉尔斯编著的《文多弗的罗哲尔所著〈历史之花〉》第 2 卷，第 307—308 页。

170. 参见詹姆斯、布鲁克和迈诺斯的《沃尔特 · 曼普》，第 476—477 页。

171. 参见詹姆斯、布鲁克和迈诺斯的《沃尔特 · 曼普》，第 496—497 页。

172. 参见《中世纪晚期英语语言地图集》(*A Linguistic Atlas of Late Medieval English*，在线版)。

173. 参见巴特莱特的《诺曼与安茹诸王治下之英格兰》，第 500 页。

174. 参见弗劳尔等编著的《王室法庭之卷宗》第 7 卷。至于那些出现在法庭记录中的名录，请参看第 464—469 页。

175. 同上，第 296 页。

176. 参见 E. 斯坦纳的《英国中世纪晚期的起名与寓言》，见《英德文献学杂志》(2007)，第 248 页。亦请参见 D. 波斯托尔斯的《英国人的起名：约 1100—1350》(纽卡斯尔，2006)各处，以了解较为普遍的情况。

177. 参见 A. D. 米尔斯(A. D. Mills)的《英国地名词典》(*A Dictionary of British Place Names*，牛津，2011)。感谢凯特·怀尔斯博士提供了这份参考资料，并就兰尼美德这一地名之起源提供了宝贵的建议。

178. 参见 H. R. 卢亚德编著的《马修·帕里斯：历史之花》(伦敦，1890)，第 2 卷，第 153 页。非常感谢大卫·卡本特教授为我推荐了这份参考资料。

179. 参见 J. R. 麦迪科特(J. R. Maddicott)的《忏悔者爱德华于 1041 年返回英格兰》(*Edward the Confessor's Return to England in* 1041)一文，见《英国历史评论》第 119 期(2004)，第 661—663 页。

180. 参见 J. 史蒂文森编著的《考格斯霍尔的拉尔夫所著的英格兰编年史》(伦敦，1875)，第 172 页。

181. 参见哈迪编著的《伦敦塔保存之令状卷轴考》第 1 卷，第 193 页。

182. 参见柯尔文编著的《国王作品史》第 2 卷，第 864—865 页。

183. 参见 H. R. 卢亚德编著的《圣奥尔本斯的修道士马修·帕里斯：大编年史》(伦敦，1872—1873)第 2 卷，第 611 页。

184. 参见哈迪编著的《伦敦塔保存之公函卷轴考》，第 138 页和第 142 页。

185. 参见哈迪编著的《伦敦塔保存之令状卷轴考》第 1 卷，第 213—214 页。

186. 同上，第 213 页。

187. 同上，第 214 页。

188. 其拉丁语版载于霍尔特的《大宪章》，第 429—440 页，英语版载于罗斯韦尔编著的《英国历史文献第三卷》，第 311—316 页。

189. 参见 D. A. 卡本特的《〈大宪章〉的断代与形成》(*The Dating and Making of Magna Carta*)，见 D. A. 卡本特的《亨利三世之治》(伦敦 / 纽约，1996)，第 16 页；参见卡本特的《大宪章》，第 342 页。

190. 参见哈迪编著的《伦敦塔保存之公函卷轴考》，第 142—143 页。

191. 参见汤姆森编著的《圣埃德蒙兹伯里修道院院长休遴选纪事》，第170—171页。

192. 同上。

193. 参见卡本特的《大宪章》，第361页。

194. 参见《启示录》（*Revelation*）4：1—11。

195. 参见E. 艾姆特和S. D. 丘奇编著与翻译的《国库对话：理查德·菲茨尼格尔的国库对话》（*Dialogus de Scaccario: the Dialogue of the Exchequer by Richard FitzNigel*，牛津，2011），第86—87页。

196. 参见N. M. 弗里德（N. M. Fryde）的《〈大宪章〉的根源：反抗金雀花王朝》（*The Roots of Magna Carta: Opposition to the Plantagenets*），见J. 坎宁和O. G. 奥克瑟尔编著的《中世纪的政治思想与权力现实》（哥廷根，1998），第59—60页。

197. 参见卡本特的《大宪章》，第366—367页。

198. 载于霍尔特的《大宪章》，第490—491页。

199. 参见斯塔布斯编著的《考文垂的沃尔特之历史文集》第2卷，第222页。

200. 同上，第221页。

201. 参见哈迪编著的《伦敦塔保存之令状卷轴考》第1卷，第215页。

202. 参见哈迪编著的《伦敦塔保存之公函卷轴考》，第144页。

203. 参见吉尔斯编著的《文多弗的罗哲尔所著〈历史之花〉》第2卷，第338页。

204. 参见卡本特的《大宪章》，第388—389页。

205. 载于霍尔特的《大宪章》，第498页。

206. 参见米切尔编著的《诺曼底公爵与英格兰国王史》，第151页。

207. 参见卢亚德编著的《马修·帕里斯》第2卷，第611页。

208. 参见H. R. 卢亚德编著的《修道院年鉴》（伦敦，1864—1869）第3卷，第43页。

209. 参见切尼和森普尔编著的《教皇英诺森三世书信选集》，第212—216页。

210. 参见G. 乔叟（G. Chaucer）《坎特伯雷故事集》（*The Canterbury Tales*）中的《巴斯夫人的故事》，第65行、第182—184行及第402—403行。

211. 参见《提摩太前书》（*I Timothy*）2：9—12。

212. 参见阿普比编著的《德维斯的理查德之编年史》，第10页。

213. 这段译文选自N. 奥姆的《中世纪的学校》（纽黑文/伦敦，2006），第104页。

214. 参见H. M. 丘和M. 威因鲍姆的《国王诉讼：亨利三世25年—亨利

三世 27 年（第 152 号—第 180 号）》[*Crown Pleas: 25 Henry III—27 Henry III*（*nos 152—80*）]，见《1244 年的伦敦巡回法庭》在线版。

215. 这是 P. 阿里埃（P. Ariès）在《儿童的世纪》（*Centuries of Childhood*，伦敦，1962）中持有一种最著名的观点，但在 N. 奥姆所著的《中世纪的儿童》（纽黑文 / 伦敦，2001）中受到了有力而令人信服的驳斥；此处的叙述，遵循的正是后面的观点。

216. 参见卢亚德编著的《修道院年鉴》第 3 卷，第 44 页。

217. 关于此处与后面的叙述，参见吉尔斯编著的《文多弗的罗哲尔所著〈历史之花〉》第 2 卷，第 336 页，以及斯塔布斯编著的《考文垂的沃尔特之历史文集》第 2 卷，第 226 页。

218. 参见吉尔斯编著的《文多弗的罗哲尔所著〈历史之花〉》第 2 卷，第 337 页。

219. 参见 L. J. 唐纳编著与翻译的《亨利一世之要法》（牛津，1972），第 109 页和第 117 页。

220. 参见柯尔文编著的《国王作品史》第 1 卷，第 59—60 页。

221. 欲知这个时期城堡与城堡建筑的概况，请参见柯尔文编著的《国王作品史》第 1 卷，第 64—81 页；其中的观点与 R. A. 布朗（R. A. Brown）的《英国的皇家城堡建筑，1154—1216》（*Royal Castle-Building in England, 1154—1216*）一脉相承，见《英国历史评论》第 70 期（1995），第 353—398 页。亦请参见 R. 艾伦·布朗的《艾伦·布朗探秘英国城堡》（新版，伍德布里奇，2004），第 3 章，第 34—63 页。

222. 参见 R. 艾伦·布朗的《罗彻斯特城堡》，见《英格兰与威尔士的城堡增补卷一》（*Castles of England and Wales, Supplement I*），第 8—10 页。

223. 参见吉尔斯编著的《文多弗的罗哲尔所著〈历史之花〉》第 2 卷，第 335 页。

224. 同上。

225. 同上。

226. 同上，第 336 页。

227. 参见 J. 布拉德伯里的《中世纪的围城战》（伍德布里奇，1992），第 10—11 页。

228. 参见斯塔布斯编著的《考文垂的沃尔特之历史文集》第 2 卷，第 226 页。

229. 参见吉尔斯编著的《文多弗的罗哲尔所著〈历史之花〉》第 2 卷，第 337—338 页。

230. 参见吉尔斯编著的《文多弗的罗哲尔所著〈历史之花〉》第 2 卷，第 338 页。

231. 参见吉尔斯编著的《温多沃尔的罗哲尔所著〈历史之花〉》第 2 卷，第 339 页。

232. 参见 H. 克莱梅蒂娜的《中世纪晚期的动物与猎人》（纽约 / 阿宾顿，2015），第 24 页。

233. 参见塞金森和里斯的《中世纪温彻斯特的饮食、工艺与身份》，第 148—151 页。

234. 关于菲茨斯蒂芬，请参见前文第 5 章。描述伦敦的最通俗易懂的版本，见道格拉斯等编著的《英国历史文献第二卷》，第 1024—1030 页。

235. 参见博德利图书馆（Bodleian Library），手稿博德利 764 号（MS Bodley 764）。

236. 参见斯塔布斯编著的《考文垂的沃尔特之历史文集》第 2 卷，第 217 页。

237. 我们在罗斯韦尔编著的《英国历史文献第三卷》，第 643—676 页，可以看到第四次拉特兰会议制定的教规的英文译本。

238. 参见詹姆斯、布鲁克和迈诺斯的《沃尔特・曼普》，第 118—121 页。

239. 此处译文选自康沃尔的彼得所著的《启示之书》（*Liber revelationum*），见巴特莱特的《诺曼与安茹诸王治下之英格兰》，第 478 页。

240. 关于这一主题的概况，请参见 M. 鲁宾的《基督圣体：中世纪文化中的圣餐礼》（剑桥，1991）。

241. 参见吉尔斯编著的《文多弗的罗哲尔所著〈历史之花〉》第 2 卷，第 344 页。

242. 参见切尼和森普尔编著的《教皇英诺森三世书信选集》，第 220 页。

243. 参见吉尔斯编著的《文多弗的罗哲尔所著〈历史之花〉》第 2 卷，第 348 页。

244. 同上。

245. 参见霍顿等编著的《威廉・马绍尔传》第 2 卷，第 255—256 页。

246. 参见斯塔布斯编著的《考文垂的沃尔特之历史文集》第 2 卷，第 227 页。

247. 参见 J. D. 霍斯勒（J. D. Hosler）的《雇佣兵》（*Mercenaries*），见 C. J. 罗杰斯的《牛津中世纪战争与军事技术百科全书》（牛津，2010），第 3 卷，第 1—3 页。

248. 参见詹姆斯、布鲁克和迈诺斯的《沃尔特・曼普》，第 118 页。

249. 参见霍顿等编著的《威廉・马绍尔传》第 2 卷，第 256—257 页。

250. 例如，可参见哈迪编著的《伦敦塔保存之令状卷轴考》第 1 卷，第 238 页。

251. 参见吉尔斯编著的《文多弗的罗哲尔所著〈历史之花〉》第 2 卷，第 349 页。

252. 参见 C. 戴尔的《中世纪英格兰的日常生活》（新版，伦敦 / 纽约，2000），第 134 页。

253. 参见巴特莱特的《诺曼与安茹诸王治下之英格兰》，第 184 页。

254. 参见弗劳尔等编著的《王室法庭之卷宗》第 7 卷，第 467—468 页。

255. 参见大英图书馆增补手稿第 8167 号（BL Add MS 8167），抄录并翻译于 M. 卡林和 D. 克劳奇编著与翻译的《中世纪生活佚失之文献：1200—1250》（费城，2013）中，第 274—277 页。

256. 参见巴特莱特的《诺曼与安茹诸王治下之英格兰》，第 252 页。

257. 译文选自 M. 班尼特（M. Bennett）的《冲突与战争》（*Wace and Warfare*），见 M. 斯特里克兰编著的《盎格鲁－诺曼战争：盎格鲁－撒克逊和盎格鲁－诺曼晚期的军事组织与战争之研究》（伍德布里奇，1992），第 233 页。

258.《圣经》中的这句智慧之语，时任王室司库的理查德・菲茨尼格尔在其《国库对话》一书的引言中提到过。参见艾姆特和丘奇编著的《国库对话》，第 3 页。

259. 参见史蒂文森编著的《考格斯霍尔的拉尔夫》，第 177 页。

260. 参见卢亚德编著的《马修・帕里斯》第 2 卷，第 642 页。

261. 参见霍顿等编著的《威廉・马绍尔传》第 2 卷，第 256—257 页。

262. 同上，第 256—259 页。

263. 关于约翰王在沃什湾的损失，包括此处考格斯霍尔与文多弗两人记载的译文，请参见沃伦的《约翰王》一书中的“附录 3”（Appendix C），第 278—285 页。

264. 译文选自卡本特的《大宪章》，第 405 页。

265. 参见霍顿等编著的《威廉・马绍尔传》第 2 卷，第 260—261 页。

266. 参见达灵顿的《伍尔夫斯坦传》，第 35—43 页。

267. 参见格林的《约翰王遗体发现记》，第 4—5 页。卡本特的《大宪章》第 406 页认为，这可能是约翰王加冕时所戴的涂油礼帽。

268. 参见卢亚德编著的《马修・帕里斯》第 2 卷，第 669 页。

269. 参见霍顿等编著的《威廉・马绍尔传》第 2 卷，第 256—257 页。

270. 参见吉尔斯编著的《文多弗的罗哲尔所著〈历史之花〉》第 2 卷，第 205 页。

271.《森林宪章》全文经翻译后载于道格拉斯等编著的《英国历史文献第三卷》，第 337—340 页。

272. 参见霍顿等编著的《威廉・马绍尔传》第 2 卷，第 406—407 页。

273. 1225 年版的《大宪章》，经翻译后载于道格拉斯等编著的《英国历史文献第三卷》中，第 341—349 页。

274. 参见 D. A. 卡本特的《塞恩修道院版〈大宪章〉》（*The Cerne Abbey Magna Carta*），见于"《大宪章》研究项目"。

275. 马修 · 帕里斯对此事的描述，参见卢亚德编著的《马修 · 帕里斯》第 4 卷，第 185—187 页。

276. 参见 S.T. 安布勒《亨利三世于 1265 年 3 月对〈大宪章〉之确认》（*Henry III's Confirmation of Magna Carta in March* 1265），见于"《大宪章》研究项目"。

图书在版编目（CIP）数据

金雀花王朝：1215 /（英）丹・琼斯著；欧阳瑾，邓雄译. -- 北京：中国友谊出版公司，2022.9

ISBN 978-7-5057-5463-8

Ⅰ. ①金… Ⅱ. ①丹… ②欧… ③邓… Ⅲ. ①安茹王朝（12 世纪 -15 世纪）—历史 Ⅳ. ① K503

中国版本图书馆 CIP 数据核字（2022）第 056790 号

著作权合同登记号　图字：01-2022-0131

书名　金雀花王朝：1215
作者　［英］丹・琼斯
译者　欧阳瑾　邓　雄
出版　中国友谊出版公司
发行　中国友谊出版公司
经销　新华书店
印刷　北京世纪恒宇印刷有限公司
规格　880 × 1230 毫米　32 开
　　　10.5 印张　244 千字
版次　2022 年 9 月第 1 版
印次　2022 年 9 月第 1 次印刷
书号　ISBN 978-7-5057-5463-8
定价　78.00 元
地址　北京市朝阳区西坝河南里 17 号楼
邮编　100028
电话　（010）64678009

如发现图书质量问题，可联系调换。质量投诉电话：010-82069336